国家自然科学基金重大项目

我国重大基础设施工程管理的理论、
方法与应用创新研究系列专著

重大工程决策治理理论与实务

刘慧敏　盛昭瀚　邱聿旻　燕　雪/著

科学出版社
北　京

内 容 简 介

党的十八届三中全会指出，将“推进国家治理体系和治理能力现代化”作为全面深化改革的总目标。重大工程决策治理体系是国家治理体系的重要组成部分。本书剖析了重大工程决策治理的基本原理，并围绕重大工程决策治理机制、重大工程决策治理体系与决策治理能力现代化等几个核心理论开展了深入研究。同时，依托苏通大桥、港珠澳大桥等多个重大工程决策案例，对上述理论在实践中的应用进行了经验总结与分析，为我国重大工程决策的研究提供新的视角，对于提高重大工程决策管理水平具有重要的理论与实践意义。

本书可供工程管理领域工作者、研究人员，以及决策管理领域的相关人员参考使用，也可作为相关专业研究生教材。

图书在版编目（CIP）数据

重大工程决策治理理论与实务 / 刘慧敏等著.—北京：科学出版社，2020.7

（我国重大基础设施工程管理的理论、方法与应用创新研究系列专著）

ISBN 978-7-03-059221-7

Ⅰ. ①重…　Ⅱ. ①刘…　Ⅲ. ①重大建设项目-项目决策-研究　Ⅳ. ①F282

中国版本图书馆 CIP 数据核字（2020）第 244293 号

责任编辑：魏如萍 / 责任校对：贾娜娜

责任印制：徐晓晨 / 封面设计：无极书装

科学出版社 出版

北京东黄城根北街 16 号

邮政编码：100717

http://www.sciencep.com

北京捷迅佳彩印刷有限公司 印刷

科学出版社发行　各地新华书店经销

*

2020 年 7 月第　一　版　开本：720 × 1000　1/16

2021 年 1 月第二次印刷　印张：12 1/4

字数：250 000

定价：122.00 元

（如有印装质量问题，我社负责调换）

序　一

“水之积也不厚,则其负大舟也无力……风之积也不厚,则其负大翼也无力。”重大基础设施工程（以下简称重大工程）是国家强盛必不可少的物质基础，也是现代社会赖以发展的重要支柱。

近年来，我国重大工程建设取得了举世瞩目的成就。从三峡工程到南水北调，从青藏铁路到港珠澳大桥，从“五纵七横”国道主干线到令全世界羡慕的高速铁路网，重大工程建设者创造了一个又一个“世界奇迹”，彰显着“领跑”之志，印证着大国实力，承载着民族希望。重大工程跨跃式发展的硕果实现了从量的积累，到质的飞跃，从点的突破，到系统能力的提升，为经济建设、社会发展、民生改善提供了强大保障。然而，重大工程的大规模、开放性、多元化，以及新技术运用等，使得工程复杂性越来越突出，延伸性影响越来越显著，急需我国重大工程管理的科学研究产出创新性成果。在国际化、信息化和可持续发展时代背景下，传统的以项目管理知识体系为核心的工程管理理念、方法与技术驾驭重大工程管理复杂性的能力日渐式微，管理科学界迫切需要重新审视重大工程管理的本质内涵，激发学术创新，以促进工程管理的科学发展，推动工程行业的整体进步。

令人欣喜的是，由南京大学、哈尔滨工业大学、同济大学、华中科技大学和上海交通大学学者组成的团队在国家自然科学基金重大项目“我国重大基础设施工程管理的理论、方法与应用创新研究”的支持下，在重大工程管理的基础理论、决策分析与管理、组织行为与模式创新、现场综合协调与控制，以及社会责任、产业竞争力与可持续发展方面开展了深入的研究，取得了一系列有价值的成果。

这套系列专著汇集了该团队近五年来的相关研究，作者立足于我国重大工程的管理实践，运用创新的学术话语体系对我国重大工程管理实践经验进行了深度解读和理论抽象，为形成具有中国特色的重大工程管理理论体系进行了积极的探索。

在重大工程管理的基础理论方面，作者在科学描绘国内外工程管理理论研究历史演进的基础上，通过重大工程管理知识图谱的精细描绘及重大工程管理理论形成路径的基本规律的揭示，基于系统科学与复杂性科学，构建了重大工程管理基本理论体系架构和基本内容，以具有中国特色和原创性的学科体系、学术体系、话语体系进行了深入的理论思考和学术创新。

在重大工程决策分析与管理方面，作者面向重大工程决策方案大时空尺度有效性与工程-环境复合系统动态演化行为的深度不确定性，系统提出了情景鲁棒性决策基本理论和方法、情景耕耘技术的完整范式和流程，并以港珠澳大桥工程选址、太湖流域水环境治理工程和三峡工程航运等实际决策问题为研究对象进行了验证和研究，开拓了关于重大工程决策大时空情景下复杂整体性的新认知及其方法论创新，并且对重大工程决策治理体系与治理能力现代化、工程战略资源管理决策等做了专门研究。

在重大工程组织行为与模式创新方面，作者详细剖析了我国“政府—市场二元”制度环境对重大工程组织模式的主导作用，从高层领导团队、领导力、跨组织关系网络、良性行为、异化行为等众多角度描述了重大工程组织行为的多元交互、多层复合及动态适应性，并利用组织计算试验模型和技术实现了对独特的“中国工程文化”形成的组织场景和复杂的社会经济系统环境的科学表述，对改造和更新现有工程管理组织模式具有重要作用和方法意义。

在重大工程现场综合协调与控制方面，作者针对重大工程现场管理的空间广度、影响深度和协调难度，从新的角度探讨了重大工程现场资源供应的协调与优化，在集中供应模式下的大宗材料安全库存设置与分拨决策、预制件供应商培育与生产的激励机制，以及生产与装配的协同调度、关键设备资源共享与优化配置和考虑空间资源约束的工程调度优化等问题上给出了整体的解决方案，为深刻理解重大工程现场管理范式创新与行为变迁提供了科学的指导。

在重大工程社会责任和可持续发展方面，作者围绕重大工程的可持续发展战略，提出了重大工程社会责任论题，构建了社会责任“全生命期—利益相关者—社会责任”三维动态模型理论、治理框架和评价体系，辨识了驱动和阻滞要素，探究了互动、传导、耦合机理及多层次协同机理和溢出效应，对重大工程未来发展路线图进行了全面思考，体现了深厚的人文关怀精神，为建立系统的重大工程社会责任管理理论奠定了坚实的基础。

从前瞻性出发，作者还提出了“互联网+”时代的智能建造模式，研究了该模式下的工程建造服务集成、工程协同管理、智能工程建造管理和工程建造信息支撑环境，并介绍了“互联网+”环境下工程质量管理、工程现场安全管理和工程材料供应管理等的变革。

“凡是过去，皆为序章。”我国重大工程的伟大实践正孕育着强大的理论创新活力，积极参与具有重大学术价值的重大工程管理理论问题的自主性和原创性研究并贡献中国智慧是当代我国工程管理学者的历史责任。

这套系列专著体现了我国工程管理学界多年来努力对源于我国重大工程管理

实践的理论思考，标志着中国工程管理学界在学术研究基本模式和路径上出现的从“跟着讲”到“接着讲”的重要转变、从以“学徒状态”为主到“自主创新”为主的重要转变。同时，我们要看到，重大工程管理实践如此宏大和复杂，科学问题始终在发展，相应的理论也在不断升华，所以，希望这套系列专著为学术界提供的若干理论创新的开场话题能激发更多学者积极、深入地开展具有自主性、原创性的重大工程管理研究，用“中国话语”把重大工程管理理论、方法和应用讲新、讲好、讲透，这不仅能有力地推动我国重大工程管理科学技术的发展，同时也能为人类重大工程管理文明的进步做出积极贡献。

基于此，本人欣之为序。

中国工程院院士

序　二

重大基础设施工程是国家社会经济持续发展的基础性平台与环境保障。过去几十年，我国重大基础设施工程建设取得了举世瞩目的成就，截至2016年年底，我国高铁运营里程已经超过2.2万千米，占世界高铁运营总里程的60%以上；长度排名前列的全球长大桥梁中，我国占据了一半以上；三峡枢纽、青藏铁路、西气东输、南水北调等超级工程不断提升了我国重大基础设施工程的建设与管理能力，不仅积极促进了我国重大工程建设的科技进步，也成为我国重大工程管理创新研究的巨大推动力。

应该看到，由于重大基础设施工程的复杂性，我们对重大工程管理内涵与管理的认知需要不断提高，对工程管理实践经验的总结需要不断深化，而源于国外的项目管理和工程管理理论虽然在我国重大工程管理实践中发挥了重要作用，但也出现了“水土不服”和解决复杂性管理问题时的实际能力日渐式微等问题，因此，我们既要借鉴国外理论，更要结合中国管理实践，运用中国智慧，在新的学术思想与哲学思维指导下，开展重大工程管理理论、方法与应用创新研究。

令人欣慰的是，我国重大基础设施工程的伟大实践为这一创新研究提供了丰沃的土壤，也是推动我国工程管理学界开展重大工程管理创新研究的新动能。

近几年来，由南京大学、哈尔滨工业大学、同济大学、华中科技大学和上海交通大学的学者组成的研究团队，在国家自然科学基金重大项目“我国重大基础设施工程管理的理论、方法与应用创新研究”的支持下，紧密依托我国重大基础设施工程管理实践，对重大基础设施工程管理的基础理论、工程决策、组织、现场和社会责任等关键问题进行了深入研究，提出了原创性理论体系，以及一系列创新性管理方法与技术，并在实践中进行了成功应用，取得了一系列高水平成果，这套系列专著即该研究团队研究成果的系统展示。

在基础理论方面，作者立足于系统科学和复杂性科学思想，初步构建了重大基础设施工程管理基础理论体系，为重大基础设施工程管理研究提供重要理论支撑；在重大工程决策方面，作者抓住了重大工程决策所面临的根本性问题，包括情景深度不确定性和决策鲁棒性理论、评价重大工程决策方案质量的鲁棒性度量技术，以及重大工程决策治理体系建立和治理能力现代化、工程战略资源管理决策等，为提高我国重大工程决策质量提供了重要理论依据与关键技术；在重大工程组织方面，作者基于我国独特的体制机制背景，提炼出重大工程组织模式的主要范式和设计逻辑，这对于形成适应我国国情的重大工程组织模式具有重要意义；在重大工程现场管理方面，作者对重大工程现场资源供应的协调与优化提出了新方法，并提出了“互联网+”时代的智能建造模式，讨论了该模式下的工程建造服务集成、工程协同管理、智能工程建造管理和工程建造信息支撑环境和工程质量、安全和工程材料供应管理等方面的变革；在重大工程社会责任治理方面，作者从一个全新的视角提出了重大工程社会责任的新论题，这也是新时代我国重大工程绿色、和谐发展的基本问题，进一步丰富了重大工程可持续性理论，开辟了重大工程管理理论和实践发展的新方向。

以上这些系列成果对于我们深刻认识重大工程管理规律具有基础性和引导性作用，是当前我国工程管理学者对重大工程管理理论、方法与应用创新的重要贡献和突出标志，必将为进一步提高我国重大基础设施的管理水平发挥重要作用。

随着全球社会、经济的不断发展，重大基础设施的内涵和外延也在不断拓展：从关注单个重大基础设施工程建设，到强调基础设施的互联互通；从铁路、公路、机场等传统基础设施到重大科技基础设施、互联网、物联网及信息通信等更广泛的基础设施；从我国国内的基础设施到“一带一路”的全球重大基础设施网络。重大工程管理主体、对象和外部环境的变化对重大工程管理理论的研究提出了更高的要求，因此，希望这套系列专著展现的成果能为重大工程理论界和工程界点燃更多的创新火花，激发更多学者广泛、深入开展具有自主性的重大工程管理学术研究，产出更多原创性成果，并通过我国重大工程管理研究取得的更高水平成果，为世界重大工程管理文明做出更大贡献！

中国工程院院士

目　　录

第1章　重大工程决策概论

近年来，以世界最长的高速铁路京沪高速铁路[①]、世界最大的水利工程“南水北调”工程[②]、世界最长的跨海大桥港珠澳大桥[③]、特大电力项目“西电东送”为代表的一系列重大工程建设实现了从量变到质变、由点及面的飞跃，我国重大工程在决策、组织实施和工程战略资源整合等方面积累了大量的经验，取得了前所未有的成就。

与此同时，重大工程的规模越来越大，相关领域的科学技术不断发展，工程的复杂性也越来越突出，对重大工程生命周期内各阶段的实践活动都提出了更高的要求。其中，具有全局性与战略性的重大工程前期决策对工程建设的成败具有前瞻性和决定性作用，在工程的整个生命周期内地位十分突出。在重大工程建设大规模化、开放化、多元化，以及新兴技术运用常态化的趋势下，对重大工程决策在复杂环境下的适应性提出了革新性的要求。因此，重大工程决策更需要与时俱进。随着工程实践的不断深入，我们发现重大工程决策正面临一系列新的严峻挑战，重大工程决策认知亟须进一步拓展，决策质量亟须进一步提高，决策治理中的现实问题亟须进一步有新的对策。

本章将首先剖析重大工程决策的本质与内涵，从重大工程决策概念、问题及基本特征三个维度进行分析；其次结合如今重大工程决策对环境适应性的发展需求，将工程决策质量与工程质量进行对比，进一步阐述重大工程决策质量的基本内涵，包括决策方案质量与决策过程质量两个维度，形成对重大工程决策认知的新拓展；最后围绕重大工程决策质量的两个维度，分别分析决策鲁棒性和决策治理这两个重大工程决策质量的核心问题。

---

① 《京沪高铁正式开通运营》[EB/OL]，http://society.people.com.cn/GB/15042174.html [2018-12-20]。

② 《水到渠成共发展——南水北调工程让超 1 亿人直接受益》[EB/OL]，http://society.people.com.cn/n1/2018/0606/c1008-30039204.html [2018-12-20]。

③ 《港珠澳大桥正式通车》[EB/OL]，http://hm.people.com.cn/GB/42280/421908/index.html [2018-12-20]。

1.1 重大工程决策内涵

重大工程通常投资规模巨大，涉及复杂的技术，项目的建设周期也相对较长。因此，在这个过程中可能面对诸如资金来源多样性、自然环境变化的不可预知性和攻克难题的技术创新性等很多复杂的问题。这些问题的有效解决很大程度上是对重大工程决策的考验，同时就决策而言，所有重大工程的决策都可能对社会经济发展和生态环境产生巨大而深远的影响。因此，分析其内涵是我们全面认识重大工程决策的基础，本节将从重大工程决策概念、决策问题和基本特征三个维度对重大工程决策内涵进行阐释。

1.1.1 重大工程决策概念

重大工程通常是指一个国家为实现其战略目标和增加民生福祉而实施的大型工程，通常可以分为重大基础设施工程、重大军事国防工程和重大科学技术工程。这里我们将重点探讨重大基础设施工程，重大基础设施工程是指以改善民众生活和支持社会发展为主要宗旨的基础建设工程（卢广彦等，2010），如三峡工程、南水北调工程、港珠澳大桥、高速铁路工程、西气东输工程等。

重大基础设施工程（以下简称重大工程）决策通常是指决策主体群在一定的决策组织内遵循决策机制，对工程建设与运营全生命期内的工程功能、质量、建设效率、效益及工程与社会经济环境协调等重要问题所做出的社会选择活动。广义的重大工程决策主体不仅负责对工程规划、论证等工程前期重要问题提出解决方案，而且其决策贯穿于工程建设的始终（盛昭瀚等，2009a）。由于前期决策对工程而言更具有综合性、决定性和前瞻性影响，本书的重大工程决策主要是指工程前期对工程规划、立项、可行性论证、投融资、环境保护、建设和管理模式等主要问题做出全局性与战略性选择的活动，选择的结果即为重大工程决策方案。

重大工程决策涉及的利益相关方较为繁杂，通常对社会和国家有重大且长期的影响，因此具有较大的风险，一个成功的项目决策可以惠及众多公民，带来巨大的社会经济效益。但与之相对的是，一旦决策失误就会造成难以挽回的极大损失（盛昭瀚等，2008）。例如，波士顿中央隧道工程（又名“大挖掘”）旨在解决波士顿交通拥堵问题，将旧的城市主干道改造为地下通道，但是由于决策阶段面临的融资困难、设计争议、预算失误等问题，其工程建设存在严重的超时与超支问题。工程于 1982 年展开决策规划工作，1991 年才开工，最初竣工时间为 1998 年，实际上直到 2006 年才竣工通车。原计划建设成本约 28 亿美元，实际成本则高达 143 亿美元，超支约 400%，原因一方面在于预算计算时忽略了工程超长周期中的通货膨胀问题，另一方面在于项目本身的巨大争议性，在环境评估阶段用于听取公众意见、协调公众争议的成本远超预期。如今波士顿中央隧道有效缓解了城市交通压力，在 1995～2003 年车辆在新公路上的总行程时间减少 62%，但是决策阶段的低效使得该工程在成本控制与进度控制方面是失败的。更重要的是，重大工程决策的影响可能远远超过工程建设自身，决策失误可能会对社会、经济、生态等造成长期的灾难性危害。意大利瓦伊昂大坝曾是世界上最高的大坝，原先计划用于建设水力发电站，施工一年后其建设目标被贸然改为核电站配套服务的抽水蓄能电站，大坝高度由此从 230 米增至 262 米，导致蓄水水位涨高，岩层间的黏土被浸润形成泥浆，山体滑坡风险大大增加。1963 年，大坝尚未竣工便造成了一场山体滑坡和洪灾，使得近 2000 人丧生。由于决策前期缺乏专业、有效的反复论证，建设中期为满足政策需求而调整方案忽视了大坝功能与自然环境的协调，盲目追求在工期内完成任务而忽视安全隐患等，该工程不仅没有实现水力发电功能，而且导致了巨大的社会与经济损失。

从上述工程决策失败的案例可以看出，重大工程决策是复杂的系统性决策，对于工程建设自身及外部环境具有重要影响，决策中某一环节的失误可能会引起“牵一发而动全身”的严重危害。研究重大工程决策问题，认识重大工程决策的复杂性，对于避免决策失误、提高工程综合效益具有重要的价值。

1.1.2　重大工程决策问题

重大工程决策过程有三个阶段：项目立项阶段，通过专家可行性论证后，若项目可行，则政府决策立项；项目规划阶段，对工程进行具体设计，并选出相对最优方案；项目后评估阶段，分析工程运营阶段优劣势，并给出具体建议（卢广彦，2011）。

在重大工程决策过程中，做出决策的过程就是解决一系列决策问题的过程。我们将需要解决的相互关联的一系列问题称为“重大工程决策问题”。重大工程前期决策问题体系根据其问题性质的不同可划分为宏观战略决策和微观战术决策两个层次（梁茹和盛昭瀚，2015）。

重大工程的宏观战略决策是对工程建设的总体战略部署的决策，从战略层面评价工程建设的综合效益，判断工程与外部系统（经济、社会、环境、政治等）

的协调性，明确工程建设的战略目标与整体布局，通常解决“是否需要建设这个工程”的问题，而且宏观层面上的决策问题主要建立在微观决策问题之上，对于重大工程而言，更高层面上的决策问题（如具体国家战略在实体工程中的体现，或者是该项工程在未来长期运营过程中是否存在难以应对的风险等）具有复杂性，处理起来无相对固定的流程和方法，需要决策主体对具体决策问题有充分的理解并具备一定创新能力。

重大工程的微观战术决策则是指针对具体问题制定优化方案，是对重大工程具体实施方案的制定与选择，从而生成工程技术、资金筹备、资源配置、组织管理方式等决策方案，通常解决“如何建设这个工程”的问题。微观层面上的决策问题主要是指一般的工程会遇到的决策问题，如工程常规事务性决策，或者具体资源的分配等，微观决策问题的特点是简单，处理起来有相对完善的流程和方法。

在工程决策中，这两类决策问题相互关联成一个整体，但在解决过程中，我们总是需要先解决好宏观决策问题，也就是为重大工程定好大方向，再去处理工程建设及运营各阶段可能遇到的微观决策问题。这类宏观决策问题不仅是决策中的重点，也是决策中的难点，我们下面所讨论的重大工程决策问题主要指这类宏观决策问题。

更具体地说，重大工程决策问题不仅包括与工程本身质量、成本有关的会对整个工程产生整体影响的决策问题，还包括工程建设过程中由奇特自然地貌所带来的施工技术难题，同时还包括该项工程实施所带来的国家战略全局上的问题等。任何一类决策问题都需要决策主体提出具体的决策方案，决策主体制定、选择的决策方案很大程度上取决于其对决策问题本身的把握程度。因此，有必要深入探讨重大工程决策的特征及内涵，帮助决策主体理解重大工程决策问题，提出适当的且高水平的决策方案。

1.1.3 重大工程决策基本特征——复杂性

近年来，我国在重大工程领域取得了傲人的成绩，但是随着重大工程建设开放性、主体多元化及技术集成性等问题的出现，工程的复杂性日益突出，这就要求管理者保持与时俱进、实事求是的态度，对于重大工程进行积极的治理与科学的分析，力求标本兼治，最终实现社会、经济和环境的良性发展与和谐稳定。

根据在重大工程实践中积累的决策研究经验，我们认为决策主体能力的局限和决策环境的较大不确定性，导致重大工程决策在方案、问题和形成路径等方面具有自身的独特性与复杂性，具体体现在以下几方面。

（1）重大工程决策方案所规定的作用和功能必须在全生命期内保持适应性。这既包括决策方案对工程生命期内环境情景重要变动具有稳健性，也包括不会在重大工程完成后诱发灾害。对重大工程决策的这一基本要求产生了重大工程决策过程的即时性与决策方案长期有效性的矛盾。

（2）重大工程决策问题的复杂性。决策问题涉及工程几乎所有的重要因素和工程全过程。然而当决策问题发生在工程建设初期时，解决问题所需信息不完全、主体能力不高等问题更加突出。决策结果对工程后续施工与运营影响大、敏感性强，常常面临着难以完全预知的自然环境与技术难题，需要通过创新才能解决。

（3）重大工程决策具有复杂的形成路径。由于重大工程决策问题自身的复杂性和决策主体能力的局限，重大工程决策过程常常表现为通过制定一个过渡性决策方案来逼近、收敛最终方案的过程，为了保证这一过程的正确性和有效性，要求决策主体在决策过程中既要尽量保持决策问题固有的复杂性特征，又要能够对决策复杂性进行必要和合理的降解。

综上，与一般工程相比，由于重大工程自身的特殊性和复杂性，研究我国重大工程决策时需要注意以下两点。

（1）重大工程决策是一类针对特定问题并依据国家相关法规，且按照严格程序实施的决策活动，虽然它表现出了一般决策问题的基本规定性，但不能仅凭此而简单地把一般决策理论和方法概念化地移植到重大工程决策研究中，特别是不能简单运用结构化数理决策模型来解决重大工程决策问题，不能通过增加决策数学模型的复杂性来解决重大工程决策问题。

（2）对于重大工程决策问题的认识，理论界往往只是从一般决策问题面临的多目标性、环境复杂性、信息不完全性及主体能力有限性等方面体验工程决策问题的复杂性，但较少从工程，特别是重大工程系统的复杂性来揭示重大工程决策问题在一般复杂性之外特有的复杂性形态，从而缺乏对重大工程活动复杂性本质的理解。只有以重大工程系统复杂性分析为基础，才能形成对重大工程决策复杂性认知的新拓展。

1.2　重大工程决策认知拓展

决策有高低、好坏、对错之分，这里的“高低”“好坏”“对错”其实是对决策质量的评价。对于工程决策质量的评价物化反映在对工程决策方案的评价上。

说是评价工程决策质量的高低，但其实就是对决策方案合理性、有效性进行评价，高质量的决策方案可以使利益相关方满意。例如，在上海浦东的开发建设中，就曾面临选择过江通道的决策，东方案比西方案的跨径长且工程造价高，但长江上各桥梁之间的距离比较协调，最后顾全大局，选择了东方案。事实证明，这个决策是合理的。

1.2.1 工程决策质量与工程质量

重大决策活动本身是一种服务活动，重大决策活动的本质就是政府部门作为决策主体，服务公众，满足公众需求，协同地区发展的行为，这一行为符合广义的服务的定义。比如，西气东输工程在使更多的民众享受到天然气便利的同时，改善了管道沿线地区人们的生活质量，拉动了西部地区经济发展，而且可以有效治理大气污染。

决策活动的最终产品是非物质性的决策方案。很多人将工程建设的实体当成决策活动产品，这一观点容易将工程质量误以为是工程决策质量，但这两者的质量不能完全对等。好比之前所提到的瓦伊昂大坝，因为其技术过硬，技术人员在工程设计上颇费心思，所以在该项目中，大坝虽然因为大量泥沙流入难以投入使用，但是大坝的主体时至今日仍旧保存完好。从这个角度来看，瓦伊昂大坝的工程质量绝对是过硬的，但是决策失误使得该工程的功能目标没有得以实现，其决策质量是不合格的。所以，在衡量重大工程决策质量时，将其与工程质量区分开是非常必要的。

对于决策活动产品，因为一些难以控制的因素会导致产品质量上的差异，所以从用户的角度来说，其对于该方案的满意程度也是对于决策方案的一种评价。特别对于重大工程而言，主要评判标准不再是个人感受，而且需要经得起时间跨度及空间广度上的检验，必须保证决策方案在很长一段时间内的正确性。例如，我国在 1952 年提出南水北调的最初构想，建设时间计划为 40～50 年，然而迄今为止，西线工程还没有开工建设。这样庞大的工程所具有的社会、经济、生态意义都是不言而喻的。其主要用于解决北方缺水的问题，为其经济发展提供保障，加快当地城市化进程。对于国家而言，南水北调工程可以促进经济结构调整，形成经济增长的新动力。对于地方政府和民众而言，南水北调工程可改善其生态环境状况，提高北方居民的饮水质量。尽管南水北调工程还没有完工，但是空间跨度较大，涉及地区之间资源调配的问题，造成了众口难调的复杂局面。可见，越是重大的工程，其需要考虑的决策因素也就越多，公众满意度的提升也就变得尤为困难。

因此，工程决策质量不同于工程质量。工程质量是工程自身性能的描述，包括功能性、安全性等，通常以具体的物理性质（如道路工程的路面等级、堤坝工程的堤坝高度等）作为评价指标，这些性质是否满足特定标准反映了工程质量。工程决策质量与工程质量的区别在于三个方面：其一，工程质量面向工程实体，而工程决策质量面向决策方案及方案实施过程；其二，工程决策质量侧重于工程对情景变化的适应力和稳健性，要求判断工程决策方案在工程全生命期内面对重大情景变化时能否保持正常功能或正常品质；其三，工程决策质量面向工程的整体效益，除了物理性能之外还应考虑社会经济效益。

Eijgenraam 等（2014）从经济有效性的角度，研究了荷兰的堤坝防洪标准，结合防洪标准可以计算在未来几十年内在自然与社会情景变化时依然保持防洪效果的堤坝高度，体现堤坝工程决策方案的稳健性要求，属于工程决策质量研究范畴。从操作层面来看，该研究首先假设所有堤坝加固工程的工程质量没有问题，即堤坝工程物理性能满足工程决策时规定的工程质量标准，如堤坝高度、堤坝加高位置等，其次才进行防洪标准稳健性的研究，可见工程决策质量和工程质量在研究方法和实际意义上存在区别：工程达到质量标准是工程决策方案制定的前提假设；工程决策质量决定工程质量标准；保证工程决策质量是一项工程成功的先决条件。

1.2.2　重大工程决策质量的基本内涵

质量的概念始于制造业，之后逐渐扩展到了服务、工程、环境等领域。目前比较常见的一种对质量演进阶段的划分是从质量评价方式的角度出发的，大致分为三个阶段：第一个阶段为符合性质量阶段，即依据固有标准对产品做出合格与否的判断，并且以泰勒的科学管理理论为代表；第二个阶段为适用性质量阶段，指的是顾客的要求被满足的程度；第三个阶段为满意性质量阶段，即从顾客满意与否及满意程度的角度评价质量。其中关于质量的定义比较权威的是“一组固有特性满足要求的程度”。该概念是国际标准化组织在 2000 年颁布的《质量管理体系　基础和术语》中提出的。

可以看出，人们对于“质量”理解的差异主要表现在不同时期的侧重点不同。人们对于质量做出评价时，可以从物质属性与非物质属性的角度出发。我们可以将产品质量的概念更简明、清晰地划分为两个阶段：第一阶段是物质性产品质量为主的阶段。这里的物质性产品主要以实物产品为代表。实物产品是指以物质实体的形式存在的产品。第二阶段是兼顾服务产品等非物质性产品质量的阶段。

重大工程决策质量是指决策过程与决策方案的一种客观属性，可用于衡量一项重大工程的实施是否成功。过去一些观点仅以工程时间和成本定义重大工程的成功（Flyvbjerg，2014），部分研究从工程效率的角度研究重大工程绩效（Asrilhant et al.，2007；Turner et al.，2009），这些观点都没有考虑工程的有效性，而且无法反映工程决策对社会、经济、生态等外部环境的整体效用。盲目地过度追求工程效率有时难以保证决策的有效性，仅以时间和成本作为工程决策质量的评价标准是片面的，还应考虑工程决策的有效性与整体效用。

从长期视角来看，重大工程决策还应具有在工程全生命周期内应对新情景或新需求的灵活性，这反映了重大工程决策质量对于环境变化的适应性要求。适应性是重大决策方案质量的重要性能指标，重大决策质量需要考察其在决策的全生命期内保持决策有效性的持续性，即选定的重大决策方案在此期间内对于不确定因素的适应能力，如对决策相关的自然、社会、经济环境及人类活动可能出现的一些难预测、非平稳的系统整体行为的演化和涌现的适应能力。

在重大工程决策活动中，决策方案作为决策活动的最终产品，其质量很大程度上受到其相应决策过程质量的影响。保证决策过程质量的关键在于对决策过程中主体行为规范的规定，以及可能的行为异化防范。因此需要重视对决策过程中主体行为无偏差保证机制的设计。

综上所述，可以解决对重大工程决策质量概念认识的两种误区。

（1）重大工程决策质量不等于工程质量。基于重大工程决策的复杂性特点，决策质量应该反映决策方案所涉及的重大工程功能综合效用在工程全生命期内面对环境变动、演化所表现出的稳健性的程度。

（2）重大工程决策质量不等于决策方案质量。重大工程决策质量包括方案质量和过程质量两个维度。决策方案质量面向决策结果，重大工程的情景复杂性、信息不确定性与超长生命周期要求工程综合效用在工程全生命期内面对环境变化表现出有效性和稳健性。过程质量面向决策过程，在规范的决策流程基础上，决策主体与决策组织的行为复杂性要求决策主体在工程决策过程中表现出有效执行力与行为融合性。

1.3　重大工程决策（质量）的两个核心问题

重大工程决策质量是决策过程和决策方案对工程综合目标实现的保证，以及对工程环境变动适应的客观属性，因此，包括决策过程质量和决策方案质量两个维度。工程决策过程质量是决策过程中主体行为的规范程度和决策主体的行为偏差程度的描述与度量。工程决策方案质量是指工程决策目标体系的实现性、稳定性，以及在工程全生命期内工程决策方案对各种环境情景及要素变化稳健性的描述与度量。工程决策影响深远、关联性极强、涉及面广阔，一般而言，决策者要花费比一般决策更多的时间、精力，其决策结果往往有着超长时间内的后效性。

1.3.1　决策主体评估分析的支持与导向——鲁棒性

从系统的角度来看，决策方案是对适应性复杂系统的一种设计方案。这种设计主要包括对该适应性复杂系统一系列功能的设计，可分为显性功能和隐性功能、构成功能和自组织功能、涌现功能和隐没功能。其中，显性功能多指决策的物理效用，如公路可以正常通车的效用；隐性功能是指决策对社会发展的效用，如港珠澳大桥建成后对各地经济的促进效用；构成功能是指决策方案设计时规定的效用，如对桥梁宽度的规定；自组织功能是指设计时未考虑、完成后自己形成的效用，如悉尼歌剧院以歌剧院为设计功能，却成为澳大利亚的地标建筑；涌现功能是指随着时间推移，不断出现的新效用；隐没功能是指随着时间推移，原有但是逐渐消失的效用。

需要指出的是，决策方案质量关键体现在决策方案的规定性对全生命期内环境情景变动所具有的稳健性与适应性（低敏感性），即情景适应性，这是决策方案质量的核心属性。以重大工程为例，其决策情景是指决策过程中的工程环境（包括社会、经济、自然等）状况及演化。工程决策情景适应性是决策方案对工程全生命期情景变动的稳健性的属性。从情境适应性角度进一步分析，工程决策方案质量包含以下两层含义。

（1）决策方案对决策全生命期情景变动的稳健性或适应性，一般包含决策方案形成过程中要着重考虑方案对工程全生命期情景变动预期的适应性。也就是决策方案要能够扛得住未来工程环境因情景变化所带来的各种风险。

（2）由于工程对区域社会经济环境具有重大影响，决策方案从概念变成实体后，将会重构原来的区域社会经济系统，这有可能产生新的社会经济系统情景，特别是可能出现破坏性情景，当引发了生态、自然环境的恶化及区域经济发展的衰退等问题时，即产生了负情景。决策适应性差表现为决策方案形成的工程实体引发了生态、自然环境的恶化及区域社会经济发展的衰退等问题，这样的决策方案很难为社会造福。

因此，我们将决策方案质量定义为对决策方案所设计的适应性复杂系统的功能的综合效用及效用在决策全生命期内对环境变动、演化所表现出的稳健性与动态耦合程度。显而易见，一个好的决策方案所实现的功能应当尽可能全面，各种功能的有效期应当尽可能与工程寿命期同步，同时还要尽可能多地适应工程寿命期内各种情景的变动。

1.3.2　决策主体权力行使的约束与规范——重大工程决策治理

在重大决策活动中，决策方案作为决策活动的最终产品很大程度上受到其相应决策过程质量的影响。这一点与实物产品生产相似，因此正如人们通过对制造商内部的生产现场管理来提高产品质量一样，决策领域的部分专家学者们也试图从决策过程的角度出发，对决策方案质量进行控制，如彼得·德鲁克从决策流程的角度，提出了"有效决策"（the effective decision）的概念，为管理者提供了一个由六个基本步骤组成的框架，认为按此框架执行可以辅助决策者得到有效的决策。

重大工程的决策过程，以立项决策为例，主要遵循国家基本建设程序，该程序主要体现在两个阶段：第一阶段属于战略决策阶段，主要考察大型项目建设对国家发展与社会发展的影响及作用；第二阶段属于方案可行性评估阶段，属于战术决定层，主要对几种建设方案进行论证评估、分析选择。整个过程如图 1.1 所示，其中项目预可行性研究、可行性分析、方案论证与评估为重点阶段。

很多研究者认为提高决策质量的一种有效手段是提出好的决策流程或决策框架，决策者只要按部就班地执行就可以提升最终的决策效果。于是，很多研究者把精力放在如何改进决策流程的方向上。然而，由于无法保证决策主体在决策过程中是否出现行为异化，一个好的决策流程并不能保证决策过程的质量。

决策过程每个环节的参与者即为决策主体。决策主体除了其管理职能外，还有其个人偏好、价值取向和利益诉求等。当不同的决策主体汇集在一起时，就形成了决策组织。

对于重大决策过程质量而言，由于政府这一社会公众的代理在我国重大工程决策过程中具有强大的主导权、决定权与话语权，我国重大工程决策治理的关键应当聚焦于政府治理过程中的政府治理研究。

政府作为重大工程建设中的主要利益相关方，起着推动、决策并监督重大工程建设的作用，所以政府的重要性不可小觑。如何约束政府行为并防范其行为的异化，是保证决策过程质量的关键所在，决策过程质量可以理解为一种服

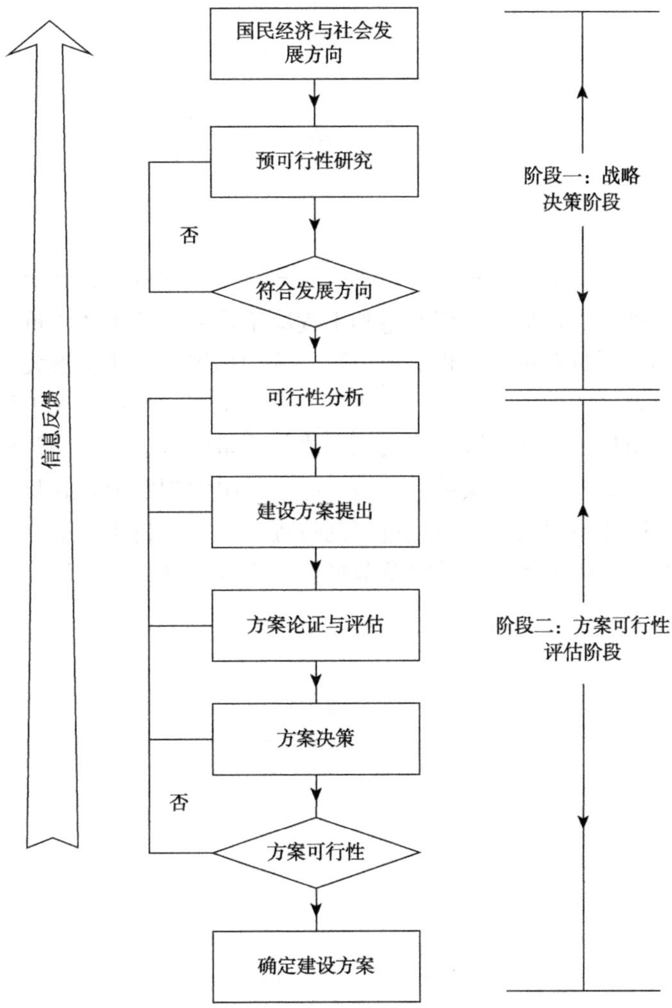

图 1.1　重大工程决策过程分析

务质量，简单地讲，是保证决策过程中主体行为无偏差的程度。因此，保证决策过程质量的关键在于对决策过程中主体行为规范的规定，以及可能的行为异化的防范。

对上述问题的研究需要对重大工程决策治理问题进行全方位的探讨。本书的后续章节将会从重大工程决策治理理论出发，分别对重大工程决策治理基本原理、重大工程决策治理体系和重大工程决策治理能力现代化做深入的思考和详细的介绍。

1.4 本章小结

本章基于重大工程决策概念、决策问题与基本特征分析，在对重大工程决策内涵阐述的基础上，辨析了工程质量和工程决策质量，并阐述了重大工程决策质量的基本内涵，同时对重大工程决策进行了认知拓展。阐明了重大工程决策质量概念认识的两种误区：重大工程决策质量不等于工程效率；重大工程决策质量不等于决策方案质量。此外，围绕重大工程决策质量的核心问题展开介绍。在重大决策活动中，决策方案作为决策活动的最终产品很大程度上受到其相应决策过程质量的影响，因此由决策方案质量过渡到过程质量，分析重大工程决策中的核心问题——重大工程决策治理。后续章节将围绕重大工程决策治理开展更为全面、细致的研究。

第2章　重大工程决策政府式委托代理理论

重大工程决策是指对工程全生命期有深刻或决定性影响的重要问题做出的选择，且这类选择具有基础性、全局性、战略性的特点。重大工程因其公共品属性，使公众—政府—政府部门—专业机构在决策主体群中形成了以政府为主导的多层次政府式委托代理关系。这种委托代理关系，以契约为纽带，既具有一般委托代理关系下的道德风险与逆向选择等共性问题，也具有其独特的多主体性、递阶性、政府主导性等特征。故本章从标准委托代理理论出发，通过分析标准委托代理及政府式委托代理的内涵、关键问题与特征，提出我国重大工程决策情境下的政府式委托代理关系的类型与特征，并以港珠澳大桥和苏通大桥为例，提出重大工程决策的多政府委托代理模式。此外，本章在上述内容的基础上，总结了重大工程决策委托代理的共性特征，提出重大工程决策的递阶式委托代理原理。

2.1　标准委托代理理论概述

委托代理理论是契约理论的主要分支之一，它起源于劳动分工理论。委托代理行为是一种典型的社会分工与合作行为，当委托人由于自身知识、技能、信息的局限无法独立从事某项工作，并通过契约的形式将该项工作授权给具有专业技能的代理人完成时，就形成了一般意义上的委托代理关系。

“委托人”与“代理人”这两个术语最早由经济学家 Ross（1973）提出，经济学意义上的委托代理关系是指在一般委托代理关系基础上，委托人依据代理人完成任务的绩效支付报酬，形成经济学意义上的标准委托代理关系。在标准委托代理关系下，研究当委托人与代理人之间出现信息不对称时，如何设计最优契约以激励代理人最大限度地代表委托人的利益而工作，即为标准委托代理理论。

标准委托代理理论假设委托人与代理人均为理性经济人，具有追求自身利益最大化的自利倾向。在信息不对称的条件下，委托人相较于代理人而言处于信息劣势，很难获取关于代理人知识、技能等方面的完备信息，而代理人则具有信息优势，他出于自身利益的考虑，有可能做出不利于委托人的行为，从而引发标准委托代理理论中的两大风险：道德风险与逆向选择。道德风险源于事后的信息不对称，是指由于存在隐藏行为，一方的行动不能被另一方完全观察到；逆向选择则源于事前的信息不对称，是指由于存在隐藏信息，一方拥有不能被另一方观察到的私人信息。

随着行为决策理论与行为经济学的发展，委托人与代理人为理性经济人的假设受到了挑战。现代委托代理理论越来越多地考虑到公平偏好、互惠行为、利他行为等有限理性特性。

2.2　政府式委托代理基本原理

在标准委托代理关系中，委托人与代理人签订的契约主要考虑双方的经济收益。当政府作为委托代理关系中的主体之一时，政府效用的多目标性与复杂性使我们很难直接使用标准委托代理理论来理解和研究政府在行使公权力过程中的诸多问题。因此，王金秀（2002）首次提出了政府、政府职能机构与公众的三角形政府式委托代理理论模型以揭示政府治理的有效机制。

政府式委托代理关系中，公众是初始委托人，政府和政府机构在委托代理关系的不同阶段具有多重角色，既有可能作为上游委托人，也有可能成为下游代理人；政府机构的效用目标不仅包括经济目标，而且包括社会目标、权力目标、声誉目标等多元化目标；政府代理人的收益不仅包括工资收入等经济收益，还包括其自身的政治收益（政绩）。因此，在政府式委托代理关系中，政府具有多重角色、多元目标、多维收益的多尺度复杂性，政府在不同角色情境下的效用目标与面临的治理问题不尽相同，因此可从政府角色的维度分为三种情况讨论。

1. 政府作为代理人的单一角色（公众—政府）

公众与政府之间的委托代理关系是一种虚拟委托代理关系，两者之间并没有签订实质性的契约，通常由政府通过颁布法令的形式形成委托代理关系。公众是虚拟委托人，把公共服务与管理及基础设施建设等工作委托给政府，公众的目标是获得低成本、高质量的公共服务与产品供给，这种关系以行政权力为基础，公众并非自愿委托，也无法终止委托。

政府作为代理人，负责向委托人提供公共产品与服务。由于初始委托人的成员规模庞大，公众个体影响力极为有限，加上政府代理人具有绝对的信息优势，且没有实质性的契约约束，形成了一种具有“强代理，弱委托”特征的委托代理关系。政府作为强代理人，为实现其经济目标、声誉目标、权力目标等，有可能对公众进行信息垄断与屏蔽，同时公众参与渠道不足使得委托人与代理人的信息不对称性进一步增加，造成政府公权力异化等代理人问题。

2. 政府作为委托人与代理人的双重角色（政府—政府职能机构）

当政府受公众委托需要完成某项公共服务与基础设施建设的工作时，会将具体的工作转交给特定的政府职能机构完成，这时政府的角色由代理人转换为委托人。在此种关系下，委托人与代理人具有行政上的上下级关系，比较典型的例子是中央政府与地方政府之间的委托代理关系，中央政府是委托人，地方政府是代理人。

由于委托人与代理人地位的不平等，作为代理人的个别地方政府官员为了谋求个体利益有可能虚报消息，使得作为初始委托人的中央政府获取真实、完备的信息愈加困难。

3. 政府作为委托人的单一角色（政府—社会组织）

除上述情况外，当政府受公众委托需要提供某项公共服务或产品时，也可以将该任务委托给满足资质或能力要求的社会组织来完成，其中政府是委托人，社会组织是代理人。与前两种以行政力为主导的委托代理关系相比，政府与社会组织中的委托代理关系更接近于经济学意义上的标准委托代理关系，因为委托人与代理人之间满足信息不对称、经济契约关系与利益结构三个标准委托代理关系的构成条件。

当然，政府与社会组织的委托代理关系与标准委托代理关系相比也具有一定的差异。这是由于政府部门作为行政管理部门，当缺乏专业知识、技术与信息，或个别代理人隐瞒自己的工作状况时，会产生信息不对称的问题，从而造成风险隐患。

图 2.1 中展示了上述政府式委托代理关系的三种类型。

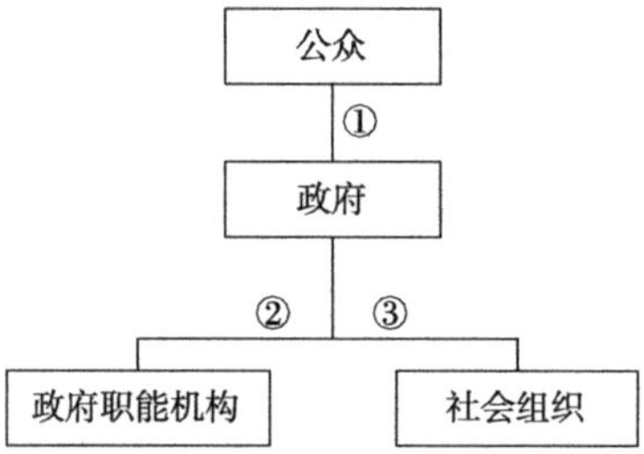

图 2.1　政府式委托代理关系类型

①政府作为代理人；②政府作为委托人、政府职能机构作为代理人；③政府作为委托人

2.3　重大工程决策政府式委托代理关系

重大工程的公共品属性性质使其在项目全生命期决策中具有公众—政府—政府部门—专业机构决策主体群，最终形成以政府为主导的多层次递阶式政府式委托代理关系。与一般政府式委托代理关系相比，重大工程决策政府式委托代理关系中参与主体更多，各主体的效用目标更为多元化与复杂化，效用冲突更为显著。

在我国重大工程建设实践中，一方面，政府在重大工程决策过程中发挥了重要的主导作用；另一方面，政府作为强代理人在信息垄断优势及公权力监督不力情况下，容易产生多种异化行为，因此，在充分发挥政府在决策中积极作用的同时，需要关注如何规范、约束好政府的决策行为，防范其行为的异化。分析重大工程决策中的政府式委托代理关系是研究政府决策行为并防范行为异化的重要前提。

2.3.1　重大工程决策委托代理关系类型

根据国家大型基础设施的审批程序，在重大基础设施工程建设之前，首先应由地方政府委托专业机构开展预可行性研究；其次由地方政府向中央政府申报，中央政府委托专业机构根据预可行性报告进行现场审查，待中央政府批复后项目正式立项；最后由地方政府委托项目管理者开展工程的各项建设管理工作（图 2.2）。各决策主体间的委托代理关系主要可分为以下五种类型。

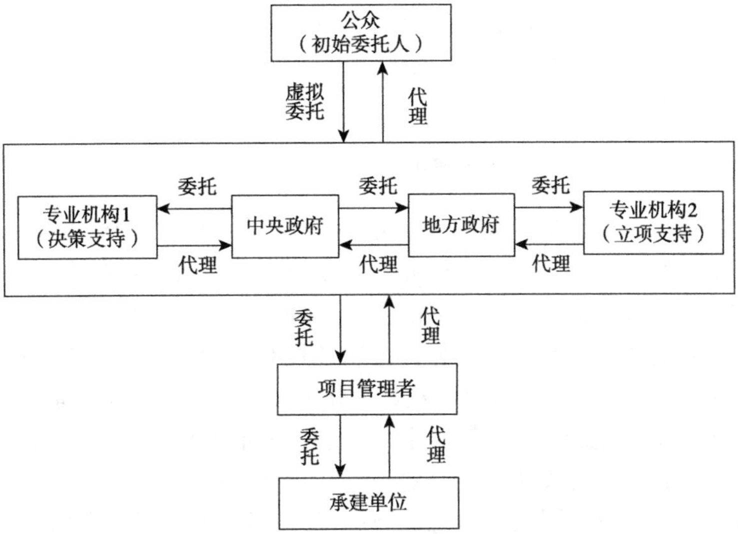

图 2.2　重大工程前期决策主体及其委托代理关系图

1. 公众与地方政府的委托代理关系

社会公众作为纳税人，向地方政府缴纳税款，并委托地方政府通过基础设施工程的建设实现纳税人公共利益的提升。这种公众与政府间的委托代理关系是重大工程决策过程中最具代表性的一种政府式委托代理关系，它与制度经济学意义上的标准委托代理关系不同，是法律意义与行政意义上的委托代理关系，而且可以说是一种虚拟的委托代理关系。这种“强代理、弱委托”的关系带来的治理风险巨大。其中，最主要的治理风险是公权力的异化。公众作为初始委托人，理论上应对代理人实施监督和评价，使代理人的行为结果与委托人的利益相一致。但一方面由于公众和政府之间不存在经济意义上的有形契约和合同，不能利用合同条款激励与约束政府；另一方面众多信息被政府垄断，公众监督的成本极高，进而导致政府作为代理人容易形成合谋与寻租等异化行为，从而损害初始委托人的利益。

2. 各级政府机构之间的委托代理关系

中央政府是全国性的管理机关，负责宏观统筹和规划全国的发展，而涉及地方具体公共产品与公共服务的供给事项，则须委托给地方政府来做。重大工程的立项决策过程便存在这种典型的中央政府与地方政府间的委托代理关系。这也是一种行政意义上的非标准委托代理关系。中央政府委托地方政府根据当地的社会、经济、环境发展现状对工程建设的预可行性进行分析，并根据地方政府提交的预可行性分析报告与项目建议书做出是否立项的决策。在这种关系下，地方政府作为代理人在契约执行过程中拥有较为明显的信息优势，作为代理一方的个别地方政府官员有可能利用事前信息的不对称做出逆向选择，使得中央政府的立项决策效果难以达到全局最优。

3. 政府与专业机构的委托代理关系

由于政府本身不具备专业技术能力，需要委托专业机构对重大工程前期的重要决策和技术问题进行调查与研究。由于双方是一种标准的合同关系，政府与专业机构间在形式上是一种标准的委托代理关系。专业机构出于自身经济利益的考虑也会主动发挥其专业优势，运用各种有效的技术手段来完成政府委托的任务。然而，专业机构在自身利益最大化的驱动下可能会出现道德风险问题。例如，在缺乏有效的监管时，专业机构较容易将研究成果与知识产权占为己有，从而提高本企业的声誉收益与经济效益。解决问题的重点在于政府应最大限度地减少和预防专业机构因具有信息优势和经纪人特征双重因素所可能带来的道德风险。

4. 政府与项目管理者的委托代理关系

项目管理者在重大工程的建设管理中具有核心作用，我国在过去几十年对重大工程的项目管理方式进行了从传统的基础建设项目监督管理办公室和工程指挥部到代建制模式的改革。目前，已有部分工程建设管理实行了代建制改革，但传统的项目管理方式依然占较大的比例。因此，在政府与项目管理者的委托代理关系中，存在着两种方式：传统型项目管理模式下，政府和项目管理者之间是一种非标准的行政性委托代理关系，其治理风险与第二类委托代理关系类似；而采取新型的代建管理模式时，政府部门作为委托人，通过公开招标方式，选择专业化的项目业主负责项目的投资管理和建设实施活动。这种情形下的政府部门和项目业主之间构成标准的经济学意义上的委托代理关系，其治理风险与第三类委托代理关系类似。

5. 项目管理者与承建单位的委托代理关系

为了有利于社会分工和更好地提高重大工程建设质量与效益，项目管理者通常采用招投标的形式选择承建单位。项目管理者作为委托人，在保证对重大工程的控制权的前提下，委托专业的承建单位在限定资源、限定时间条件下完成具体的工程建设活动。重大工程建设工作量大、建设周期长、关系复杂，现场控制难度大，因此项目管理者与承建单位之间存在明显的信息不对称性与契约执行的不确定性。在某些情况下，承建单位可能会利用自身的信息优势做出机会主义行为，损害业主等项目管理者的利益以追求自身利益的最大化。这样，项目管理者与承建单位之间构成了严格经济学意义上的委托代理关系，且也与第三类（政府与专业机构的）委托代理关系类似。

2.3.2　重大工程决策委托代理关系特征分析

标准委托代理理论是一种研究契约关系的理论。在这种契约下，委托人聘用代理人代表他们从事相应活动、处理有关事务，包括委托人将部分决策权委托给代理人，从而形成两者之间的收益分享关系。但问题在于，在经济效用最大化和机会主义行为的假设下，代理人与委托人的目标函数不一致，加上存在不确定性和信息不对称，因而便产生了代理人问题，即逆向选择和道德风险。因此，标准的委托代理问题主要关注的是，代理人和委托人偏好不一致且在代理人拥有信息优势的情况下如何使其最大限度地按照委托人的意愿行事。

重大工程决策过程中也存在公众—政府—政府部门间的多重委托代理关系，其中政府在决策过程中处于主导地位，既作为代理人又作为委托人存在，因而称之为政府式委托代理。这种委托代理关系的特征表现如下。

1. 委托代理关系的多层次性

重大工程是用以满足社会公共需要的基础设施工程，具有较强的公共品属性。社会公众作为初始委托人授权政府进行重大工程项目的前期决策活动，而政府需要委托各级政府机构，各政府机构又需要委托项目管理单位负责工程的建设管理工作，从而形成一条多层次的委托代理链，如果运作不好，效率损失更大，代理成本更高。在上述委托代理链中，出现了多于二层次，或者三、四层次甚至更多层次的委托代理关系链。

2. 委托代理关系的动态性

重大工程规模巨大，通常需要各级政府及国家有关部门参与决策，决策主体众多。随着各阶段主要决策任务的不同，工程决策组织的结构也需要进行柔性调整，从而形成一条动态的委托代理链。例如，在港珠澳大桥决策的宏观规划阶段，工程决策组织以国家发展和改革委员会为核心，形成国务院委托国家发展和改革委员会，国家发展和改革委员会委托国家发展和改革委员会综合运输研究所进行调研考察的委托代理链。在三方协调决策阶段，工程决策组织进行了重构，以港珠澳大桥前期协调小组为核心，形成了三方委托协调小组，协调小组委托研究论证单位进行决策支持的委托代理链。

3. 政府地位的双重性

重大工程决策政府式委托代理关系中的政府同时具有委托人与代理人的双重地位。当政府作为代理人时，其代表公众通过行使公权力而具有较高程度的决策权与话语权，而当其为委托人时，通常又以行政关系或者契约方式为纽带委托相关部门或专业机构代表其从事调研、论证等决策（决策支持）工作，这种委托代理关系与标准委托代理关系的假设条件一致，代理契约建立在自由选择和产权明晰的基础之上。当政府作为强代理人行使对工程的各项决策权时，政府代理的强制性与多级性会导致重大工程决策中的政府式委托代理关系具有与标准委托代理关系不同的特征。

1）政府作为代理人的强制性与垄断性

标准委托代理关系建立在契约的基础上，以双方自愿为基本原则；而政府式委托代理关系是一种涉及行政权力的强制性委托代理关系，政府作为代理人在对重大工程进行规划、立项等决策活动时，自然具有公众代理人资格而无须获得公众委托人的专门授权。同样，公众委托人也没有建立退出机制，即使委托人对代理人的行为不满意，也不可能另有选择，这有可能降低政府规避错误、提高效率的概率。

此外，与标准委托代理关系相比，政府式委托代理关系中存在更多的信息不对称现象，政府相比于公众拥有绝对的信息优势，而公众作为委托人则拥有极少量的信息。目前，在我国大部分重大工程的决策活动中，除环境影响评价以外，公众参与的渠道都较少。

2）初始委托人的分散性

社会公众是政府式委托代理链中的初始委托人。公众作为财政资金的所有者，委托政府负责重大工程的建设与管理，从而满足公共利益。虽然初始委托人群体异常庞大，但委托人的所有权过于分散，导致所有者身份缺失。这种“强代理人，弱委托人”现象比标准委托代理关系中的类似问题更加严重，导致委托人的监督成本难以匹配收益，进而导致委托人的监督积极性降低，并可能出现搭便车的现象。

3）激励机制的失效性

当委托人或代理人以组织形式出现时，它的行为和意图是依靠具体的个人来体现的，因此组织作为委托人或代理人就等同于组织的成员处于委托人或代理人地位。标准委托代理理论通过一定的激励机制尽可能使得代理人与委托人利益趋于一致，从而缓解逆向选择与道德风险等代理问题。然而政府具有非营利性，公众与政府之间的委托代理关系是通过政治形式体现的，不存在经济意义上的契约合同。此外，官员的绩效很大程度上取决于政治绩效，因而标准的经济激励方式对政府代理人并不适用，甚至会对政府行为产生误导效应。对于政府式委托代理问题的解决不能通过激励解决，而应通过执法监督等形式对政府行为进行约束控制。

2.3.3　重大工程决策“多政府”委托代理模式

任何理论原则必须与实践相结合才能发挥巨大的指导作用。本小节将简略介绍港珠澳大桥工程决策委托代理模式。港珠澳大桥工程决策是在“一国两制”特殊体制下进行的，因此基于“政府式”委托代理的决策拓展成“多政府式”的委托代理决策，这不仅在国内而且在国际上也是首次遇到的难题，只有跨过这一道“坎”，才能顺利地完成港珠澳大桥工程建设前期必须完成的若干重要决策任务，从本小节以后的各节我们将能逐步体会到港、珠、澳三地政府是如何以创新、务实精神为指导来谋大局、求共识的，这不仅可以为港珠澳大桥工程决策提供支持与宝贵的经验，而且可以极大丰富重大工程决策治理理论并为今后的重大工程决策提供理论支撑。

港珠澳大桥作为一个有公共商品属性的重大工程，自然表现为公众—政府—政府部门—专业机构的多层次委托代理关系。

特别地，由于港珠澳大桥工程的“跨境”属性，决策主体中的“政府”为三个地方的政府：广东、香港、澳门，因而港珠澳大桥“政府式”的决策方式使得委托代理关系不仅包含中央政府与地方政府的委托代理关系，而且包含中央政府与多个地方政府间的委托代理关系，也就是多政府委托代理模式。

需要指出的是三个地方政府是“一国两制”体制下，各具不同行政、法律背景的政府，因此，虽然内地也有跨不同地区的重大工程，如苏通大桥，南、北桥位分别在苏州市和南通市，但由于这一类“多政府”工程即使有不同的利益考量，但其行政、法律等大环境并无二致，然而对港珠澳大桥而言，这种多政府委托代理不仅使得工程决策有着主流委托代理引发的普遍问题，而且有其独特的复杂问题。总的来说，港珠澳大桥的“多政府”委托代理使得决策面临以下挑战。

（1）决策主体增多使得目标多元化导致的主体行为博弈现象更为复杂。政府代理具有多层次性，形成了政府、政府职能机构、公众之间三角形的委托代理关系，这比简单的垂直线性关系要复杂得多。政府和政府职能机构要兼顾上游委托人、下游委托人及同层次其他决策主体之间的多重网络状目标、诉求和冲突，特别是发生冲突的概率及通过损害其他方利益而得以保护自身利益的可能性也增加了，进而又会引发新的冲突。

考虑到“一国两制”制度下对香港特别行政区、澳门特别行政区高度自治的认可及相关法律的规定，在港珠澳大桥工程决策中，必须充分尊重和肯定香港、澳门和珠海在港珠澳大桥前期决策中享有平等的决策权，即必须按照“任何事项均须三方一致同意方能通过”的原则进行决策活动。同样，也正因为“一国两制”政治制度，香港、澳门和珠海三地政府又代表了不同社会公众群体的利益诉求，从而在决策过程中，不可避免地会增加产生矛盾与冲突的机会，导致决策共识的形成出现新的困难和决策过程的曲折。

（2）多政府委托代理关系一般会在决策信息的传递速度和质量方面造成更多的负面影响，并且造成信息失真，进而导致形成决策方案需要更多的时间，这将会增加决策成本，降低决策效率，也会使三地之间的协调管理愈加复杂。

（3）权利与义务的界定更加困难。政府式委托代理需要对各决策主体的权利与义务做出清晰的界定，以保证决策过程质量。港珠澳大桥决策需要三地政府来完成，各地的相关法律、法规不同，三地政府的管理体制、工作方式不同，建设管理程序、技术标准也不同，因而对委托代理权利与义务的规范性的界定更加困难。

（4）三地政府不同的信息垄断行为产生了信息不对称，需要彼此之间进行更有效的协调或更权威的监管。其一，政府作为强代理人，可能发生信息垄断和对公权力监督不力的情况，这往往会造成作为初始委托人的社会公众的行为能力弱化，而国家强制代理也使得公众不具有退出机制，成员多却分散，进而导致了虽然社会群体的规模大，但是其作为初始委托人监督力度有限，不能有效改善代理人的行动，公众的监督成本与收益严重不对称，加之双方的信息不对称、不透明，可能造成决策者采取搭便车的自利选择，即产生代理人问题。其二，港、珠、澳三地之间的不同信息传递机制易产生信息缺失等情形，需要有更高级别的政府对其进行协调监管，才能有效应对可能发生的公权力异化行为。

综上所述，“多政府”委托代理关系导致的代理问题对港珠澳大桥决策治理形成了多方面的挑战。

一般地，重大工程决策中的政府式委托代理模式，在对“政府”的理解上有两点必须明晰地给予界定。

第一，政府的层次性。重大工程决策主体群是有层次结构的，除政府（政府主管部门）委托各类供应商、承包商与专业机构外，“政府”也常常是有层次的，即由上下级相关政府组成。

需要什么层次的政府（部门）作为决策主体，一般是由重大工程规模、影响、作用的大小而定，对于规模和影响极大的重大工程，决策阶段可能由中央政府直接介入，如三峡工程由 1992 年全国人民代表大会全体会议投票决定，也就是说，三峡工程的立项决策是由全体中国人民完成的[①]。

第二，政府的功能性。除了政府层次性在重大工程决策过程中非常重要之外，还要视工程的功能及性质不同，选择不同的政府（部门）作为决策主体。例如，若是重大交通基础设施工程，如大型桥梁或高速公路，则有国家发展和改革委员会、交通运输部及相关地方政府参与；若是高速铁路建设项目，则有国家发展和改革委员会、国家铁路局及相关政府参与；若是大型水利工程，则有国家发展和改革委员会、水利部等政府部门参与。

对于重大工程决策中涉及的海事、环境保护、金融、技术创新等重要问题，则由相应的对口政府主管部门负责。

举例来说，21 世纪初竣工的江苏境内的苏通大桥，位于江苏省东部的南通市和苏州（常熟）市之间，是交通运输部规划的黑龙江嘉荫至福建南平国家重点干线公路跨越长江的重要通道，是 21 世纪初我国工程规模最大、综合建设条件最复杂的特大型桥梁工程。苏通大桥工程具有四项世界之“最”[②]。

（1）最大跨径。当时世界上已建成的最大跨径斜拉桥为主跨 890 米的日本多多罗大桥，在建的主跨为 1018 米的香港昂船洲大桥，而苏通大桥主跨为 1088 米。

（2）最大基础。主墩基础由 131 根长约 120 米、直径为 2.5 米/2.8 米变截面的钻孔灌注桩组成，承台长 114 米，宽 48 米，是世界规模最大、入土最深的群桩基础。

（3）最高桥塔。当时已建 224 米高的多多罗大桥钢塔，而苏通大桥桥塔塔高为 300.4 米。

（4）最长拉索。苏通大桥最长拉索为 577 米，最大重量为 59 吨，比多多罗大桥最长的斜拉索长 100 多米。

苏通大桥在当时为我国建筑史上工程规模最大、建设标准最高、技术最复杂、科技含量最高的特大型现代化桥梁工程。要想建桥成功，除了要攻克十大关键技术外，还要对一系列重要问题做出准确决策。

具体来讲，对于苏通大桥前期多项重要决策问题，如立项、桥梁方案、投融资、建设与运营管理模式选择等，需要具有足够权威性和资源整合能力的交通运输部、江苏省政府、南通市与苏州市政府等组成核心决策群体，其中最高层次的政府部门为“省部建设协调领导小组”，组长由交通运输部部长和江苏省省长担任、省政府常务副省长和交通运输部副部长担任副组长、苏州市市长和南通市市长分别担任工程南北二片的组长，以共同做出重要问题的决策。另外，根据决策问题

---

① 《三峡水利枢纽工程》[EB/OL]，http://www.people.com.cn/GB/paper2515/9692/893044.html [2018-12-20]。

② 《创造四项世界纪录 苏通大桥正式通车》[EB/OL]，http://finance.people.com.cn/GB/71364/7448012.html [2018-12-20]。

的职能性与专业性，需要由省政府下属的交通、科技、公安、国土资源、建设、水利、环境保护、海关、海事及发展和改革委员会等主管部门共同参与决策工作。由此构成了大桥决策的省部—市厅两级政府委托代理模式。

虽然在苏通大桥决策工作中由于不同问题的性质与内容不同，具体到每一个问题时，决策主体的构成会有所调整，但上述两层次决策结构及主要决策核心成员具有一致性与稳定性，这主要是因为苏通大桥各项决策工作涉及面相对较窄及复杂性相对较小，完全可以在上述两层次政府式构架下完成。

2.4 重大工程决策递阶式委托代理原理

2.3 节我们从宏观和微观的角度对重大工程决策政府式委托代理关系进行了还原论研究，对委托代理关系的类型进行了分解，并选取了多个重大工程决策案例对政府式委托代理的模式进行总结，在此基础上，需要对重大工程决策政府式委托代理的共性特征进行提取，本节将针对重大工程决策政府式委托代理的递阶式特征进行深入研究，并提出重大工程决策的递阶式委托代理原理。

重大工程决策管理主体群在管理活动中不是一个无序的主体集合，而是一个多层次的和结构复杂的管理平台。在实际的管理活动中，它表现为一个遵循一定机制与约束的管理组织。一般情况下，一个重大工程决策管理组织的具体模式和形态将根据工程自身的特点、工程环境、工程主体，特别是序主体的文化价值观及管理习惯呈现出多元化与多样性的特点。但是，随着重大工程所有权与决策权、管理权、建设权、经营权逐渐分离，产生了工程主体之间的一种递阶式委托代理关系。这一关系使得重大工程决策组织平台除了具有多层次、多尺度等系统复杂性外，还呈现出“多主体协调”与“权利配置”等管理复杂性。因此，研究递阶式委托代理基本原理，不仅有利于分析重大工程决策多主体间的复杂关系，而且有利于设计和优化重大工程管理决策组织模式。

重大工程管理中的递阶式委托代理原理体现了决策管理主体群内部的复杂动力学关系及管理组织机制的形成动因。

2.4.1 重大工程递阶式委托代理的特征

通过分析可知，重大工程多层次主体之间形成了多层次的递阶式委托代理链。

相比而言，标准的企业委托代理问题一般仅具有单委托人—单代理人的单链特性。在重大工程委托代理关系中，层次与主体更多，关系更复杂，如果运作不好，管理组织平台效率损失会更大、成本会更高。因此，我们需要总结和提炼出这一多层次递阶式委托代理关系链的基本特性。

1. 委托代理关系的统筹性

重大工程任务众多，各参与主体有各自的目标与行为，委托代理关系不仅需要将参与主体的职能充分发挥出来，而且需要将众多参与主体职能统筹起来。以中国港珠澳大桥为例，在工程前期对工程进行论证期间，工程管理者就委托不同机构分别开展了港珠澳大桥水土保持、大桥跨界管理、口岸布设方式，以及大桥工程对中华白海豚影响等数十个专题研究，并在此基础上，对工程开展在总体上进行了综合论证。因此，重大工程委托代理关系充分体现了工程目标、主体行为、管理要素关联及外部环境等综合关系的统筹性。

2. 委托代理关系的动态性

重大工程参与主体多，各阶段主要管理任务变化大，工程管理者需要在不同阶段针对不同任务委托不同主体参与工程管理，从而形成由不同主体组成的动态委托代理链。这实际上也是重大工程管理组织平台的动态重组与演化。

3. 委托代理主体地位的双重性

当权利和职能沿工程管理组织层次由上而下移动时，每一委托代理主体（除了最上端和最末端的主体之外），往往既是委托人又是代理人。例如，工程管理者对于政府而言是代理人，对于承建单位是委托人。作为代理人，工程管理者一般都会具有政治责任感和历史使命感，而作为委托方，工程管理者又具有信息优势，并有追求自身效用最大化的动机。就政府而言，其地位也具有双重性，当政府作为代理人时，政府代表了社会公众，因而具有强大的决策权与话语权，而当其作为委托人时，通常又以行政关系或者契约方式委托相关部门或专业机构代表其履行相关职能。这时，重大工程管理委托代理关系与标准委托代理关系的假设条件一致，即代理契约是建立在自由选择和权益明晰化基础之上的。

2.4.2　重大工程委托代理的“递阶式”机理

之所以说重大工程委托代理是“递阶式”的，“阶”的意思是指等级、层次，表明重大工程主体间的关系并不是杂乱无章的，而是有层次的，并逐级地形成了组织整体的稳定结构。除了上述所说的在结构上形成了多层次委托代理链之外，还有其更为本质的机理属性。“递”的意思是指传递、输送，重大工程在建设过程中，各主体之间存在着物质和信息流的传递与转换。重大工程委托代理中各类流的传递具有以下特点：第一，从委托方到代理方与从代理方到委托方的关系流是不同的。例如，由政府委托专业机构时，政府作为委托方，向专业机构传输的主要是资金流和信息流，而专业机构作为代理方，向政府传输的主要是知识流和技术流。第二，资金流与信息流从初始委托人即公众，逐步流经各级政府、工程管理者，最终到达终端代理人工程施工单位的过程，同时也是资金流和信息流逐渐被利用与转化为工程实体的过程（图 2.3）。

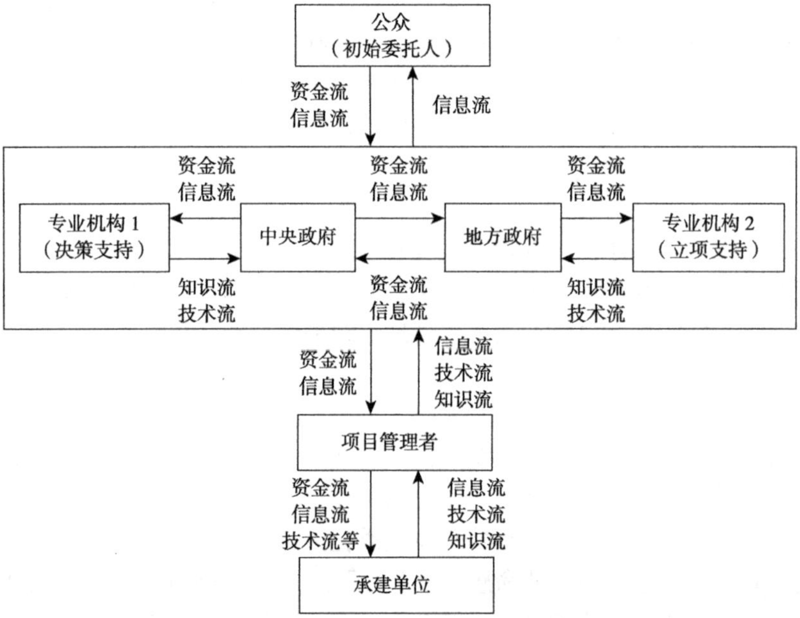

图 2.3　重大工程委托代理流的传递

除此之外，要对一个很重要的问题做特别说明，即当今的重大工程是在市场经济环境下的时间活动。一方面，人们的行为方式和理念都强烈地受到市场经济规则的约束与影响，工程资源的整合与配置、工程承包商的决策与行为等也强烈地受到市场法则的支配；另一方面，重大工程实体既体现了一定的公共品属性，也体现了一定的商品属性。例如，工程投融资模式与运作遵循了金融市场规则，而在工程竣工后可能采用收费还贷的市场运营模式。因此，重大工程委托代理关系整体是在市场环境下进行的，因而本节的主要内容应更准确地表述为市场条件下重大工程的政府式委托代理原理。

2.5 本章小结

本章在对委托代理理论与政府式委托代理原理进行概述的基础上，结合我国重大工程决策的实际情境，剖析了重大工程决策政府式委托代理关系的类型与特征，并通过案例分析，提出了重大工程决策的“多政府”委托代理模式及重大工程决策的递阶式委托代理原理。本章所提出的重大工程决策政府式委托代理理论强调了政府在委托代理关系中的主导作用，为重大工程决策治理奠定了重要的理论基础。

第3章　重大工程决策治理基本原理

重大工程规模巨大、建设周期长、技术复杂、工程环境复杂，因此在重大工程面临决策时，具有问题涉及面广、利益相关者多、决策事项关系复杂等特征。重大工程决策的委托代理关系决定了政府具有主导地位，因此决策过程中易出现公权力异化、公权力畸形发展等问题，而且由于重大工程决策涉及多个利益相关者，问题解决过程中多主体之间也极易出现矛盾和冲突。因此通过决策治理来解决重大工程决策过程中出现的种种问题，是保证决策质量的首要条件。本章首先总结政府式委托代理关系下政府公权力的内涵与特征，并从治理的基本原理出发，对管理与治理概念进行辨析；考虑到目前关于重大工程决策治理的研究较为缺乏，本章对重大工程决策管理的研究现状进行了文献计量学分析，为重大工程决策治理的研究提供理论依据与研究方向。在此基础上，提出重大工程决策治理的基本内涵。

接下来结合我国工程决策实践研究我国重大工程决策治理的权力安排与制衡机制、分层架构设计机制、冲突解决机制，通过制度设计和安排把政府行使权力和规范权力两者结合在一起，保证重大工程决策过程质量。最后，从政府在重大工程中承担的不同功能入手探讨重大工程治理问题，构建“激励-监管”模型并进行详尽分析，为政府在重大工程治理方面提出相应的意见和建议。

3.1　政府式委托代理关系下的公共权力

所谓公共权力，可以理解为公众委托公共组织（国家、社团和国际组织）行使的权力，简称公权力。它存在于公共领域，并源于初始委托人——公众的共同需要和共同意志，因此它的最终目的是维护公共利益。一般而言，根据权力行使主体的类型，公权力可划分为政府公权力、社会公权力和国际公权力三种类型。本章研究其中的第一类——政府公权力。

政府公权力特指由国家政府机关为组织载体，为实现公共意志、维护公共秩序而行使的强制性权力。卢梭（2011）在《社会契约论：论人类不平等的起源》中写道："广大民众的私权的移交和公众的认可是所有国家权力的前提。"因此可以将政府公权力理解为公众将部分权力授权给政府行使，也就是说政府公权力源于私权利的让渡，建立在全民共同认可的社会契约基础之上，具有公共性、正义性、权威性、代理性等典型特征。公权力的产生不是为了维护个人或团体的利益，而是为了维护所有公众的共同利益，因此政府公权力的行使者应当以满足社会共同体的理性期待为标准进行决策。

重大工程的决策活动是由一连串递阶式委托代理关系链组成，委托代理关系与公权力的行使具有密不可分的关联性，具体体现在以下几方面。

1. 二者均受到法律的严格制约

政府式委托代理关系的核心为具有法律意义的契约，它是连接代理人与委托人关系的纽带，也是约束和制约双方行为的规条。同样地，法律也是公权力的来源，所有政府公权力的行使均需要以宪法、刑法、行政法等公共法律为基础，遵循"权力法定"原则。

2. 委托代理关系是公权力形成的"正当性"基础

公权力是依据公法拥有的权力，如立法权、司法权、行政权等，私权利是依据私法享有的权利，如财产权、人身权等。由公权力的定义可知，私权利是公权力产生的基础，公权力的形成主要来自私权利的让渡，即公众将自己私权的一部分让渡或授权给政府行使，以维护公众的整体利益，因此政府公权力的形成本质上源于典型的政府式委托代理关系。

3. 二者具有共性的解决之道

理想情况下，公权力与私权利应处于平衡或相互制约的状态。在政府式委托代理关系下，作为委托人的公众人数众多，单个公民的力量薄弱，与具有强大公权力的政府相比，公众的私权利变得微不足道，从而形成一种"弱委托，强代理"的委托代理关系，并进而加剧双方的信息不对称程度。在这种关系下，政府作为强代理人，为了实现个体效用最大化，便有可能出现公权力异化、权力寻租或公权力畸形发展等问题。

因此，无论从委托代理的角度考虑最优契约的设计以规避道德风险，还是从公权力的视角出发研究公权力的制约与平衡，以保持公权力与私权利之间的和谐，二者的共同之处均在于如何通过决策治理，约束与规范政府行为，从而有效保证重大工程决策过程质量。

3.2　重大工程决策治理概述

研究重大工程决策治理首先需要系统总结治理的内涵、治理与管理的差别，以及重大工程决策管理与决策治理的区别，从而结合我国重大工程决策情境，对重大工程决策治理进行全面认知。

3.2.1　“管理”与“治理”辨析

“治理”一词原本多用于政治学领域，意即政府如何通过行使国家的权力从而达到管理国家和人民的目的，因此，“治理”强调了通过途径的设计与安排来调节政府的行为方式。

联合国全球治理委员会认为，“治理”是指各种公共或私人机构管理公共事务的诸多方法的总和，是使相互冲突或不同的利益得到一定的调和，并且后续采取联合行动的持续过程，这不仅包括正式制度和规则，而且包括人们同意或符合其利益的各种非正式制度安排。

因此不难看出，“治理”的内涵主要包括以下几点。

第一，“治理”主要不是指一套管理规则或者一项管理活动，而是指一个过程及这个过程内完整的行为方式。当然，任何行为都有目的性，如管理和完成一项公共事务，不应以公共权力来谋私。治理者应公正、正确地运用公共权力，不可以在此过程中出现异化行为。

第二，治理过程既涉及治理者，又涉及被治理者，而无论是治理者还是被治理者，都具有自适应性的自主权。因此，治理的基础主要不应是刚性的控制，而应是各类自主主体之间的协调，这里的协调包括各种主体之间的利益协调、行为协调及治理过程的流程协调等。

第三，治理的概念从原来的领域扩展到了包括企业在内的私人部门。例如，为了发展经济，企业创造就业和提高员工收入的机会；为了维护社会良好运转，公民规范自身行为及开展各种推动社会和谐的经济、政治与文化活动等。这样一来，重大工程决策作为一项以政府为决策主体和投资主体的公共事务，在决策过程中，自然也有治理的内核和各项具体的内容，也就是说，重大工程决策不可避免地存在一系列具有决策治理属性的问题需要设计和研究。

第四，治理体现在公共事务的处理过程中，在此过程中各类主体的目的性、关联性与适应性的不断改变，治理者、被治理者的内部行为或相互行为方式也在不断发生变化。因此，治理的一个重要任务就是在治理过程中要持续开展各个层次、各个领域、各个方面的协调，我们不能以某种刚性制度和规则来控制、管束全过程中的行为变化。

虽然，“治理”的根本目的也是管理，但“治理”与“管理”在许多方面有着重要的区别，主要体现在以下五个方面。

（1）目的性区别。“治理”的目的主要侧重于宏观与战略性目标的实现，如社会公正与和谐、经济稳健发展、环境宜居与可持续、重大工程决策正确与科学等，“治理”更注重“制度”与“治权”，而“管理”更侧重于某一专项、某一部门中的微观目的，如提高工程建设质量，降低工程事故发生率。“管理”更注重提高效能与绩效。

（2）系统性区别。“治理”与“管理”都需要建立在系统论的基础上，但比较起来，“管理”更强调如何约束、规范被管理者的行为，即其重点是管理系统的“一部分”，而“治理”强调治理系统中包括治理者与被治理者的所有相关者的行为调节，这比上述“一部分”具有更广泛的系统性。

（3）方法论区别。“管理”主要通过各类规章制度与程序来约束、规范被管理者行为，而“治理”则更多地以各种调节手段（目的调节、利益调节、流程调节、关联与结构调节等）来协调多主体之间的行为。“管理”侧重于具体执行的手段和方法，而“治理”多为治权行使的设计及利益协调的制度安排。

（4）方向性区别。“管理”侧重于“管”，即按照管理者意志和目标，自上而下地行事，而“治理”则按照制度设计和安排，通过实现上下互动来实现各类主体行为的协调。

（5）基础性区别。“治理”侧重于通过规范的契约体系进行治权、利益及风险的分配、分担和分责设计与安排，即“治理”建立在行为调节基础之上，而“管理”则主要基于自上而下的行政权威而开展。

3.2.2　重大工程决策管理综述

国内外关于重大工程决策治理的研究较为缺乏，而关于重大工程决策管理的研究相对较为成熟，且治理的根本目的也是管理，因此本小节将对重大工程决策管理的文献进行综述和可视化分析，旨在基于文献计量方法，厘清重大工程决策管理研究的发展脉络，为重大工程决策治理的研究奠定基础。

1. 文献检索与数据处理

1）文献搜集

本章选择 ISI Web of Knowledge 平台中的科学引文索引扩展（science citation index expanded，SCIE）数据库和 Elsevier Science Direct 数据库，时间检索跨度不限。文献检索的方法是：选择检索范围为“主题”，在检索词中分别输入“Decision Making Management” AND “Mega Project”、“Decision Making Management” AND “Infrastructure Project”、“Decision Making” AND “Large-Scale Project”、“Planning” AND “Mega Project”、“Planning” AND “Infrastructure Project”、“Planning” AND “large-scale Project”，排除部分重复与相关性较小的文献，得到 89 篇文献。

2）数据初步处理

在对文献资料初步分类整理之后，本小节分别从文章发表时间、地区、决策相关问题出现的阶段等几个层面对数据进行初步分析。

（1）时间。从图 3.1 中可以看出，2000 年之前，与重大工程管理理论相关的文献还很少；进入 21 世纪后，相关文献开始增多；而从 2009 年起，重大工程管理领域的文献较之前有显著的增长。2008 年 Flyvbjerg（2008）研究了西方众多重大工程项目案例，并梳理了重大工程项目的经验教训，为管理领域归纳总结出了许多新的规律性的认识和理论。Flyvbjerg 的研究对重大工程管理领域产生了深远的影响，更多学者开始关注到工程项目中所面临的各个管理问题，许多新的课题和研究都纷纷出现。

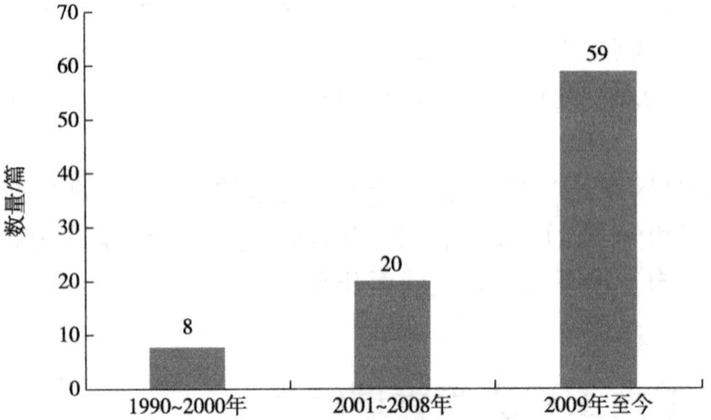

图 3.1　文献时间分布图

（2）地区。从图 3.2 中可以看出，文献中涉及的项目大部分来自欧洲，其次是亚洲和北美洲，南美洲的最少。其中，北美洲与欧洲的绝大部分重大基础设施项目早在 21 世纪前就基本完成了，所面临的项目决策管理问题更多地集中在项目改建与维护等方面，也不乏对一些早期项目不足处的反省和回顾。在有关亚洲项目的文献中，中国的项目占了较大部分，中国作为当前世界上最大的也是发展最快的发展中国家，大量的工程项目都在规划和实施中，也相应地产生了众多的决策管理问题。

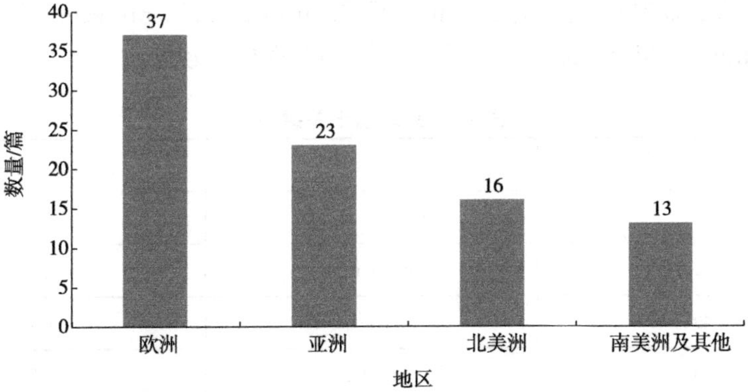

图 3.2　文献中项目的地区分布

（3）决策相关问题出现的阶段。从图 3.3 中可以看到，文献中研究的主要决策相关问题绝大多数出现在项目生命周期的前端——立项规划阶段，其次是项目建设阶段，第三个柱形表示决策相关问题同时出现在立项规划和建设阶段。立项规划阶段是决策相关问题出现频率最高的阶段，自然决策相关问题的研究文献也占有很大比例。而生命周期后端的运营和维护阶段决策相关问题的研究文献则最少。同时，还有一小部分文献研究了项目整个生命周期内的决策相关问题，此类文献数量也不多。

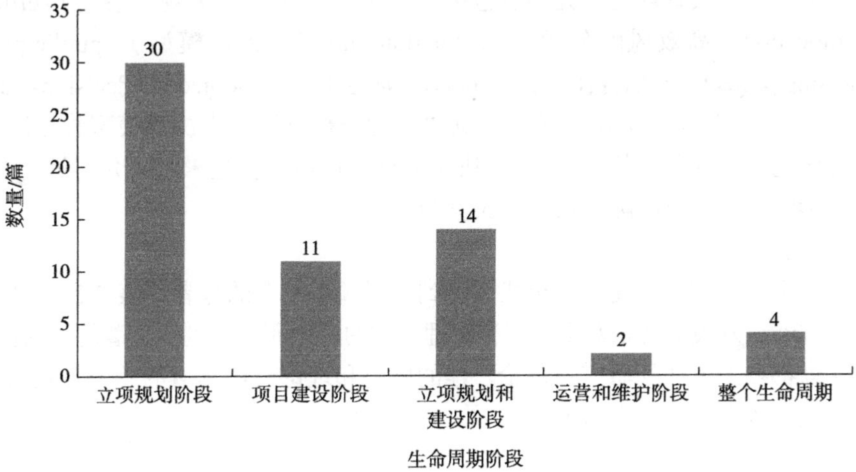

图 3.3　决策相关问题研究文献的阶段分布

2. 文献可视化分析

1）关键词共现分析

首先我们得到频率前十的关键词，如表 3.1 所示。其中“infrastructure”关键词被引频率最多，为 56 次，“management”频率为 51 次，“decision-making”频率为 49 次，而其他关键词如“model”“construction”“projects”“uncertainty”“sustainability”“decision making”“risk”等频率相对较低。

表 3.1　频率前十关键词表

频率/次	关键词	关键词译文
56	infrastructure	基础设施
51	management	管理
49	decision-making	决策
35	model	模型
29	construction	建设
28	projects	项目
26	uncertainty	不确定性
26	sustainability	持续性
23	decision making	决策
22	risk	风险

重大工程决策管理的研究热点包括 large-scale system（大规模系统）、efficient risk allocation（高效风险分担）、evaluation model（评估模型）、public-private partnership project（公私合作项目）、delay（延迟）、multi-objective decision-making approach（多目标决策方法）等。辅助决策的分析方法或者决策模型将始终是决策管理研究者们的研究热点。同时，决策的外部环境也会是未来研究的重要内容，如环境影响、国家或国际政策、公民参与等。

2）共引作者分析

在共引作者方面，通过分析我们得到共引频率前九的作者（表 3.2）。可以看出，Flyvbjerg 发表的文献对重大工程管理领域的理论研究起到了显著的推动作用，许多文献都参考了他的研究和理论。他的研究和理论对该领域的总结与归纳对未来的研究趋势产生了重大影响。

表 3.2　频率前九的共引作者表

频率/次	作者
53	Flyvbjerg 等（2003）
33	Saaty 和 Vargas（2006）
27	World Bank（2005）
24	Saaty 和 Vargas（2013）
20	Priemus（2007）
18	Banister（2009）
18	Ugwu 等（2005）
18	Kahneman（2008）
16	Thomopoulous 等（2009）

3）期刊共引分析

表 3.3 为频率前十的期刊节点表。从表 3.3 中可以看出，绝大多数文献都来自工业技术类的杂志，如“Journal of Construction Engineering and Management”和“Journal of Infrastructure Systems”；还有许多来自管理科学类的杂志，如“European Journal of Operational Research”是欧洲管理科学类杂志；“International Journal of Project Management”是项目管理领域的著名杂志；许多重大工程，如地铁、飞机场、高速公路等都属于交通设施项目，因此交通运输类的杂志也十分活跃，如“Transportation Research Record、Transport Policy”等；由于近年来学者逐渐开始关注工程项目管理中决策对环境的影响，环境科学类的杂志也渐渐出现，如“Journal of Environmental Management”。

表 3.3　频率前十的期刊节点表

频率/次	期刊
90	*Journal of Construction Engineering and Management*
70	*European Journal of Operational Research*
65	*International Journal of Project Management*
62	*Transportation Research Record*
61	*Transportation Research Part A-Policy and Practice*
56	*Transport Policy*
55	*Construction Management*
50	*International Journal of Project Management*
48	*Journal of Infrastructure Systems*
48	*Journal of Environmental Management*

3. 研究热点分析

正如前面提到的聚类标签名代表了该领域的研究前沿。通过文献共引分析，笔者得到了各个聚类群中最活跃的文献，也就是核心文献（表 3.4），它们的被引次数最高，其中重大工程（mega-project）作为搜集文献的关键词被排除在热点趋势之外不做讨论。

表 3.4　核心文献表

聚类标签名	文章标题	活跃度
政府和社会资本合作（public-private partnership，PPP）项目	基于利益相关者视角的公私合作项目绩效目标选择模型（*Performance objectives selection model in public-private partnership projects based on the perspective of stakeholders*）	0.43
区域经济效益（regional economic efficiency）	气候变化对跨界水系统基础设施规划的经济影响：来自蓝色尼罗河的一个例子（*Economic implications of climate change for infrastructure planning in transboundary water systems: an example from the Blue Nile*）	0.11
高效风险分担（efficient risk allocation）	澳大利亚私人融资公共基础设施项目有效风险分配的决定因素（*Determinants of efficient risk allocation in privately financed public infrastructure projects in Australia*）	0.69
成本超支（cost overrun）	运输基础设施项目的成本超支有多常见和多大?（*How common and how large are cost overruns in transport infrastructure projects?*）	1
重大工程（mega-project）	大型项目：处理陷阱（*Mega-projects: dealing with pitfalls*）	0.19
评估方法（assessment approach）	运输基础设施项目的可持续性评估：对现有工具和方法的审查（*Sustainability assessment of transport infrastructure projects: a review of existing tools and methods*）	0.17
公众参与（public participation）	公众参与中国的基础设施和建设项目：从基于 EIA 的过程到整个循环过程（*Public participation in infrastructure and construction projects in China: from an EIA-based to a whole-cycle process*）	0.21
有效计划（effective plan）	选择有效的桥梁修复计划的多标准决策系统（*Multi-criteria decision-making system for selecting an effective plan for bridge rehabilitation*）	0.21
多目标决策（multi-objective decision-making）	道路设计的多目标决策（*Multi-objective decision-making for road design*）	0.31

4. 热点文献分析

1）PPP 项目和高效风险分担

近年来随着一系列 PPP 项目的出现，对该主题的研究也成了热点，许多学者开始研究 PPP 项目领域中出现的问题，而高效风险分担通常与 PPP 项目联系在一起，因此也一直都是该方面的研究热点。Jin（2010）在“Determinants of efficient risk allocation in privately financed public infrastructure projects in Australia”一文中通过研究澳大利亚私人融资公共基础设施项目即 PPP 项目中的风险分配问题，总结了与 PPP 项目风险分担相关的五个要素，它们分别为合作伙伴的风险管理程序、合作伙伴的风险管理机制、合作伙伴的合作历史、风险管理环境的不确定性，以及合作伙伴的风险管理承诺。笔者认为政治不确定性是 PPP 项目所面临的最显著的挑战；较高的区域经济的不稳定性增加了公共组织承担风险的可能性，而私人合作伙伴往往具有较规范的程序，并使其能够做出较高程度的风险承诺。因此公共组织可能更愿意让私人合作伙伴管理风险。

2）区域经济效益和成本超支

许多案例证明了项目成本超支问题和经济效益问题往往是由前端决策不合理、未考虑到生命周期内项目的动态变化所导致的，因而成本超支是工程项目中最严峻的问题之一。Flyvbjerg 等（2003）在“How common and how large are cost overruns in transport infrastructure projects？”一文中指出许多基础设施建设项目都出现了不同程度的成本超支。尽管数千亿美元被用于基础设施的发展，然而从公路、铁路和机场，到能源开采和电力网络建设，仍有大量的不可靠风险使项目陷入成本超支的困境。通过对大量案例的统计学分析，Flyvbjerg 等（2003）指出，项目出现大量的成本上升现象是规律而不是例外。例如，由于需要在隧道和桥梁上固定链路，平均成本可能会上升 45%。成本上升是一个全球性的现象，几乎在每个国家都存在。在过去的 70 年中，成本一直在上升而成本估算方法却没有取得进步，因此在交通基础设施项目中运用传统的成本估算法会对项目决策造成显著的误导。同时，大幅上升的成本水平与较高的标准偏差将转化为巨大的财务风险。

3）评估方法和多目标决策

重大工程项目的复杂性导致决策管理日趋困难，因此对项目风险的评估方法、多目标决策等的研究越来越受到学者的重视，出现了大量以此为研究内容的相关文献，并且互相之间的共引程度较高，联系紧密，这一系列文献倾向于探讨各种帮助决策和进行评估的方法与技术问题。项目复杂性的要求使多目标决策应用越来越广泛。Salem 等（2013）在《选择有效的桥梁修复方案的多标准决策系统》（“Multi-criteria decision-making system for selecting an effective plan for bridge rehabilitation”）一文中利用多目标决策法来帮助美国交通基础设施的管理者以最低的成本和更可靠、安全、高效的模式来解决老化公路基础设施系统的恢复问题。Salem 等提出了用层次分析法（the analytic hierarchy process，AHP）作为量化各项目标并在权衡中提取一组反映各因素在整体决策水平权重的重要性的工具。AHP 使他们不仅能够构建项目的复杂性和帮助决策者做出判断，而且可以使他们在决策过程中结合客观因素和主观因素。传统的决策过程仅依赖于成本比较，而不能满足复杂的决策目标，如保持交通流确保项目对本地企业、社区、环境和生态系统的影响最小。作者认为本节讨论的决策系统证明对运输类项目具有巨大的价值。

同时，传统的评估方法已经逐渐不适合于实际的项目，因此亟须对评估方法和技术进行改善。Bueno 等（2015）在“Sustainability assessment of transport infrastructure projects: a review of existing tools and methods”中发现在交通基础设施项目中，传统的工具和决策框架方法仍无法解决一些实际问题。因此需要有一个更加标准化的工具来评价交通项目的可持续性及对社会经济的影响。笔者以公路为例详述如何构建一个合适的多维评价方法。

4）公众参与

基础设施项目与百姓的生活息息相关，当一个项目立项时，组织者通常会听到来自公民的争议，以往自上而下的决策方式在如今受到了挑战，更多学者开始研究项目决策时公民参与会带来的影响。由于项目受到的争议越来越多，有学者提出改变以往自上而下的决策模式，让公民也参与其中。Liaab（2012）在“Public participation in infrastructure and construction projects in China：from an EIA-based to a whole-cycle process”一文中提到，全球范围内许多国家的政府开始鼓励有兴趣的个人、团体和组织参与公共基础设施和建筑（public infrastructure and construction，PIC）项目，并将其作为提高决策过程的公开性、透明度和建立问责制的一种手段，以帮助改善项目的生存和福利社会的能力。但 Liaab 同时提到，中国 PIC 项目（以中国石油化工项目为例）中公民参与决策进程的做法和效果不显著；如果政策制定者和广大社会群众之间存在分歧，就必须尽快达成共识，通过尽量减少差异来保证项目的妥善实施。但即使在西方，决策过程中的公众参与也很少，因此往往需要某种形式的立法来推动公众参与。

通过对重大工程决策管理的文献进行分析，发现研究热点和研究趋势主要集中在 PPP 项目与风险分担、工程超支、多目标决策与公众参与等领域，辅助决策的分析方法或者决策模型始终是学者们的研究热点。未来的研究趋势将集中在两方面：①决策的外部环境，包括环境影响、国家或国际政策、公民参与等；②智能决策，包括基于大数据分析、信息物理系统平台等新技术的应用。

3.2.3 重大工程决策治理基本内涵

尽管关于决策管理的研究已经比较成熟，但并不能将它与决策治理等同。如今工程决策的利益相关者越来越注重决策治理方面的理论与研究。如何更好地给决策者匹配权力，如何设计决策框架保证决策的可行性和有效性，并且使决策者的权力得到有效的使用越来越关键。

因此在了解了“治理”的基本概念与重大工程决策管理的研究现状后，我们可以尝试研究重大工程决策治理的内涵。为此，我们先简要概述一下重大工程决策活动的情景。

根据社会发展、经济建设、国防安全等需要，以及国家财政实力与科学技术水平，在某个时期国家会提出兴建一项重大工程的动议（构想），如兴建一项大型水利工程、大型交通基础设施工程等。这一类工程多为社会公共产品，因此其决策者和投资者多为政府，从而对兴建与否及如何兴建做出决定，这时，政府实际上是社会公众及社会公众利益的代表者和代理人，他们将代表社会公众行使重大工程决策权，并在社会公众委托政府的基础上，形成政府—政府主管部门—各类社会专门机构的多层次决策主体群架构。

一个重要的现实是，在重大工程决策过程中，代表社会公众的政府这一概念被具体转换为政府（包括政府职能部门在内）的工作人员，即抽象的政府概念与逻辑关系被转换成了具体的社会人的行为，这是现实的、重要的，而且也将推动许多新问题的转换，也正是这一转换，引发了关于重大工程决策治理的理论与一系列实际问题。

首先，如上所述，重大工程决策主体群主要由政府及相关主管部门、投资主体、重要建设与施工单位、供应商与专业咨询机构、其他利益相关者及相关部门共同组成，这必然形成了“政府—市场”共同作用下的决策平台与环境。从理论上讲，在“政府—市场”共同作用中，政府主要代表社会公众对重大工程的公共产品性质、社会公众利益，以及国家与社会整体性、长远性利益进行代言和维护，并在所有决策主体群中正确地发挥把握方向定位的引导和主导作用，而市场则主要发挥提高效率与效益并进行资源的科学配置的作用。但事实上，个别政府工作人员在重大工程决策中有可能出现违背公众代理人立场的异化行为，这种情形在当前我国重大工程决策因为政府主导作用过度及市场经济体制尚不完善的大环境下表现尤为突出。

还须指出，重大工程决策过程相对漫长，行政性、经验性、专业性相互交织，决策过程中信息相对封闭，缺少社会公开监督及问责制度，因此，更为这类异化行为的出现提供了条件。但是不能仅把这一突出而复杂的社会现象归结为决策过程中部分政府人员的个人品德问题，而要从社会大环境、决策全过程、主体行为机理与演化规律等方面，即从重大工程决策治理的高度开展深入研究。因为从决策治理高度整治这类异化行为将会有效保证重大工程决策的过程质量，而决策过程质量又深刻影响着决策方案质量。没有规范、正确的重大工程决策过程质量保证，就不可能有科学、高质量的决策方案质量。

对于重大工程决策治理，首先要研究如何构建重大工程决策治理的权利约束机制与制度，包括政府行为的正当权利、社会经济关系及权利分配机制，主要目的是通过制度设计来协调决策主体的利益冲突及规范主体行为，这与重大工程决策管理，如决策主体的选择、决策组织与平台的构建、决策机制与流程的设计，以及决策方法的确定等中、低操作层面上的内容有很大的差别。

3.3 重大工程决策治理机制

3.3.1 决策治理中的权力安排与制衡机制

在重大工程中，决策组织根据工程背景与重要决策的典型问题，表现为由不同决策主体、不同结构的系统演化序列，在决策功能意义上，决策组织既不应出现决策权力与能力的缺失，也不应出现决策权力与能力的冗余，更不应出现权力的行为异化。因此，决策治理中最为重要的一点就是进行科学的权力安排、均衡和有效制约的设计。

权力的配置包含两层基本含义：一是明晰稳定的权责安排，即不同的权力分配给不同的人；二是不同的权力如何得以行使（石佑启和陈咏梅，2014）。从本质上来看，权力的分配是分权的问题。权力配置的根本目的在于保证组织的运行效率，从而确保组织目标的有效实现，权力的不适当配置则会使组织运行低效率乃至无效率。因此权力配置具有一定的必要性和重要性。

但是，若出现权力配置不均衡、权力过分集中的问题，则必须选择有效途径加强权力制衡，以防止权力滥用、腐败等问题。权力制衡意味着有一股公权力之内或之外的与权力主体（即政府部门）抗衡的力量。这些力量代表着一些社会实体，如个人、机构、组织等，这些社会实体在权力主体行使权力的过程中对权力主体进行监督和制约，确保权力正常有序、廉洁高效地运行。最终得到制衡的公权力结构是优化的公权力结构（张国庆和曹堂哲，2007），权力的制衡有利于确保社会发展的公平合理和实现全社会福利的目标。

权力制衡的有效途径包括以下几点。①以法律这一强制力约束权力运行，如完善、规范与权力主体相关的法律法规，完善监督处罚方面的法律法规等。②加强政府部门内部管理与监督，将决策权、执行权、监督权进行适当分配，如中央对地方的审查审批、党政部门对公权力的监督。③加强民主化。体现为自下（包括个人、群体等）而上地运行权力。④对领导干部加强道德约束。例如，建立和健全领导干部的道德规范、社会价值体系，以新闻媒体、舆论等制约和杜绝公权力的滥用。

在重大工程的决策过程中，最为关键的是合理安排决策权力、保证决策权力制衡，即确保各个决策主体权力均衡是使得工程稳定、有效运行的必备条件。

3.3.2　决策治理中的分层架构设计机制

重大工程决策涉及面广，利益相关者多，决策事项关系复杂，为了保证决策过程的科学和有效，自然应根据拟决策问题的专业性、解决方案的权力归属对其进行层次定位与划分，并形成重大工程决策问题完整的层次架构。

根据上述原则，重大工程决策问题大致分为五类。

（1）基本法律事项，即重大工程在其准备、建设、运营、管理过程中必须要解决的法律问题。例如，在港珠澳大桥建设中，涉及“一国两制”及三个地方政府，香港和澳门地区与内地实行的是不同的法律体制，因此决策中有一些问题涉及三地政府不同的行政管理权及司法管辖权等问题，如工程建设中依据何种法律体系，在跨境实施管理中是否允许“跨境授权”及“上下分别授权”等。

（2）工程方案与技术标准事项，工程方案与技术标准的确立属于重大决策问题，这一问题同时与建设各方的有关技术法规密切相关。工程方案包括桥梁相关方案（如未来发展规划、建设时序等）、基本设计方案（如大桥占地、结构等）、工程设计方案（技术标准确定后的方案）及交通行政管理的技术方案（如交通标识、通信系统等技术方案及标准）。

（3）公共事务管理事项，包括重大工程准备、建设、运营过程中所涉及的重大公共管理实务。例如，港珠澳大桥中的出入境管理，海关、边防、治安、检查检疫等，这类事项决策受到三地法律、行政法规约束，需要三地政府协调相关管理事务。

（4）直接影响项目收益的政府经济财务政策事项，包括有关融资和涉及项目公司方案的选择及项目经济和资源政策问题，如大桥资产权属，有关土地、税收、融资、收费等政策方面的决策问题。

（5）项目公司及其有关商事行为，即针对工程建设阶段的项目公司组织形式与运行方式等的决策问题。

在这五类决策事项中：第一类主要因关系到国家司法解释或法律补充、修改等，理应由中央政府决策，在中央政府指导下，地方政府形成共识；第二类决策事项总体上应视为技术问题，并且与项目的工程方案及所在地的水文地质、地理、环境情况有关，故应依据地方政府的技术协调原则和专业管理部门及专家意见决定；第三类属于重大公共事务管理问题，本质上它是地方重大关系处理及公共政策法规的协调问题，需要由中央政府和地方政府联合决策；第四类决策事项主要涉及地方政府有关决策和承诺，与中央政府的某些政策有关；第五类与投资者关系密切，与地方政府的关系较直接。重大工程决策治理问题示意图如图 3.4 所示。

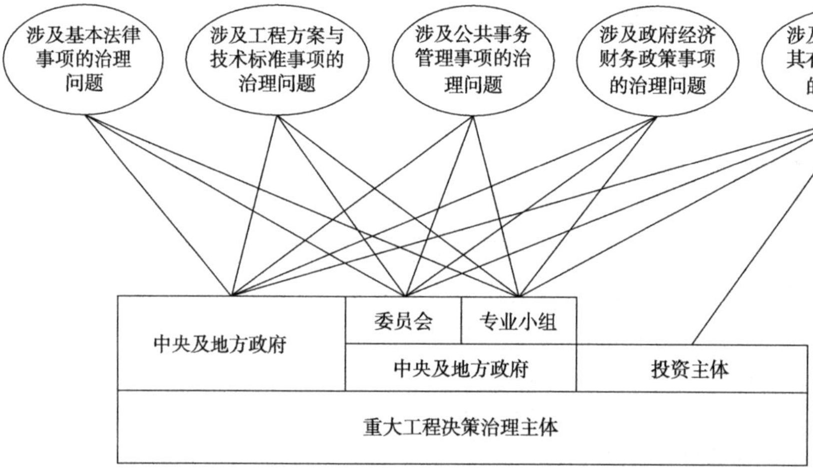

图 3.4　重大工程决策治理问题示意图

在重大工程决策过程中，需要根据不同的协调决策事项构建不同的决策组织来解决相应问题，不同的协调机构在协调及决策中有不同的职责。由此，决策体系即体现出动态层次性。中央政府与地方政府的职责是决定和批准第一类基本法律及相关问题、第四类国家公权力相关公共事务的处理原则和方案，第二、第三、第五类事项中的部分事项，主要是批准有关的基本方案、基本框架、基本原则，实施方案则授权委员会决定，同时报政府备案或核准。项目管理主体既是在授权范围内的决策机构又是项目管理机构，还是中央政府和地方政府的辅助决策机构。项目管理主体对中央政府和地方政府的决策事项提出方案，并在法律或协议规定和中央政府与地方政府的授权范围内，决定具体的实施方案。表 3.5 为重大工程分层决策事项与各级政府一般性职能表。

表 3.5　重大工程分层决策事项及各级政府一般性职能

各类决策事项	中央及地方政府职能	委员会（协调会）职能	专业小组或办事机构职能	投资主体职能
基本法律问题 地方协议 特许经营权 司法管辖权	具有法律决定权 审批原则、框架 决定基本方案 批准实施方案	决定和签订	编制协议文本	不参与

续表

各类 决策事项	中央及地方政府 职能	委员会（协调会） 职能	专业小组或办事机构 职能	投资主体 职能
工程方案与技术标准 工程相关方案 技术标准	审批原则、方案和技术标准	提出方案	组织方案论证	不参与
公共管理问题 安全、海关、交通等 基本方案与实施方案	决定审批或核准	提出方案或决定	编制方案	不参与
经济、财经问题 投融资方案 土地、补贴、税收等 工程所有权和权益	审批方案 决定基本框架	根据框架进行决议并提出方案	研究方案和提出建议	不参与
有关项目公司问题 项目公司基本方案 项目招标 特许权协议 基本管理制度	批准或核准	提出方案或批准或决定	编制方案	协商 建议

显然，重大工程决策治理中的分层架构设计是必要的，也是有效的。因为只有有了明晰的关于拟决策问题的“权力属性”的级别，才能进一步明确这是该由哪一级政府进行决策的问题，级别高了，会造成权力冗余，这是一种自上而下的权力“越位”，级别低了，所做出的决策方案缺乏权威性和可操作性，这是另一种自下而上的权力“越位”，所以，决策治理中的分层架构设计实质上是建立拟决策问题的权力属性与决策主体权力级别之间的对应关系。这种对应关系总体上应该是平行的而不应出现上下交叉，至于出现了拟决策问题与政府级别未能建立恰当对应关系的现象，则说明在决策治理中出现了权力盲区或政府缺位，这时应对决策治理结构本身进行修正和完善。

3.3.3　决策治理中的冲突解决机制

无论重大工程决策治理体系中多主体之间如何具有共同的目标和愿景，但只要是不同的主体，彼此在目标、利益、文化与价值取向等方面一定存在或多或少、这样或那样的差异，有一些差异还是较大或较本质的，这就极易形成冲突和矛盾。因此，在决策治理体系中一定要有恰当的解决这类冲突和矛盾的机制与办法，简称为冲突解决机制。

在重大工程决策政府式委托代理模式中，解决政府间的冲突自然应遵循政治范畴内的“协商一致”原则。“协商一致”关键在“协商”，“商”就是“商量”，

“协”就是“彼此”“共同”的意思，也就是冲突双方或多方通过友好商量来减少分歧，最终采取彼此都接受的解决办法。以利益冲突为例，通过降低诉求标准、补偿、置换等途径逐步平衡利益心理期望与诉求，“协商”是指不断扩大各方的共同领地，最大化利益“交集”，甚至开辟新的领地实现彼此共享、共赢。

“协商”的基础是彼此友好和信任，一般双方都会做出各自的妥协和让步。“协商一致”只是原则上的，“一致”中仍有差异，但这一差异与起先的差异相比，无论从心理上还是从实际获益上都是可接受的，因此，“协商一致”只能从总体上、战略上、大局上和发展趋势上来理解和认识。在决策过程中对冲突的处理，各方相当程度上是能通过协商而达成一致的。从理论上讲，并非所有的“协商”都能达到“一致”，这时就需要通过其他途径来解决冲突，如付诸法律或请上级政府等权威部门来仲裁。

接下来对重大跨境工程多主体决策冲突进行系统分析，并构建跨境工程多主体冲突处理机制，探索跨境重大工程冲突处理的一般范式。

1. 决策冲突产生的因素分析

冲突是行为主体在利益、观点和偏好上表现出的不相容（Singh and Johnson，1998）。在重大工程前期决策中，一项决策活动一般需要经历四个环节，即确定决策目标、决策后果预断、决策方案评价和决策方案选择（乐云和蒋卫平，2010）。重大工程项目中多主体间的决策冲突是指两个或两个以上的决策主体，彼此之间在前期决策四个环节中存在的一些不相容行为。重大工程不同决策环节中多主体行为差异的根源主要取决于四个要素。

（1）参与主体目标的不相容。目标一致是多方合作的基石，反之则可能引发冲突。在重大跨境工程中，不同参与方目标的不相容是引发冲突根源所在，甚至会阻碍工程项目的推进。

（2）参与主体利益的不相容。在多主体决策中，主体之间的利益竞争是不可避免的，也是引发其他冲突的根源，是多主体间冲突产生的基本条件。跨境重大工程的公共品属性，决定了项目决策主体背后不仅代表自身的利益，更代表一个国家或者一个地区的利益。双重利益代表下，决策多主体之间的利益冲突变得敏感而复杂。

（3）参与主体的文化、习惯、价值观、认知等因素的不相容。跨境工程项目均是一次性的，很多决策主体之间也是首次合作（阚洪生等，2013）。每个主体都有自己的文化、习惯和价值观，因此在不同地域或者国家之间的跨境重大工程合作中，必然会带来主体之间不同文化、知识、价值观等的碰撞（乐云和蒋卫平，2010），从而导致主体成员对同一问题存在不同的解释和观点，使主体之间容易产生分歧和争议。在香港和澳门，汽车是靠左行驶的，内地的交通规则是靠右行驶的，这使得决策主体在口岸与大桥衔接处不得不考虑换道设计。

（4）主体间信息不对称与沟通的不相容。跨境工程多主体之间重大问题决策是既相互独立又彼此依赖的。多主体间决策信息的不对称可能会产生冲突，而且主体间低水平的沟通一定会增加冲突发生的可能性，如果冲突发生后主体之间依然缺乏共同意识，那么误解就会加深，从而导致冲突升级（George，2012）。在港珠澳大桥前期决策中信息不对称现象普遍存在，其中最主要的信息不对称表现为主体间法律法规的冲突。

随着社会经济的发展，以及价值观的多元化，重大跨境工程的冲突会越来越突出且不可避免。因此，充分认识并分析重大工程冲突产生的原因，对提高决策组织效率，形成共识，推动项目实施具有重要作用。

2. 决策冲突的类型

在前期决策中，导致冲突发生的因素是多方面的，因此其产生的冲突结果也是多样的。本节从内容维度和关系维度出发，结合港珠澳大桥前期决策中的具体冲突问题，对跨境重大工程多主体间的决策冲突进行研究。冲突的内容维度主要指从主观和客观的角度去分析冲突的主题性质或冲突涉及的内容。冲突的客观性与主观性则是针对冲突内容的主、客观性而言的。一般地，客观冲突是指那些基于可见资源或事实的冲突，而主观冲突则是基于感知、价值观等的差异（叶志桂，2004）。冲突的关系维度主要指从独立性强弱的角度去分析冲突的性质。独立性较强的冲突即是偏刚性的冲突，在这类冲突面前各主体很难通过协调让步方式解决冲突。独立性较弱的冲突即是偏柔性的冲突，这类冲突与刚性冲突不同，协商一致、利益让步是缓和冲突甚至解决冲突的一种方式，如环境保护、城市景观等方面的冲突。跨境重大工程多主体决策冲突分类如图 3.5 所示。

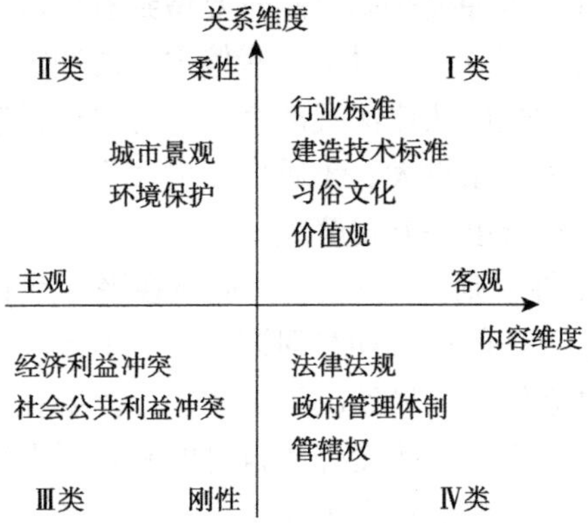

图 3.5　跨境重大工程多主体决策冲突分类

以港珠澳大桥为例，我们对图 3.5 进行分析。

（1）Ⅰ类冲突主要是指不同国家或地区之间关于行业标准、建造技术标准等的冲突，以及主体间习俗文化及价值观等的冲突。

（2）Ⅱ类冲突是指代表不同国家或者地域的跨境重大工程决策主体在城市景观、环境保护等方面的冲突。

（3）Ⅲ类冲突主要是指多主体在经济利益和社会公共利益方面的冲突。社会公共利益包括地方的产业布局、城市规划、交通网络、未来社会发展等与民生有关的诸多问题。这类冲突在港珠澳大桥项目中集中体现在着陆点的选择、桥位的走向等问题的决策上。经济利益主要代表的是政府自身的利益。

（4）Ⅳ类冲突主要是指不同国家或享有独立立法权的地区之间在相关法律方面的冲突。“一国两制”背景下，香港和澳门在世界贸易组织中的独立主体地位和《中华人民共和国香港特别行政区基本法》与《中华人民共和国澳门特别行政区基本法》赋予的高度自治权使得三地之间的区域冲突不同于传统的一国之内的区域冲突。

3. 决策冲突处理机制设计

在对决策冲突产生的诱因及四类冲突类型特征充分分析后，基于港珠澳大桥实践经验，构建多主体决策冲突处理机制，对冲突产生的诱因进行监控及预防，为不同类型、不同程度的冲突提供有效的处理流程。此机制的设计包含多主体决策冲突解决原则的确立，自适应柔性组织框架的构建，以及决策冲突协调支持系统的设计。

1）多主体决策冲突解决原则的确立

（1）冲突解决层次性原则。依据上述决策冲突的分类，决策冲突也具有缓急、轻重之分，因此在设计决策冲突协调机制时要做到有层次、有重点，即根据冲突的不同情况采取不同的处理方式。对于一些偏柔性的冲突，可以通过反复磋商的方式解决，对于一些偏刚性的法律法规冲突，则可以通过制定一些具有共识的协议解决。但是，对于一些关系重大、矛盾比较尖锐且需多主体协商解决的冲突，则必须通过更高层级的冲突解决方式解决。

（2）冲突解决公平性原则。多决策主体应该在平等互利、相互尊重的前提下，处理在前期决策中可能出现的决策冲突问题。客观上决策问题的复杂性和主观上决策主体决策思想的动态演变，导致决策主体各方需要在逐步认清决策问题的过程中，逐渐认识到自身的需求并缓慢释放自身的利益诉求。在处理多主体决策冲突过程中，公平性原则最重要的一个表现是充分尊重各方主体的利益诉求，注重保障各方的利益诉求并使其得到充分释放。

（3）冲突解决时效性原则。冲突过程理论认为冲突的爆发是由潜在冲突不断升级造成的。在工程前期决策中，如果可以及时发现决策组织中存在的潜在冲突，就能够通过有效的解决方式来避免冲突的升级。此外，如果不能及时有效地解决冲突，冲突就可能升级成纠纷，而纠纷的解决往往会带来项目决策在成本、利益和时间上的损失。例如，法律冲突或者行业标准的冲突都可以在前期决策中通过协议的方式加以规避。因此在设计决策冲突处理机制时要充分体现及时性原则。

2）自适应柔性组织框架的构建

在跨境重大工程前期决策中，决策冲突的解决与决策组织紧密相关。不同程度的决策冲突须由不同架构的决策组织来解决，决策冲突随着时间和周围环境的演进会发生变化，决策组织的架构也会发生相应的改变。决策冲突的演化导致了决策组织的柔性存在，也正是决策冲突的不断变化，从而推动了决策组织向更科学、合理的角度进步。

在港珠澳大桥项目必要性研究阶段，以中央政府为核心决策主体的港珠澳大桥前期工作协调小组带领各领域专家，在全面调查和研究香港与珠江西岸联系情况的基础上，系统论证了港珠澳大桥建设的影响和效益，从而明确了港珠澳大桥建设的必要性。在港珠澳大桥各项前期工作开展的同时，粤、港、澳三地政府代表参与到协调小组的工作中，通过三地联席会议的方式对大桥前期工作中的各项冲突问题进行协调决策（金帅等，2013）。但是，随着港珠澳大桥决策所涉及的法律事项越来越多，三方利益冲突越来越明显，协调小组内三地政府自我协调的决策机制无法适应这一复杂的决策需求，因此，中央政府决定由国家发展和改革委员会牵头，成立港珠澳大桥专责小组，解决大桥项目前期工作中涉及中央事权及三地存有争议的重大问题，并在粤、港、澳三地政府就有关三地社会、经济关系处理意见不一致时进行必要、适当的协调沟通。该决策组织体系及协调机制推进了港珠澳大桥技术方案、投融资、口岸布设、跨境管理等重大决策方案的顺利完成。

自适应决策组织的演化同时也是决策柔性组织设计与运作的过程，港珠澳大桥自适应决策组织建设的基本经验较好地实现了决策组织的权力、智能、经验、能力与支持等关键决策资源要素与需要解决的决策冲突复杂性之间的匹配和对接。对不同的决策冲突而言，所需要的决策权利与决策能力有大有小，为使决策所需权力与能力不冗余，也不缺失，唯有柔性决策组织体系与决策冲突问题相适应才能更好地保证决策的科学性和有效性。

3）决策冲突协调支持系统的设计

（1）多主体决策冲突处理流程。结合以上冲突类型、特点及港珠澳工程决策经验，设计多主体决策的冲突处理流程，如图 3.6 所示。冲突感知是指在前期决策初始阶段，通过决策主体对整个项目的宏观把握来预测项目中可能出现的客观性冲突，即部分Ⅰ类或Ⅳ类冲突。决策者可将预测到的潜在冲突通过后台登录，提交冲突具体描述报告，此时服务器会根据具体报告中对冲突情境的描述、可能导致的冲突、冲突设计的决策主体等关键信息，到冲突数据库中去寻找匹配的案例，如果数据库中有类似案例存在，则可以调取案例解决方案进行参考，将冲突扼杀在预防阶段。如果服务器没有找到类似的案例，则该冲突就会进入正常的冲突解决流程中。

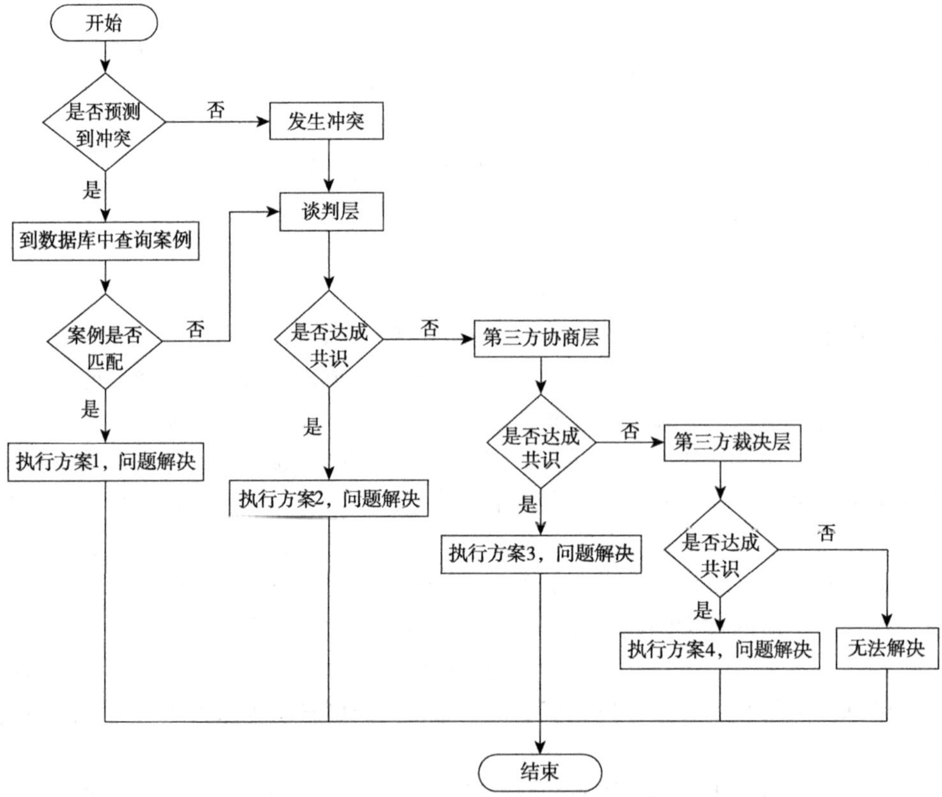

图 3.6　跨境工程多主体决策的冲突处理流程图

冲突发生后，首先将冲突交予谈判层，由各决策主体提交自己能够接受的解决方案协商解决，如果争议方能够达成共识，则执行方案，并将解决过程及结果录入数据库；如果争议方没有达成共识，则将冲突问题递交上一级协商层，由协商层在规定的时间内协商解决方案。若意见一致则通知各争议方执行方案并记录数据；若意见不一致则要将问题提交给第三方裁决层进行处理。

（2）冲突处理决策支持系统。随着信息技术的发展，建设工程项目管理信息化发展趋势势不可挡，所以通过网络环境下信息的传递、共享与现实中的沟通、交流相结合，建立基于计算机网络、冲突分类及冲突层级的跨境重大项目冲突处理决策支持系统（石爱玲，2012）。该系统包括四大子系统：识别系统、预防系统、处理系统和数据库。相应的决策支持系统框架如图 3.7 所示。

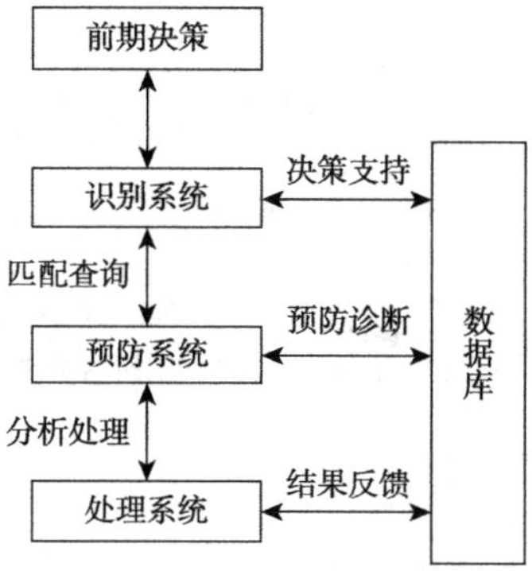

图 3.7 决策支持系统框架图

a.识别系统。识别系统是基于冲突产生因素构建出来的，识别系统主要任务是在决策前期识别可能发生的冲突。一方面，由于不同项目主体关注冲突的侧重点不同，通过有针对性地全面监控整个决策过程，发现冲突和矛盾；另一个方面，通过对决策过程中可能会引发冲突产生的因素、环境等进行控制，也可以识别潜在冲突。

b.预防系统。多主体决策冲突的复杂性决定了其冲突协调的困难性，所以在决策前期各方应积极做好冲突预防工作，保证决策能够在一个和谐的环境下进行，通过预防冲突降低冲突发生的可能性，而不是对冲突进行事后补偿，这样就可以避免很多不必要的损失。在决策冲突的分类中，客观色彩比较浓厚的Ⅰ类和Ⅳ类部分冲突是很容易通过前期协商一致进行有效预防的。在港珠澳大桥项目实践中，对于工程属地管辖权的问题，粤、港、澳三地采取的是属地法律原则；针对跨境建设管理问题，采取的是“共同投资，统一建设”的原则；针对跨境交通安全管理问题，需要构建新的、统一的政府管理体制来协调三地不同法规的差异性；针对跨境施工管理问题，采取的是“就高不就低”的工程技术标准原则等。

c.处理系统。处理系统是解决冲突的关键环节，主要处理预期之外发生的冲突。冲突的解决包括三层处理程序，即谈判层、协调层和裁决层。这三个层级是冲突处理的递升层级，当冲突在一个层级中无法找到能够达成共识的方案时，要移交给上一层级，一旦在任意层级达成协议，冲突就算解决了。冲突解决过程如图 3.8 所示。

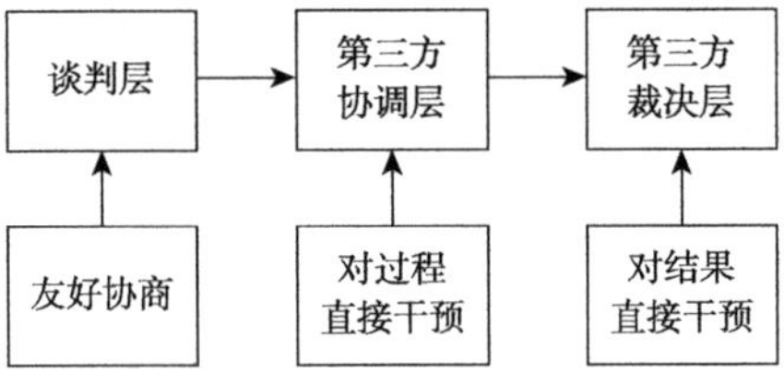

图 3.8　冲突解决过程图

谈判层是冲突争议方自行解决冲突的层级，主要采用的是基于托马斯模型的冲突解决方式。基于托马斯模型的冲突分析如图 3.9 所示。

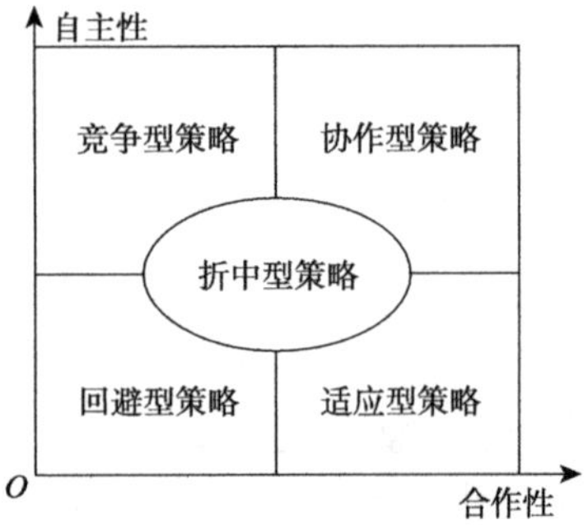

图 3.9　冲突争议方自行解决机制

在托马斯模型中，冲突处理的主体一般是争议方和第三方。冲突争议方可以通过相互谈判或者移交上一级管理者来磋商解决冲突，也可以将冲突转交第三方解决。当冲突一方在冲突中只为自己着想而不顾他人时，就会采取竞争型策略；当冲突各方都能为他人利益着想时，可以通过协作型策略来寻找利益均衡的解决方案；当冲突双方为寻求利益均衡而自愿放弃部分利益时就会采取折中型策略，但折中的方案对单一个体而言并不是最优的；当冲突一方意识到了冲突的存在，但是希望逃避它或抑制它时就会采取回避型策略；当冲突一方为了安抚对方而愿意做出自我牺牲时，就会采取适应型策略（张军果和任浩，2006）。

当上述方法未能有效解决冲突时，冲突就会移交第三方处理。一般情况下，第三方主要通过协调或裁决的方式来解决冲突问题，因此第三方又被称为冲突协调者或裁决者（石爱玲，2012）。

在第三方协调层，第三方的作用主要体现在对于冲突解决过程的控制，即制定争议解决程序，维护秩序的执行，引导争议方有效沟通，在这一层级中第三方是没有义务提供冲突解决方案的，而是把冲突解决方案的最终决定权交予争议方（张军果和任浩，2006）。在港珠澳大桥工程实践中，第三方协调层主要指的是项目协调委员会、上一级行政协商、专家小组等。

在第三方裁决层中，第三方的作用主要体现在对冲突结果的直接干预，即第三方直接产生冲突解决方案（张军果和任浩，2006），并交由争议方实施，具体表现形式如仲裁、审判或对手式干预等。

本小节通过研究跨境重大工程多主体间决策冲突处理机制，我们得出，应充分肯定冲突存在的普遍性和必然性，通过建立多主体决策冲突协调处理机制，让冲突成为提高决策组织自适应能力的动力，从而提高决策方案水平；多主体决策应充分注重冲突的防范，冲突发生时，决策主体可以根据决策不同阶段冲突的激烈程度采取不同的处理方式，争取在冲突萌芽阶段便将冲突妥善处理，从而提高决策质量和效率；争议方自行解决冲突应以平等互利为前提，实现共赢；随着冲突的日益复杂，当争议方将冲突看作问题或者问题的征兆时，争议主体就会采取回避的态度，这种情况下冲突的解决只能依靠第三方干预机制。

3.4　基于政府多重功能分析的重大工程“激励-监管”治理模型

重大工程决策治理机制通过制度设计和安排把政府行使权力与规范权力两者结合在一起，但由于我国政府在重大工程的决策与建设过程中参与到决策、投资、征地、招标等各层次、多类别的工程活动中，政府在重大工程中承担着动态的、多重的，甚至是相互冲突的重要功能（段绪柱，2012；费靖华，2016），而且重大工程规模越来越大、工程环境与技术越来越复杂，伴随着工程技术进步、管理水平提升、创新能力提高，也暴露出越来越多的问题，如工程社会责任缺失（Ma et al.，2017，2016）、政府监管缺失（曹启龙等，2014）、重大工程治理能力缺失等。因此，如何有序、高效地发挥政府作用，保证重大工程的顺利进行就成了政府部门和重大工程决策者们要考虑的重要问题。因此，本节在政府多重功能分析的基础上提出了通过“激励-监管”治理模型来解决现在的问题。

3.4.1　政府式委托代理治理结构

在我国，重大工程一般由政府发起或投资，具有广泛的社会、经济影响力，以及复杂的工程环境、巨大的工程规模和管理难度，且工程生命周期较长（盛昭瀚等，2008），具有以下较为显著的特征：①超长期的规划及复杂的环境使得重大工程具有天然的风险特征（Flyvbjerg，2006a；Flyvbjerg，2006b），如工程超支、技术创新等，对重大工程治理主体的能力提出了极高的要求；②重大工程的决策过程、计划过程及建设管理过程中伴有冲突的交互（Flyvbjerg，2006b），不同的参与主体相互合作，也相互冲突，对治理主体提出了新的挑战；③重大工程具有公共产品属性，其规模巨大不仅体现在物理实体方面，而且体现在投资规模方面（邱大灿等，2011a；王茜和程书萍，2009；章姗捷，2010），其质量等方面的问题，往往给重大工程建设带来一些不良的影响；④在重大工程早期阶段，为了尽快立项，地方政府往往会过度承诺（Flyvbjerg，2006a；Flyvbjerg，2006b），导致方案不科学或方案选择缺失，从而导致立项后花费了更大的代价。

特别地，在我国，政府深度参与重大工程的全过程，且在各个阶段都承担了多层次的任务，因此，重大工程的治理必然是以政府为主导的治理结构。有学者认为，政府既是重大工程的直接参与者，也是重大工程相关利益主体的协调者（张劲文和盛昭瀚，2014），同时，政府也是社会公众的天然代表（段绪柱，2012；张劲文和盛昭瀚，2014）。从政府的本质来讲，政府既承担着社会公众意愿的汇集与表达功能，也承担着维护社会公平与正义的功能，并且对重大工程决策的最终结果负责，承担相应的责任（段绪柱，2012；费靖华，2016）。政府多重动态功能带来不同的潜在冲突，具体包括：①重大工程合同签约主体与公众利益代表主体带来的冲突；②重大工程活动参与主体与活动规则制定主体带来的冲突；③重大工程建设监督主体与工程最终责任承担主体带来的冲突。如图 3.10 所示。

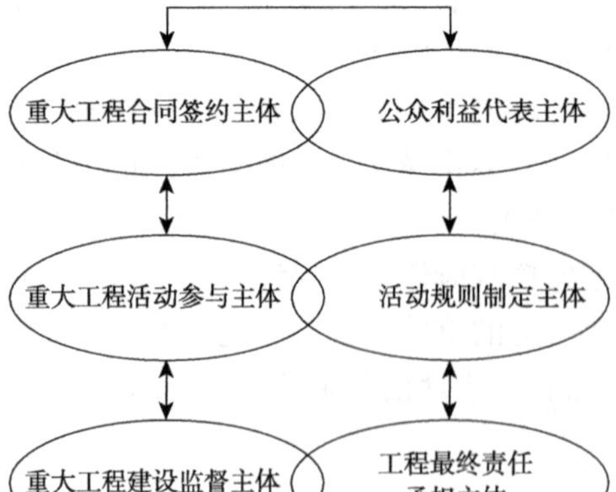

图 3.10　政府多重动态功能的潜在冲突

这种多样性冲突进一步增加了重大工程治理的复杂性，因此，本节提出一种基于政府多重动态功能的政府式委托代理治理结构，如图 3.11 所示。这种政府式委托代理治理结构能够有效消除政府多重动态功能带来的潜在冲突，从显性激励和隐性工程社会责任两方面推动政府与承包商协力完成重大工程建设，因此，考虑从承包商努力程度及创新能力等角度出发构建社会效益产出模型，并在考虑政府监管、建设主体创新等情况下建立“激励–监管”委托–代理模型，从而分析政府不同功能冲突情况下重大工程的治理机制。

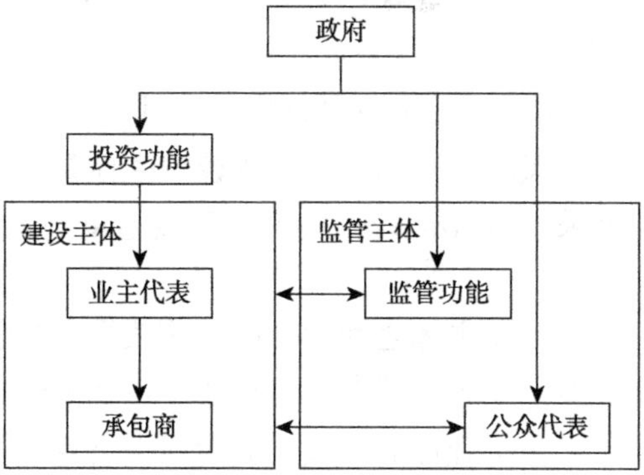

图 3.11　政府式委托代理治理结构

本节从政府在重大工程中承担的不同功能冲突入手来探讨重大工程治理问题，创新性地提出一个以政府为主导的“政府式委托代理”治理结构，并在考虑政府监管、建设主体创新等的情况下构建“激励–监管”委托–代理模型。结果表明，有效的政府监管能够显著提升工程整体效益，尤其是对于重大工程这一类具有复杂性、深度不确定性的高风险工程来说，较高的监管水平能够有效防治工程风险；对政府来说，应当进一步提升重大工程治理能力，通过政策手段引导、鼓励技术创新与管理创新，促进重大工程相关行业整体发展，从而推动社会进步。

3.4.2　模型构建

1. 基本假设

当前重大工程建设过程中，政府往往笼统地委托业主代表实施对工程的监管，由于重大工程的复杂性与深度不确定性，政府很难直接起到实质性的监督作用，尤其是工程社会责任履行方面。因此，本章的模型中，假设由业主代表和承包商共同组成工程建设主体，接受政府委托完成工程建设任务，且由政府直接发挥监督作用，由相关监管部门及公众代表构成监管主体，对建设主体的社会责任履行进行监管。

假设 1：工程建设主体为完成建设任务，并履行相应的工程社会责任，选择努力水平为 $a(a \geqslant 0)$，且努力成本为 $C(a)=\frac{1}{2}ba^2$，$b>0$，为成本系数。

假设 2：工程建设主体的社会效益产出为 $\pi = a + \varepsilon$，ε 为外生随机变量（吴嘉慧等，2012），且政府可以无成本观测到社会效益产出 π，即工程建设主体的社会效益产出不仅受自身努力程度的影响，而且受到其余外生变量的影响，如政府监管因素，且 $\varepsilon \sim N(0,\sigma^2)$，$\sigma^2$ 越大则其他因素对社会效益的影响越明显。

假设 3：假设政府是风险中性的，而工程建设主体是风险规避的，工程建设主体对风险的厌恶程度采用 Arrow-Pratt 绝对风险规避度量 ρ（$\rho>0$），ρ 越大说明承包商越厌恶风险。

假设 4：政府与工程建设主体之间的合同采用线性合同，即工程建设主体的收益函数为 $S(\pi)=\alpha+\beta\cdot(\pi-\alpha)$，其中，$\alpha$ 为政府给予的固定收益，$\beta(0 \leqslant \beta \leqslant 1)$ 为激励因子。可以看出，一个理性的建设主体会根据自身收益最大化原则选择较高的努力水平。

2. 模型构建与分析

根据上述假设，可以求得政府部门的社会效益为

$$\pi - S(\pi) = \pi - \alpha - \beta(\pi-\alpha) = (1-\beta)\cdot(\pi-\alpha) \tag{3.1}$$

其期望收益可表达为

$$V = E[\pi - S(\pi)] = (1-\beta)\cdot(\pi-\alpha) \tag{3.2}$$

工程建设主体的社会效益为

$$\omega = S(\pi) - C(a) = \alpha + \beta(\pi-\alpha) - \frac{1}{2}ba^2 \tag{3.3}$$

其确定性等价收益为

$$U = E(\omega) - \frac{1}{2}\rho\,\mathrm{var}(\omega) = \alpha + \beta(a-\alpha) - \frac{1}{2}ba^2 - \frac{1}{2}\rho\beta^2\sigma^2 \tag{3.4}$$

因此，当前政府与工程建设主体之间的委托代理关系可以表达为

$$\begin{aligned} &\max_{a,\alpha,\beta}(1-\beta)(a-\alpha) \\ &\text{s.t.}\ \ (\mathrm{IR})\,\alpha + \beta(a-\alpha) - \frac{1}{2}ba^2 - \frac{1}{2}\rho\beta^2\sigma^2 \geqslant \varpi \\ &\qquad (\mathrm{IC})\,a \in \arg\max\left\{\alpha + \beta(a-\alpha) - \frac{1}{2}ba^2 - \frac{1}{2}\rho\beta^2\sigma^2\right\} \end{aligned} \tag{3.5}$$

其中，IR为激励约束条件；IC为参与约束条件；ϖ为给定的保留收益，即工程建设主体能够获取的最低收益。

1）政府能够观测到工程建设主体的努力水平

当政府能够完全观测到工程建设主体努力水平时，激励相容约束条件（IC）不起作用，因此，式（3.5）转化为

$$\begin{aligned}&\max_{a,\alpha,\beta}(1-\beta)(a-\alpha)\\&\text{s.t. }(\text{IR})\alpha+\beta(a-\alpha)-\frac{1}{2}ba^2-\frac{1}{2}\rho\beta^2\sigma^2\geqslant\varpi\end{aligned}\tag{3.6}$$

在给定ϖ条件下，可求得帕累托最优解为$\beta^*=0,a^*=\frac{1}{b},\alpha^*=\varpi+\frac{1}{2b}$，此时，可求得工程建设主体的确定性等价收益为$U^*=\varpi$，政府的期望收益为$V^*=\frac{1}{2b}-\varpi$，即信息对称条件下，政府支付给工程建设主体的固定收益α^*恰好等于工程建设主体的保留效益ϖ加上其努力成本$\frac{1}{2b}$，只要工程建设主体的努力水平低于$\frac{1}{b}$，其获得的收入就会小于α^*，则必然会调整其努力水平达到$a^*=\frac{1}{b}$，从而实现帕累托最优。

2）政府无法观测到工程建设主体的努力水平

当政府无法观测到工程建设主体的努力水平时，工程建设主体必然会最大化自身确定性等价收益，根据式（3.5）计算得最优解为

$\beta^{**}=\frac{1}{1+\rho b\sigma^2}>0$，$a^{**}=\frac{1}{b\left(1+\rho b\sigma^2\right)}<\frac{1}{b}$，$\alpha^{**}=\frac{\varpi\left(1+\rho b\sigma^2\right)}{\rho b\sigma^2}-\frac{1-\rho b\sigma^2}{2\rho b^2\sigma^2\left(1+\rho b\sigma^2\right)}$。

此时，可求得工程建设主体的确定性等价收益为$U^{**}=\varpi$，政府的期望收益为$V^{**}=\frac{1}{2b\left(1+\rho b\sigma^2\right)}-\varpi$。可得到以下几条结论。

结论1：建设主体的努力水平与激励因子正相关，政府可以通过提高激励强度来提升建设主体的努力水平。

结论2：σ反映了政府与工程建设主体之间的信息不对称程度，信息不对称程度越小（σ越小），政府对工程建设主体的激励作用越大，工程建设主体自身承担的风险成本也就越大，因此，工程建设主体为了规避风险、提高收益就会主动提高努力水平，同时也增加政府的期望效用。

因此，对政府来说，建立长效机制，了解建设主体的社会责任履行情况，如工程建设主体能力评级、工程建设主体社会责任履行评级、工程建设主体信息公开等，可以有效减少信息不对称情况，从而完善相应管理合同。

结论 3：当工程建设主体的风险规避程度越小（ ρ 越小）时，激励强度 β^{**} 、工程建设主体努力水平 a^{**} 及政府期望效用 V^{**} 就越高，即 ρ 越小时，工程建设主体越愿意进行创新，为了规避更多的风险工程建设主体越愿意提高自身努力水平，同时也提高政府的期望效用。

因此，对政府来说，一方面应积极与创新精神较强的工程建设主体建立合作关系；另一方面从政策方面鼓励工程建设主体进行创新。

3）考虑监管主体的"激励-监管"模型

在上述模型中，工程建设主体的社会效益产出 π 由其自身努力水平 a 及外生变量 ε 共同决定，而 ε 描述的是政府与工程建设主体之间的信息不对称及随之可能带来的道德风险，甚至是工程建设主体创新带来的不确定性。例如，在工程建设主体未能按合同完成任务时，容易将责任归因于不利的外在条件，而政府多依赖业主代表的自我管理，无法观测到工程建设主体的真实行为，即形成了政府和工程建设主体之间的道德风险问题。在政府与工程建设主体的委托代理关系中，一方面，政府很难观测到工程建设主体的真实努力水平，只能根据最终产出来给予报酬；另一方面，工程建设主体也无法保证自身努力能够完全真实体现在最终产出中，外生因素的影响无法估量。因此，模型引入政府监督、公众监督为主的监管主体，从而更加有效地对重大工程的实施进行全方位管理。为此，在上述假设基础上，增加以下假设条件进行模型构建。

假设 5：政府通过监管主体对工程建设主体的工作进行监管，即通过对外生变量 ε 的重新认知来观测工程建设主体的最终产出。监管主体对政府反馈的监管结果为 δ ，监管主体的监管水平为 θ ，且 $\delta=\theta\cdot\varepsilon+(1-\theta)\cdot e,\left(0\leqslant\theta\leqslant 1, e\sim N\left(0,\tau^2\right)\right)$ ，e 为外生随机变量。

一般来说，监管水平越高，监管结果越接近真实的 ε ，且监管主体作为政府的组成，不产生额外的工程成本。另外，在一定的监管水平 θ 下，政府对外生随机变量 ε 有了新的认知，转变为 $\varepsilon\sim N\left[P(\theta),Q(\theta)\right]$ 。

根据上述假设，重新求得政府部门的社会效益为

$$\pi-S(\pi)=\pi-\alpha-\beta(\pi-\alpha)=(1-\beta)\cdot(\pi-\alpha) \tag{3.7}$$

其期望收益可表达为

$$V=E\left[\pi-S(\pi)\right]=(1-\beta)\cdot\left(a+P(\theta)-\alpha\right) \tag{3.8}$$

建设主体的社会效益为

$$\omega=S(\pi)-C(a)=\alpha+\beta(\pi-\alpha)-\frac{1}{2}ba^2 \tag{3.9}$$

其确定性等价收益为

$$U=E(\omega)-\frac{1}{2}\rho\operatorname{var}(\omega)=\alpha+\beta\big(a+P(\theta)-\alpha\big)-\frac{1}{2}ba^2-\frac{1}{2}\rho\beta^2Q(\theta) \quad (3.10)$$

因此，当前政府与工程建设主体之间的委托代理关系可以表达为

$$\begin{aligned}&\max_{a,\alpha,\beta}(1-\beta)\big[a+P(\theta)-\alpha\big]\\&\text{s.t.}\ (\text{IR})\alpha+\beta\big[a+P(\theta)-\alpha\big]-\frac{1}{2}ba^2-\frac{1}{2}\rho\beta^2Q(\theta)\geqslant\varpi\\&\qquad(\text{IC})a\in\arg\max\left\{\alpha+\beta\big[a+P(\theta)-\alpha\big]-\frac{1}{2}ba^2-\frac{1}{2}\rho\beta^2Q(\theta)\right\}\end{aligned} \quad (3.11)$$

求得式（3.11）的最优解为 $\beta^{***}=\dfrac{1}{1+\rho bQ(\theta)}$， $a^{***}=\dfrac{1}{b\big[1+\rho bQ(\theta)\big]}$；此时，建设主体的期望收益为 $ES\left(\pi^{***}\right)=\varpi+\dfrac{1}{2b\big[1+\rho bQ(\theta)\big]}$，其确定性等价收益为 $U^{***}=\varpi$，而政府的期望收益为 $V^{***}=\dfrac{1}{2b\big[1+\rho bQ(\theta)\big]}+P(\theta)-\varpi$。

由此可得到以下结论。

结论 4：监管主体对工程建设主体的监管提高了工程建设主体的努力程度，也提高了政府的收益。

结论 5：当监管水平 $\theta>0$ 时，监管主体监管水平的提高可以有效降低工程风险，提高对工程建设主体的激励强度，从而提高工程建设主体努力水平与期望收益，即监管水平越高，工程建设主体的努力程度就越高，整体工程社会效益就越好。

3.4.3 数值分析

在给出基本参数（如 b,σ,τ,ρ）的基础上，设置不同的 θ 值进行数值分析，根据 $(\theta,\Delta V)$ 曲线图，分析不同监管水平下的政府期望收益变化规律，其中 ΔV 为有监管主体参与情况下政府期望收益的增加，即 $\Delta V=E\left(V^{***}-V^{**}\right)=\dfrac{\rho\big[\sigma^2-Q(\theta)\big]}{2\left(1+\rho b\sigma^2\right)\big[1+\rho bQ(\theta)\big]}$。

算例 1：为了便于分析，假设 b=0.5， σ=0.8， τ=0.1， ρ=0.2， θ 取值 $[0,1]$，画出 $\left(\theta,\Delta V,a^{***}\right)$ 曲线图，如图 3.12 所示。

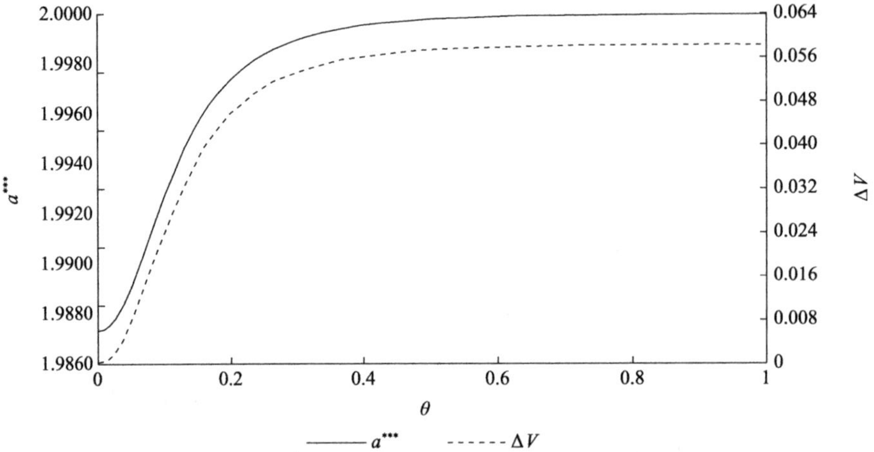

图 3.12　政府期望收益增加-工程建设主体努力水平-监管水平曲线图

由图 3.12 可知，政府监管水平的提高能显著提高政府期望收益与工程建设主体的努力水平，但当监管水平提高到一定程度以后，政府期望收益增加放缓，工程建设主体努力水平提高减慢，这说明政府除了提高监管水平之外，还应该从技术创新、管理创新等方面提升工程社会效益。

算例 2：考虑模型中外生随机变量体现的信息不对称的风险，其标准差的平方代表着风险程度，即σ,τ的数值越大，风险越大。将(σ,τ)取三组不同数值来考察这种风险对政府期望收益的影响，即b=0.5，ρ=0.2 取值不变，而(σ,τ)分别取值$(0.6,0.08)$、$(0.8,0.1)$、$(0.95,0.15)$，此时，$(\theta,\Delta V)$曲线如图 3.13 所示。

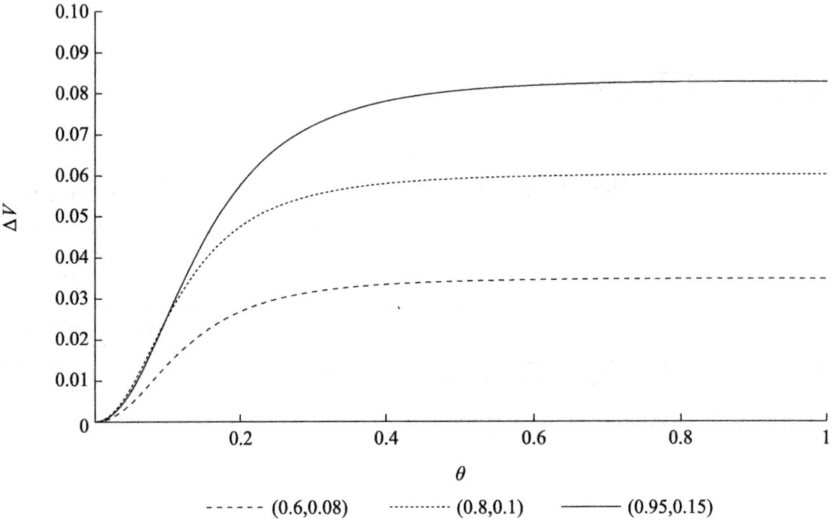

图 3.13　不同风险水平下政府期望收益增加曲线图

由图 3.13 可知，在较高的监管水平下，风险越大，政府期望收益增加越大，因为在足够高的监管水平下能有效防治工程风险带来的损失，从而显著提高收益，而重大工程正是一类具有复杂性、深度不确定性的高风险工程，更需要政府加强监管；当监管水平越低时，工程风险越得不到有效防治，风险就越大，政府期望收益反而越低。

算例 3：考虑工程建设主体的成本系数对政府期望收益的影响，资质越好、创新能力越强的工程建设主体的成本系数越大。取 b=0.2， b=0.5， b=1.1 这三种情况，其余取值不变，σ=0.8，τ=0.1，ρ=0.2，此时，$(\theta,\Delta V)$ 曲线如图 3.14 所示。

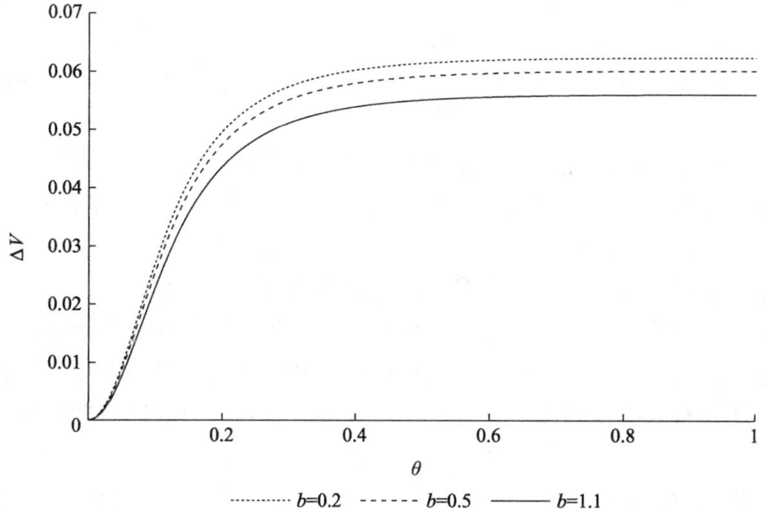

图 3.14　不同成本系数下政府期望收益增加曲线图

由图 3.14 可知，在相同的监管水平下，资质越差、创新能力越弱的工程建设主体给政府带来的期望收益增加越大，一方面说明监管能够有效降低工程损失、提高收益；另一方面也说明，资质越差、创新能力越弱的工程建设主体越需要政府提升监管水平。作为政府，一方面应当努力提升自身监管水平；另一方面也应该通过政策促进行业整体发展，提升行业整体水平。

在我国，政府是重大工程建设过程中不可替代的重要参与主体，在工程建设各个阶段发挥不同层次的多重功能。政府既是重大工程的直接参与者，也是重大工程的监督协调者；既是重大工程的直接获益方，也是公共利益的直接代表；这些多重动态功能带来不同的潜在冲突：作为合同签约主体与公众利益代表主体带来的冲突；作为活动参与主体与活动规则制定主体带来的冲突；作为工程建设监督主体与工程最终责任承担主体带来的冲突。这些多重功能带来的潜在冲突可能会导致重大工程的一系列问题，如工期的延长、成本的超支、政府公信力的破坏等，甚至可能导致影响恶劣的社会性事件发生。因此，针对重大工程，我们应该建立一套区别于普通工程的有效治理机制，尤其是政府多重功能主体之间的监管机制。

在当前的工程管理中，政府多承担指导作用，具体监督执行主要由业主代表协调完成。但是，重大工程对社会、政治、经济发展具有重大影响，其涉及层次较高、涉及范围较广，具有高度复杂性和深度不确定性，政府在重大工程中的多重、动态功能冲突使得一般的监理或审计很难顺利完成监督协调工作，尤其涉及多个地方政府或多级政府部门的时候。因此，在重大工程治理中，应当以政府为主导，在分析政府多重功能的基础上，构建相互独立的、具有充分权限的工程建设主体和监管主体，从而建立有效的"激励-监管"机制，充分发挥政府的监管主体作用，运用科学的方法进行社会资源的分配、政府公权力的运作，保证治理过程的科学性。

本节构建了包含工程建设主体和监管主体的政府式委托代理模型，在信息对称和信息不对称的情况下分别得出了最优解，并根据不同情况分别进行数值分析。研究认为，信息不对称程度越小，工程建设主体创新能力越强，政府对工程建设主体的激励作用越大，则工程建设主体越会主动提高努力水平，从而提升工程整体社会效益。对政府来说，建立长效机制进行工程建设主体能力评级、工程建设主体社会责任履行评级、工程建设主体信息公开，通过政策引导促进工程建设主体创新，能够有效提高整体性社会效益。此外，有效的政府监管能够显著提升工程建设主体努力水平和工程整体效益，且随着监管主体监管水平的提高，能够有效降低工程风险，提高工程建设主体努力水平与期望收益，即监管水平越高，工程建设主体的努力程度就越高，整体工程社会效益就越好。更重要的是，对于重大工程这一类具有复杂性、深度不确定性的高风险工程来说，较高的监管水平能够有效防治工程风险。对政府来说，应当努力提升监管水平，同时通过政策手段鼓励技术创新与管理创新，促进重大工程相关行业整体发展，提升行业整体水平，促进社会进步。

然而，从实践中可以看出，政府在重大工程中的多重动态功能不限于投资功能、监管功能和公众代表功能，因此需要对其进行更详尽的针对性研究。另外，在我国重大工程治理实践中，应逐步构建和完善一系列治理机制、制度规定，充分发挥政府主导作用，实现政府治理和工程参与主体自我调节的良性互动，进一步建立健全重大工程治理权力制衡和监督机制，推动我国重大工程治理的科学化与现代化。

3.5 本章小结

本章首先探讨公权力的概念及其与政府式委托代理的关联性；其次，对“管理”与“治理”的区别进行辨析，并结合重大工程决策管理的研究现状，提出重大工程决策治理的基本内涵；再次，在此基础上分别研究权力安排与制衡、组织分层架构、冲突解决等重大工程决策治理机制；最后，从政府在重大工程中承担的不同功能入手提出以政府为主导的“政府式委托代理”治理结构，构建“激励-监管”模型，得出较高的监管水平能够有效防治工程风险的结论，建议政府进一步提升重大工程治理能力，引导、鼓励技术创新与管理创新。本章所探讨的重大工程决策基本原理与治理机制是构建重大工程决策治理体系的重要前提，从而能够更好地开展决策治理体系下系统分析、系统要素构成与系统结构分析、系统形成和涌现的系统功能等问题的研究。

第4章 重大工程决策治理体系

2013 年，党的十八届三中全会将“完善和发展中国特色社会主义制度，推进国家治理体系和治理能力现代化”作为全面深化改革的总目标①，并通过了《中共中央关于全面深化改革若干重大问题的决定》，全文共 24 次提到“治理”，除上述总目标之外，多次提到“有效的政府治理”“创新社会治理体制”“系统治理”等词语，明确表达了“更加注重改革的系统性、整体性、协同性”等目标，这既是“国家治理体系”和“国家治理能力”等概念首次在党的重要文件中被明确提出，也标志着治理理论在我国进入发展的新阶段（宣晓伟，2014；薛澜等，2015）。

新时代下我国这一重大强国理政战略对于重大工程决策治理具有极强的指导性和规定性，简而言之，我国重大工程决策治理实践必须在科学的决策治理体系范式下依法、合规、有序、高效地进行，这首先要对决策治理体系这一人造复杂系统进行全面的系统分析，并进行系统要素构成与系统结构分析。

因此，重大工程决策治理体系与治理能力实际上是治理系统结构及其功能的不同内涵，而两者又都是治理系统的整体形态与行为。

4.1 重大工程决策治理体系概述

4.1.1 重大工程决策治理体系基本定义

治理的本质是一种系统关系的调整，通过不同子系统的组合、演化与涌现来

---

①《中共中央关于全面深化改革若干重大问题的决定》[EB/OL]，http://www.scio.gov.cn/zxbd/nd/2013/document/1374228/1374228.htm [2018-12-20]。

应对原系统中的不可治理性（王家峰，2015；吴汉东，2014；姜晓萍，2014；蓝志勇和魏明，2014）。对于重大工程来说，治理强调的是政府主导下的政府、市场、社会组织等不同参与主体之间的协调与权衡（邱聿旻和程书萍，2018；邱大灿等，2011b；Sheng，2017）。因此，我们认为，所谓重大工程决策治理，就是在依法、合规、有序、高效的原则下，通过政府、市场、社会组织等众多工程参与者之间的共同协作来保证重大工程决策流程的科学性、决策结果的合理性与决策技术的先进性，从而实现重大工程公共事务的有效治理和公共利益的全面保障。具体而言，重大工程决策治理包含以下几方面的内容。

（1）重大工程是由政府主导的公共工程，因此，重大工程决策治理必然是围绕“公共”二字的一系列关于公权力的合法行使、战略资源的合理利用、工程产品的有效提供及自然环境的持续保护等行为准则，这也是重大工程决策治理的逻辑起点。

（2）社会经济极速发展的今天，政府已经很难通过简单的行政手段解决所有的决策问题，如环境保护、工程社会责任履行等。那么，有效重构政府、市场、社会组织等主体之间的分工协作关系，最大限度地保障重大工程决策涉及的公共利益则成为重大工程决策治理的重要目标。

（3）重大工程决策治理强调以政府为主导下的政府、市场、社会组织等不同参与主体之间的协调与权衡（邱聿旻和程书萍，2018；邱大灿等，2011b；Sheng，2017），也就是说，重大工程决策治理通过政府机制的主导来满足不同参与主体的需求，实现各自的目标，既包括正式的和非正式的治理机制，也包括政府的和非政府的治理机制。那么，政府调控与市场规律的协同、政府部门与社会组织的协同、公共部门与私人部门的协同、正式制度与非正式机制的协同、强制性权力与主观能动性的协同等是实现重大工程决策治理的有效途径与手段。

（4）重大工程决策治理强调政府主导下的众多参与主体之间的协同，其关键在于通过协同来解决实际的治理问题，而并不是由谁来解决问题。因此，以政府为主导的真正意义在于重大工程决策治理能力的提升，而非政府权力的转移或集中。也就是说，通过提升决策治理能力来建设更高效、更科学、更具有责任性的重大工程决策治理体系是当前的首要任务。

综上所述，我们认为重大工程决策治理是一种实现重大工程决策事项有效治理的活动与过程，涉及治理权力、治理手段、治理途径、治理规则、治理机制及治理能力等内容。因此，重大工程决策治理体系是与重大工程决策治理内容紧密相关的所有主体、资源、机制及各种正式、非正式的制度关系的综合集成，其本质是一整套密切相关、相互协同的治理制度，包括权力、手段、途径、规则、机制等与重大工程决策事项相关的一系列机制、规则的制度安排，是一个人造的复杂系统。重大工程决策治理体系与重大工程决策治理能力是一个有机整体，相互作用，相辅相成，好的治理体系能有效提升治理能力，只有提高了治理能力才能更好地发挥治理体系的作用。

4.1.2 重大工程决策治理体系基本要素

复杂系统一般具有开放性、大量自主主体、内部关联复杂、整体性涌现与演化等特征（盛昭瀚等，2008；盛昭瀚和游庆仲，2007；王茜和程书萍，2009）。重大工程被认为是一个动态的、复合的、开放的大系统（王茜和程书萍，2009），具有工程价值观多元化、资源整合能力要求高、环境开放性等系统复杂性特征（盛昭瀚等，2008；盛昭瀚等，2009b），且复杂性是重大工程的本质特征（Sheng，2017）。从客观上来说，重大工程决策治理是一项十分复杂的工作，既有技术层面、方法层面的问题（邱大灿等，2011b；王茜和程书萍，2009；盛昭瀚等，2008），也有不同参与主体的利益诉求、工程社会责任履行等问题（邱聿旻和程书萍，2018），可以说，重大工程的复杂性本质特征决定了重大工程决策治理也表现出复杂性特征。

因此，我们认为重大工程决策治理体系是涉及治理权力、治理手段、治理途径、治理规则、治理机制及治理能力等与重大工程决策事项相关的一系列机制、规则的制度安排的综合集成，是一个复杂系统，它的复杂性主要表现在以下几方面。

（1）重大工程环境开放性带来的系统复杂性。重大工程建设面临开放的自然环境、经济环境和社会环境（王茜和程书萍，2009），这就决定了重大工程决策治理体系中涉及环境、市场、主体关系、组织设计等方面的制度安排时必须考虑开放环境带来的复杂性问题。例如，重大工程的规划与论证作为重大工程决策治理的重要内容，不仅要从技术可行性方面考虑重大工程的商业价值和经济效益（王茜和程书萍，2009；Ma et al.，2016；Ma et al.，2017），而且要从更广泛的社会责任层面对工程进行评估（Ma et al.，2016；Ma et al.，2017）；再比如，重大工程不仅要实现具体的社会功能，在立项和设计阶段，还应该重视环境友好与和谐，并把环境可持续作为治理的重要目标（Chen et al.，2017）。

（2）重大工程价值观多元性带来的系统复杂性。重大工程参与主体众多，包括政府部门、业主单位、设计单位、施工单位、供应商、监理单位、咨询单位、专家团队及其他社会组织等，不同参与主体在共同的工程目标之外，由于各自所处地位、表达方式、企业文化、管理习惯、责任意识等不同，形成了不同的价值观（盛昭瀚和游庆仲，2007；吴嘉慧等，2012；邱聿旻等，2018；张劲文和盛昭瀚，2014）。一方面，重大工程固有的社会属性赋予了其提升国家竞争力、推动行业技术创新、保持环境可持续性等国家、社会层面上的价值观；另一方面，不同参与主体的价值偏好导致的相互约束、矛盾，甚至是冲突，必然要求重大工程决策治理体系要能够容纳这些价值观冲突，控制冲突形成的矛盾，进而能够降解这些多元价值观形成的系统复杂性。

（3）重大工程创新涌现性带来的系统复杂性。重大工程面临着开放的复杂环境，在建设过程中往往要通过技术创新来解决复杂问题，而重大工程的技术创新不仅要满足低风险、高质量的工程要求，更重要的是重大工程本身肩负推动行业技术创新、提升国家竞争能力的社会要求，这就使得重大工程面临的技术创新和突破的挑战更加严峻，也就意味着重大工程的技术创新要么是从无到有的突破，要么是从成熟技术到集成创新的突破。不论是从无到有的创新，还是集成成熟技术的创新，都是通过形成系统的新的"涌现"来解决系统的"混沌"问题，这种涌现带来了重大工程的不确定性，增加了重大工程决策治理的难度，从而增加了重大工程决策治理体系的复杂性。

（4）重大工程高度集成性带来的系统复杂性。重大工程高度集成性包含两方面内涵：一方面，重大工程是通过资源整合而进行的造物行为，在政府和市场的"二元作用下"对重大工程决策资源进行调控和配置无疑是极其困难的，政府资源、市场资源、设计资源、专家经验等相关资源在决策过程中高度集中。特别地，当面临重大工程稀缺资源或战略资源相关决策时，无论是通过已有平台集成现有资源还是通过创新手段来获取，都大大增加了决策治理的复杂性，并且互相关联，难以单一地解决这些复杂问题。另一方面，重大工程决策过程中，各类主体、设备、原料、工艺、环境等在一定的规范下构成了一个"人"与"工程"不断交互的复杂决策系统，系统的状态不仅取决于实体资源的供需，而且取决于人的状态，包括管理水平、技术创新水平，以及对重大工程建设、运营过程的预估和预判。换句话说，重大工程决策治理是重大工程全生命周期中涉及的人、物等所有资源和重大事项决策的高度集成，具有更加强烈的复杂性特征。

因此，从复杂系统角度来看，重大工程决策治理体系由主体要素、资源要素、机制要素及方法要素等系统要素组成，具体如下。

1）主体要素

如前文所述，重大工程决策治理体系是与重大工程决策治理内容紧密相关的所有主体、资源、机制，以及各种正式、非正式的制度关系的综合集成，而且主体是重大工程决策治理体系的关键要素之一。

在重大工程决策治理体系中，按照主体功能划分来看，主体要素包含政府部门、业主单位、勘测单位、设计单位、施工单位、供应商、监理单位、咨询单位、专家团队及其他社会组织等，不同的参建主体在共同的工程目标下又有各自不同的利益诉求和行为偏好。按照主体要素的管理属性来看，不同的参建主体又可以划分为领导者和被领导者、协调者和被协调者、管理者和被管理者及主导者和协从者等，但是这些不同的管理角色又会随着不同的决策事项、不同的决策任务及不同的决策环境而变化，或者重新组合，进而涌现出新的角色关系。

从重大工程决策治理体系是个复杂系统这个角度来看，主体与主体之间不再是简单的线性关系，也不仅是结构化的网络关系，而是所有主体之间协同联动、共享数据来形成结构化与非结构化共存的网络关系。在决策治理实践中，往往由于面临不同情景和涌现的复杂性，主体之间的这种关系要进行动态演化，主要表现为重大工程决策治理过程中由主体形成的正式和非正式组织与决策治理情景的共生演化。那么，从重大工程决策治理这个角度来看，主体的角色或功能意味着权力和责任的划分，即主体的社会属性与功能属性的体现，在这个意义下，主体要素可分为治理主体、自主主体和一般主体。

所谓治理主体，是指在重大工程决策治理过程中的核心主体，或称之为序主体（Sheng，2017）。对于治理主体来说，首要任务是根据决策治理情景，对决策问题进行认知和分析，将复杂的决策治理问题降解为可理解的“群体语言”，进而确定不同参建主体的集体行动目标；其次，治理主体在面临复杂的决策治理问题时，要具备整合、获取、培育和权衡决策资源来解决复杂问题的能力，即要求治理主体能够将结构化和非结构化的主体关系收敛为一个结构化的形态，从而形成解决复杂问题的组织和配套条件，然后采取整合、培育等多种方式增强相关主体的能力，促使相关主体的能力与目标能够匹配；最后，治理主体的另一个核心任务是在决策治理环境的确定性和不确定性之间、众多主体的短期利益和长期利益之间、众多主体的自我利益和重大工程整体利益之间等进行权衡，消解冲突，降解复杂性，从而使得复杂问题能够得以解决。总的来说，治理主体的角色划分体现在对资源的整合和对自主主体的协同上，即治理主体必须具备构建解决复杂决策治理问题的工作平台及进行机制、制度创新的能力，也就是说，在一定的情景下，治理主体必须能够运用不同的工具、方法和技术，集成众多参与主体的能力、目标，综合各方面专家的经验和知识，整合并优化各种决策治理资源，从而产生解决复杂决策治理问题的整体性、系统性能力，其核心不在于治理主体自身具有或储备的资源，而在于它能否实现对复杂系统内外资源的综合集成，并通过科学合理的机制、方法、技术对这种资源的综合集成给予充分保障。

自主主体是重大工程决策治理体系的重要组成，作为治理主体的协同对象，其主要任务是在治理主体提供的解决复杂决策治理问题的框架下进行具体的实施操作，一般来说，研究机构、设计单位、施工单位、咨询单位、监理单位及地方政府等都属于重大工程的自主主体。自主主体在划定的治理框架与授权范围内完成任务，并及时向管理主体汇报，同时不同主体之间进行多方位的动态的交互，也有可能在某一项决策事项或决策阶段中，自主主体会进化成为管理主体，成为主导这一任务或决策阶段的序主体。

除治理主体、自主主体之外，还存在一种一般主体。所谓一般主体，主要是指不具备独立进行重大工程决策的授权、能力或资源的主体，这些主体不能成为重大工程决策的主导主体，却能够给重大工程决策提供知识、技术等支撑。例如，重大工程决策过程中，往往会邀请或聘请国内外相关的专家学者、审计单位或其他专业技术单位等来弥补业主、设计单位、施工单位等自主主体在知识、技术等方面的不足。

2）资源要素

联合国环境规划署认为资源是指一定条件下能够产生经济价值，以提高人们当前或将来福祉的自然因素（毕廷延，2012；曲升，2017；齐姆·施泰纳，2015）；而马克思在《资本论》中指出，劳动和土地是财富形成的两个原始要素（王玉铁和王舜泽，2015；王海超，2016；牛变秀和王峰明，2014；谭苑苑，2016），换句话说就是，自然资源是财富的客观要素，而劳动和技术是财富极为重要的构成要素。因此，资源不仅是指自然资源，更重要的是指与人的劳动相关的社会、经济、技术、信息、知识等资源，即资源的概念是广义的，是指一切广泛存在于自然界和人类社会中的，可以被开发、利用的物质、非物质的存在，是直接或间接用来造物的生产要素。在这个意义下，资源的本质就是生产要素，必须具备劳动人员、劳动资料、劳动对象、劳动环境、劳动空间及劳动时间这六个条件（王树祥等，2014；张晓娣，2015），即人力、资产力、物力、自然力、运力及时力这六种资源，换句话说，人力、资产力、物力、自然力、运力与时力构成了广义上的资源，任何生产或造物过程都必须同时具备这六种资源条件，缺一不可，缺少任何一种条件都无法进行完整的生产和造物活动。对重大工程这一“造物”工程来说，同样离不开这六种资源条件，如技术和管理人员、机械和工程设备、工程材料、工程构配件、能源、知识、信息、管理能力、协调能力、控制能力等。除了上述六种传统意义上的“资源”之外，特别是对重大工程而言，还有一些特殊的、更加复杂的资源需求。例如，公共属性是重大工程的本质属性（邱聿旻和程书萍，2018；邱聿旻等，2018），那么，政府和公众对重大工程建设的态度如何、支持的获取是否公正合理、与自然环境及社区环境是否协调发展等都是重大工程决策治理的核心问题。与自然环境相比，政府、公众提供的社会环境对重大工程决策治理的影响要远远大于自然环境，政府与公众对重大工程的态度与支持力度就成了重大工程决策治理的更重要的资源。也就是说，资源的关键性、重要程度实质上是有区分的，完整的资源条件缺一不可，其重要性却不尽相同。例如，重大工程往往也承担着技术创新和技术突破的重要任务，这种创新任务意味着很难直接从市场上获取所需的技术资源，不论是关键技术本身还是掌握关键技术的人才资源，那么相对容易从市场直接获取的一般技术、一般人才，这种关键技术和核心人才就成了重大工程的稀缺性资源。这种稀缺性的资源往往决定着重大工程的建设成败，因此，它的获取路径和获取方式的科学性、合理性、有效性等就成了重大工程决策治理的一个重要内容。

资源是系统的要素，对重大工程决策治理体系这个复杂系统来说，资源又可以分为一般性资源和战略性资源。一般性资源是指起一般性作用、获取路径相对成熟、获取方法相对简单的设备、材料、技术等资源，这种资源往往通过成熟的市场行为就可以获得；而战略性资源是指对重大工程起到关键性、全局性影响和作用的资源（曹俊琴，2013；闫禹，2015），不仅包括重要的关键工程装备与材料，更包括由于重大工程的战略意义而形成的政治、科技层面的资源，而后者是需要通过自力更生、打破封锁和自主创新才能获得的资源，甚至要通过非市场交易行为才能获取。不同情景下，重大工程战略资源的表现形式不尽相同。例如，在重大工程建设过程中，战略资源可以是关键设备、关键材料或者关键技术，其关键性体现在获取途径和获取成本上，即如果遇到卖方垄断、技术壁垒较高、技术含量较高等情况，就会给重大工程决策治理带来严峻的挑战，就要求重大工程治理体系具有较好应对这种挑战的能力。除此之外，重大工程战略资源还可以表现为重要的法律法规、合理的组织模式、健全的权力体系，这些都是重大工程决策治理体系能够有效、高效运行的重要保障。

因此，重大工程决策治理体系中的资源要素主要是指重大工程决策治理涉及的重大工程战略资源，更重要的是这种战略资源的获取与创新，这种战略性资源一般具有目标多样、非完全市场、高度集成及形式多样等特征。只有解决了重大工程战略资源的获取与创新问题，才能够更好地协调众多参与主体之间的价值冲突和矛盾等，才能够保证重大工程决策治理体系的科学、合理。

3）机制要素

与传统的一般性工程相比，重大工程的建设更加开放，与社会环境、经济环境、政治环境、产业环境、自然环境等交互性更强，具有极高的技术要求和专业要求，面对如此复杂的情况，如何选择灵活的、合适的决策主体，如何形成科学的、有效的组织模式，如何解决主体之间的权力安排与制衡，如何处理可能的争端和矛盾等，都是重大工程决策治理必须考虑的重要机制问题。

重大工程决策治理始终是以政府为主导的一系列活动，也就是说，在重大工程决策治理体系形成过程中，政府应始终代表社会公众来行使话语权与决策权，始终以社会公众的利益为核心进行思考和处理问题，然而在现实中，代表社会公众的政府在决策治理体系的构建过程中完全具体化为某一部门、某一单位或某位具体人员，这一具体化的过程就引发出关于重大工程决策治理机制的讨论和研究。

4）方法要素

重大工程决策治理体系的方法要素包含两个层次的含义，即方法论与方法。所谓方法论，主要是指对给定领域进行探索的一般途径的研究（盛昭瀚等，2008；盛昭瀚和游庆仲，2007），也就是认识、分析和解决某一类问题所应遵循的思路与原则，而要解决实际的具体问题，还要有相应的技术、工具和路径，即方法论之下的方法（盛昭瀚等，2008；盛昭瀚和游庆仲，2007；李迁等，2009；许婷等，2008）。如果不遵循方法论而单纯研究方法，那么方法的设计和选择就不具备针对性，难以解决实际问题；而如果仅研究方法论，那么系统化的方法论也难以解决具体的问题，缺乏"方法"上的抓手，即方法论与方法是方法要素的两个有机层面，既紧密相关又有主次之分，缺一不可（盛昭瀚等，2009a；游庆仲等，2009）。具有普遍意义的方法论并不是抽象的，尤其是针对重大工程决策治理体系这一类复杂系统来说，它更能反映重大工程决策治理体系复杂性特征的本质，即重大工程决策治理体系涉及领域众多，需要对多种不同学科、领域的理论和知识都有一定的认知，并且决策治理体系需要解决的问题是多样化的，既有结构化的简单问题，也有半结构化和非结构化的复杂问题，这些问题有的可以通过还原论的方法来进行解决，而有的问题难以通过简单的方法来定义和明确，也便难以完全解决，这也是重大工程决策治理体系面临的重大挑战之一。更重要的是，重大工程决策治理体系是一个整体，这种整体性并非决策治理体系各要素的简单"求和"，而是决策治理体系这一复杂系统的"涌现"，是系统层面上的"综合"，也就是说，构建重大工程决策治理体系来解决重大工程决策治理面临的复杂问题需要一种或几种能有效解决复杂系统某些问题的方法论，并在方法论的基础上，实现多方法的集成，从而形成多方法论与方法的"综合"，即重大工程决策治理体系的方法要素主要是指在综合集成方法论指导下的多学科、多领域技术和方法的融合。

只有在综合集成方法论的指导下进行多方法的综合集成，才能有效应对重大工程决策治理体系构建过程中面临的复杂问题：通过治理主体、自主主体与一般主体的自学习、自适应来实现主体能力的"涌现"，通过战略资源的有效整合来实现资源的"涌现"，从而应对资源不足、主体认知与能力不足而导致的复杂性；通过治理结构设计与制度规范来培育各主体的创新能力，并保证治理结构的动态稳定来应对重大工程决策治理的不确定性；通过新的机制与方法的集成来协调各主体之间不同利益、目标、文化等导致的冲突与矛盾；通过自上而下及自下而上的系统、子系统、系统外环境的交互实现对重大工程决策治理体系整体与局部的统筹与融合，即对重大工程决策治理体系这一复杂系统的整体认知需要从局部的复杂性问题的解决来提炼和总结，而对局部复杂性问题的解决又需要用超越局部的理解来指导，往往还会采用非局部方法的集成来降解复杂性。从复杂系统层面来讲，综合集成既是重大工程决策治理体系构建的方法论，又是重大工程决策治理体系形成的方法体系，通过综合集成生成的重大工程决策治理体系除了具有一般性的治理结构与功能外，还应该包含递阶组织、战略资源、多维制度及综合集成方法等能有效应对重大工程决策治理复杂性的一些特质性子系统。

4.2 重大工程决策治理体系设计

4.2.1 重大工程决策治理体系设计范式

1. 指导思想

重大工程决策治理体系是一个与重大工程决策事项相关的一系列机制、规则的制度安排的复杂系统，需要面对大量的复杂性问题，决策治理的目标是多元的，既有定性的，也有定量的；其资源是受限的，往往很难直接从市场获得；其面临的问题互相关联，更加复杂，很难用单一的方法来分析；其参与主体众多，且在不同的问题中的角色也可能会发生动态变化，简单的组织结构往往不能完成重大工程赋予的任务。因此，重大工程决策治理体系必须要遵循一种能统筹引领系统全局的思想来进行设计，即综合集成思想。

综合集成，既是方法，也是方法论，同时也是指导思想。正如党的十八届三中全会《中共中央关于全面深化改革若干重大问题的决定》指出的，一个体系的构建必须注重系统性、整体性与协同性，一个广泛、健全的体系必然是制度化、规范化与程序化的，一个长效、有序的体系才能起到根本性、全局性、长远性的作用。对于重大工程决策治理体系来说，综合集成指导思想正是这样一种有助于构建一个协同有序、长效发展、全局把握的复杂系统，并形成一系列应对复杂性问题的方法与技术的指导思想。因此，综合集成指导思想对重大工程决策治理体系设计的主要作用在于对重大工程决策治理体系的复杂性认知，推动了对重大工程决策治理体系协同子系统的构建，同时形成了重大工程决策治理体系的关键技术系统。

2. 基本原则

重大工程决策治理体系的设计主要考虑几方面的问题：治理主体如何行使权

力，治理主体如何规范地行使权力，以及以治理主体为序主体的主体群如何保障重大工程决策依法、合规、有序、高效地进行。因此，重大工程决策治理体系的设计应该遵循如下几个基本原则。

（1）系统性原则。重大工程决策治理体系的系统性是由复杂系统与重大工程决策治理的内在要求所决定的。重大工程决策治理涉及的因素繁杂，不同主体、不同要素构成了交叉相关的开放性复杂系统，在进行重大工程决策治理体系设计时，必须充分考虑复杂系统的复杂性特征，使其既能协调各主体之间的协同关系，保证主体权力的行使，又能有序、高效地完成各项目标，保证权力的规范行使。因此，系统性原则是重大工程决策治理体系设计的首要原则。

（2）统筹性原则。重大工程决策治理体系需要解决的问题多种多样，规划、立项、投融资、环境保护、建设管理等涉及的决策治理问题相对独立，也密切相关，往往一个问题的解决不仅要考虑问题本身的相关要素，而且要考虑其他问题的相互影响，甚至是先后逻辑联系，这也是重大工程决策治理体系整体性的重要体现。因此，重大工程决策治理体系的设计要系统性思考同层次与不同层次的待解决问题，统筹权衡全局性目标与局部优化目标，注意不同问题之间的关联性、耦合性，全面地、关联地、综合地认识、分析和解决问题，即统筹性地思考和设计重大工程决策治理体系，关注不同决策治理子问题之间的冲突协调，将局部的问题放到系统整体中去权衡。

（3）科学性原则。重大工程决策治理体系设计的另一个重要原则是要尊重科学、尊重客观规律，客观规律包括自然规律、社会发展规律、经济发展规律、工程技术发展规律等。重大工程是与自然环境、社会环境、经济环境等强关联的人造复杂工程，那么，对于重大工程决策治理体系这一复杂系统来说，既然服务于重大工程，也就是说，其本质上也是与自然规律、社会发展规律、经济发展规律等客观规律强相关，构成了一个相互关联的大系统。

例如，自然规律不以人的意志为转移，具有客观性，而工程造物过程必然会对自然产生一些影响，特别是当决策目标与自然规律相违背或者破坏自然规律时，就容易产生恶劣的生态影响，从而影响工程目标的实现，因此，决策治理体系的设计必须最大限度地尊重自然规律。再比如，工程技术的创新也具有一定的科学规律，既要符合自然规律，又要满足工程需求；既要保证技术功能，又要关注生产成本；既要保证技术的可靠性，又要保证施工的可操作性，往往需要在技术先进性、可获得性、可靠性、时间、成本、资金等约束之间寻求一个平衡，因此，在决策治理体系设计中必须考虑工程技术的实用性、可行性、经济性及可获取性，在解决相关问题的时候正确应用工程技术并实现技术创新。另外，社会发展规律和经济发展规律是社会、民众、经济、人口、资源、环境等长期发展的共同作用下形成的客观规律，在决策治理体系的设计过程中要统筹兼顾各方面的影响，既要满足重大工程决策治理需求，又要兼顾生态、人口、资源、环境等可持续发展。因此，尊重科学、符合客观规律这一科学性原则是重大工程决策治理体系设计的另一个基本原则。

4.2.2 重大工程决策治理体系结构设计

1. 系统设计

重大工程决策治理体系的设计是一个从概念到实现的完整演化过程，这一演化过程包含系统分析和系统重构两个阶段，这两个阶段并不是相互独立的，而是在动态演化过程中相互交融的。所谓系统分析，就是重大工程决策治理体系的系统层面上的研究与设计，尽可能地通过结构化的形式反映决策治理体系的基本特征，从而揭示重大工程决策治理内容的本质，并且按照决策治理的内容与要求，分析、确认系统要素，明晰各要素之间的关联与影响，进而通过一定的形式来体现这种系统特征，如组织系统、资源系统、制度系统、方法系统等。所谓系统重构，则是系统各项要素整合基础上的系统综合，即重大工程决策治理体系要在整体上对决策治理内容具有全方位的驾驭能力，特别是在一些关键的地方，如对重大工程决策治理复杂性引发的一系列复杂性问题的识别与解决能力。换句话说，重大工程决策治理体系的系统重构是这一体系的整体性功能涌现，其本质上是一种系统的功能重构，其最终目标是更好地实现重大工程决策治理目标，反映到现实中，就体现为重大工程决策治理的关键技术在一定的规则下以制度形态存在于系统中，其核心思想是系统功能由低层次到高层次的涌现。

重大工程决策治理体系的设计与构建可以按照系统分析与系统重构的思路来进行。通过阶梯组织、战略资源、多维制度及综合集成方法来实现权力分配、资源配置、科学决策与创新等，进而保证重大工程决策治理依法、合规；进一步地，通过决策公权力异化防范、决策治理负面清单、专家评审形式化防范、多元决策主体协同共治等关键技术来实现权力制衡、冲突协调等，进而保证重大工程决策治理有序、高效。因此，重大工程决策治理体系就形成了综合集成思想指导下的子系统、关键技术系统构成的治理体系，子系统包括阶梯组织子系统、战略资源子系统、多维制度子系统及综合集成方法子系统，关键技术系统包括决策公权力异化防范、决策治理负面清单、专家评审形式化防范、多元决策主体协同共治；子系统与关键技术系统互相协调、互相配合，对系统各要素形成了有效整合，支撑重大工程决策治理的进行，最终实现重大工程决策目标，体现了重大工程决策治理体系的系统分析与系统重构的统一。

2. 子系统设计

1）阶梯组织子系统

重大工程项目，由于其工程具有规模大、结构复杂、专业技术面广、涉及利益相关主体众多且关联复杂、工程活动相互关联性强等特点，其决策组织内部也必然有其相应的复杂性。重大工程组织是由多级政府、业主、业主代表、承包商（设计承包商、施工承包商、设计施工一体化承包商）、分包商、建设监理单位和其他组织等多元主体组成的复杂组织系统。

工程的复杂性给决策组织系统带来的挑战主要有以下几方面：工程的开放性质、工程的多自主主体、工程的资源能力不足、工程的多阶段和高度集成等，这些都为决策组织系统的构成及运转带来了极大的挑战。决策组织必须设计相应的模式、结构、行为机制来驾驭被管理对象的复杂性，因而重大工程的决策组织也是一个复杂系统。

从各个部门在决策体系中扮演的角色来看，重大工程决策组织应该包含多级政府和业主。

（1）多级政府。对于重大工程来讲，政府部门将直接参与到决策当中。不仅要直接参与重大工程的管理，而且要通过制定相关的法律、法规来规范相关主体行为和工程建设，如立项批准、开工和使用批准、环保和安全监督。另外，政府还要发挥其整合资源的优势进行资源协调和重大技术方案审查等。

对于重大工程来讲，政府部门不可能只是某一个行政主体部门，而应该由多级的、不同层次的政府职能部门共同组成。政府部门之间除了分工合作之外，还应该相互制约。

（2）业主。业主一般指的是工程建设的投资主体，也就是项目法人。对于私人投资的工程，投资者是业主；对于以合资方式投资的项目，业主指的是由投资方组成的董事会；而对于政府投资的工程，我国实行的是企业法人投资责任制，又可称为项目法人责任制，即企业法人就是业主。

对于重大工程，由于其投资主体的多元性，业主也必然具有一定的多元性和复杂性。不管是在业主项目法人的界定上，还是在项目法人在履行自己的职能上，如项目规划、资金筹措、建设管理、债务偿还，以及资产保值与增值等方面，重大工程都有着独特的复杂性。

面对复杂的重大工程，其决策应该以多级政府组织为主导，业主等部门为辅。这样形成的决策组织就是以多级政府为主导的，业主为辅的复杂阶梯决策组织体系。各阶梯决策主体扮演着不同的角色，其相互监督、相互制约、相互合作，共同完成决策的制定，以保证重大工程能够顺利地进行下去。

层级结构是任何组织的一种本质属性，相互关联的组织层级被分解为不同的单元组合，只有各单元具备畅通的信息关系和协调一致的活动水平，才能比较顺利地完成某一共同目标。对于重大工程这样一个大系统，特别是工程中的技术特性、主体特性、活动特性，这些决定了决策组织必然是一个层级性的复杂系统。

对于复杂工程的决策组织来讲，同样存在着阶梯组织体系，即政府内部可以划分出不同等级，形成多级政府的联合决策组织体系，在决策主体内部，各级政府分工明确，协调一致，共同推进重大工程的有序进行。通过这种阶梯组织实现决策公权力的配置和制衡，保证社会资源在重大工程中的最优配置，保证决策的最大执行力及责任的最大承载力。

阶梯决策组织主要由职责不同的各级决策政府组成。重大工程阶梯决策组织是为重大工程建设目标服务的，是所有服务于工程建设和组织的决策者的一个有序的集合。重大工程建设中存在着立项批准、开工和使用批准、环保和安全监督、资源协调和重大技术方案审查等问题，需要不同的政府决策组织来进行决策。

这类决策组织存在着横向和纵向的关联，并且纵向关联的程度较高。这种决策组织情况使得传统的单纯集中决策和分散决策都不能与其适应。

在工程系统规模不大时，可以用少量的政府人员进行集中决策，以迅速地解决问题，具有速度快、执行力强等特点。但当工程规模庞大和复杂时，决策组织处理的信息量会非常大，这会使得决策组织处理事务不及时，难以协调工作，决策系统成本提高。同时，由于工程系统复杂化、环节多，决策系统的可靠性就会降低。而分散决策则会导致决策系统内子系统（次组织）的横向联系能力变差，使得重大工程的综合协调变得很难。只有采用这种阶梯决策组织，才能够综合集中决策和分散决策的优点，保证重大工程有序进行。

重大工程的阶梯决策组织是由不同等级的阶梯政府职能部门组成的。组织的层级在组织结构的设计过程中往往通过制度、程序、规则、流程等方式来确定。另外，组织在实施任务的过程中会因环境和活动的变化而进行调整。

一般最上层的政府决策部门充当总指挥的角色，统筹全局，负责最主要决策的制定，并接受下级政府决策部门的监督和反馈。最上层政府决策部门还应该统筹资源调度，协调下级各个决策组织及协调重大工程内外各个部门，保证工程能够按照既定的方向运转。另外，最上层的政府决策部门还应该起到监督下级各级政府决策部门的作用，保证下级决策部门能够按照规定制定相应的细化决策。

处于下一级的政府决策部门，应该起到承上启下的作用。面对上级，不仅要明确上级的决策内容，而且应该对决策结果进行监督和反馈。同时，本决策部门内部制定的相关决策，也要接受上级部门的监督与指导；应该与同级的政府决策部门相互协调、相互制约、信息共享，共同制定或者互相监督制定相应的细化决策。面对下一级的决策部门，不仅要传达清晰的决策内容，而且要监督下级政府决策部门。

在阶梯决策组织中，只有各级政府决策部门相互分工、互相监督和制约，才能保证整个决策链能够高效、快速地运转起来。只有实现资源的合理利用，降低决策管理成本及信息的流通成本，才能最终保证重大工程能够科学、高效地进行下去。重大工程阶梯决策组织具有如下特征。

（1）阶梯决策组织的层次性。重大工程项目的层级性决定了阶梯决策组织的层次性，即阶梯组织。重大工程任务众多、结构复杂，建设过程涉及多个过程，且具有多个同质和异质主体，因而面对这样的大系统进行决策时，需要采取集中决策和分布决策相结合的阶梯决策体系。

集中决策主要体现在目标的确定、关键主体的选择、各类法规及标准的协调统一、主体冲突的协调和资源的统筹分配，以及工程质量、安全、进度、成本等方面的总体控制。分布决策主要体现在具体的设计方案、施工技术与方案及应对工程中出现的各类不确定性等方面，并且在决策的层级上通过多个控制器和协调器来进行任务的分解与整体的综合。

另外，对于不同的阶梯决策组织体系来说，虽然都服务于重大工程，但是各自的利益目标不同，这就需要决策组织整体以工程使命、价值观为引导，采取具体的层次结构来综合项目目标，满足决策主体的利益诉求，从而实现决策目标从分散到集中。同时，重大工程的高集成度及工程的高复杂度，使政府各级决策主体之间存在着大量如安全、风险、质量、进度、投资等紧密耦合产生的具有复杂性特性的工程控制问题。这就需要决策组织通过直接整合或通过构建合理的阶梯决策平台来实现资源整合，突破工程主体能力不足的瓶颈，实现信息共享、资源合理利用及人员合理分配。

（2）阶梯决策组织的信息流通。信息不完备、不流通往往是复杂性产生的根源，管理复杂的大型工程往往表现为对数据、信息进行加工、处理的过程。这对阶梯决策组织体系来说更是一个巨大的挑战。阶梯决策组织需要对信息进行转换，改变其形式，深化其内涵。在这一过程中，除了涉及大量的一般性数据统计分析外，还需要对人的形象思维、创新思维的信息进行凝练和综合。

由于复杂性，不同决策部门对同一个问题的了解和认识具有片面性，这就需要进一步地对其进行明确和完善。同时需要阶梯决策组织内部有很强的信息流通与交流能力。各级阶梯决策组织部门需要对信息进行修正、补充、完善，即从非共识走向共识，才能使之从整体上更准确、更完全地进行系统决策。

另外，阶梯决策组织内部为了保证决策能够科学、快速、有效的制定，所有信息的共享是必不可少的。重大工程的任务众多、结构复杂，建设过程涉及多个环节，阶梯决策组织内部也由于采用了阶梯决策组织体系，信息的相互共享和流通显得尤为重要。

在互联网时代，可以依托互联网等形式，利用网络媒介，保证各级决策部门的信息流通，这使得各级部门的交流能够及时、迅速。

（3）阶梯决策组织的资源最大利用。重大工程的建设表现出对资源的强烈依赖，这其中不仅包括技术资源、设备和材料资源、智力资源等方面，而且包括政府决策资源。

重大工程的独特性和复杂性使得现有决策组织体系很难满足建设的需求，因此需要创新和整合多级决策组织来共同制订解决问题的方案。对重大工程复杂性的认识和管理需要政府的扶持与定夺，以及来自其他专家的经验、知识和智慧。只有建立有效的阶梯决策组织体系，才能为工程建设提供强有力的决策支持，通过直接整合或创新的方式实现资源从不足到充足的转化，提高资源利用率，降低决策成本、信息成本及监管成本，从而达到资源的合理利用。

（4）阶梯决策组织的柔性演化。重大工程本身的建构性和多阶段性要求阶梯决策必须是一个建构—解构—建构的动态过程。重大工程呈现的要素多、关联复杂，且面临的不确定性和初始敏感性要求决策组织具有多态性的转换。

重大工程决策组织的柔性演化主要体现在战略、结构和机制方面。具体来说，主要是指战略目标和战略措施的动态调整、决策组织模式的动态整合、决策组织结构的跃变、决策组织资源获取和配置的柔性演化等。

由此可以看出，重大工程决策组织的设计和规划要从工程本质出发，强调问题驱动的组织建构，同时必须关注和考虑工程复杂性给决策组织带来的挑战，在整合及规划决策组织时要依据复杂性科学理论和有效的方法论来进行组织的柔性设计与张力调整。

2）战略资源子系统

重大工程决策治理体系中的战略资源主要是指对重大工程起到关键性、全局性影响和作用的资源（曹俊琴，2013；闫禹，2015），不同情景下，重大工程战略资源的表现形式不尽相同。如何解决重大工程战略资源的获取与创新问题，成了协调众多参与主体之间的价值冲突和矛盾等复杂性问题的先决条件，是保证重大工程决策治理体系科学、合理的重要基础。

从本质上来说，无论是一般资源，还是战略资源，都是从供应方向需求方的资源流动，即供给是资源得以利用的根本方式，因此，可以从供给的角度来对重大工程决策治理战略资源进行研究与分类。从资源供给的角度来看，重大工程决策治理战略资源可以分为基础资源和创新资源两类，相应地，战略资源子系统就由基础资源子系统和创新资源子系统两个方面构成。所谓基础资源，就是指重大工程面临的基本环境，包括社会环境、经济环境、法律环境、政治环境及市场环境等；而创新资源则是指难以直接获得或使用，需要通过新的路径、新的方法进行整合、创新的资源，主要包括关键技术和工程金融两个方面的内容。关键技术直接决定着工程的成败与技术水平，技术空白、技术封锁、技术不成熟等都是推动关键技术创新的主要原因。对重大工程而言，关键技术创新规模巨大，且具有技术创新本身之外的引导性和平台性功能，通过重大工程关键技术的创新引导一般性技术创新，并作为创新平台带动技术创新的涌现，甚至带动整个行业的创新与技术层次跃进，提升国家整体竞争力。工程金融作为创新资源的另一个重要方面，主要是指因工程建设而形成的专用性金融资产，包括募集资金过程当中形成的操作流程、合同规范、资金渠道来源及在资金资源使用过程当中的资金资源的管理与协调。

重大工程决策治理体系战略资源子系统的核心问题是解决重大工程战略资源的获取与创新问题，即解决重大工程战略资源的整合、配置与协调问题。

（1）重大工程战略资源整合。重大工程战略资源整合是重大工程决策治理体系战略资源子系统的首要任务，即根据重大工程的决策需求，将不同来源、不同层级、不同结构的战略资源进行有机融合，形成柔性的、动态的、系统的重大工程战略资源供应路径，并形成与内外部环境及时、有效互动的持续竞争能力，其整合的对象不仅包括重大工程的关键材料、关键技术、关键人才等有形资源，而且包括对现实社会、政治、法律等充分尊重与合理利用的能力。

（2）重大工程战略资源配置。重大工程战略资源配置是对资源整合之后的有序、高效利用，主要是指在“政府—市场”二元作用下，针对不同的资源类型与资源需求，对不同主体的资源获取来源、获取方式、使用方式等进行优化分配，以达到最优的经济、社会效果，其核心在于战略资源在不同主体之间的权衡与合理配置。由于重大工程战略资源类型与需求的差异，不同主体在资源配置过程中关注的重点有所差别，治理主体关注的更多的是战略资源的获取与培育，而自主主体和一般主体关注的更多的是战略资源的使用或均衡。例如，重大工程规模巨大，技术资源需求量大，参与建设的主体众多，各主体之间难免存在不同程度的资源冲突，各主体更多地考虑自身的利益和需求，也更倾向于优先完成自身的目标和利益所得，单靠监理或业主协调往往很难完全、彻底地解决资源使用问题方面的矛盾和冲突。从高技术装备、人才方面来说，各主体的业务水平与经验能力参差不齐，一线工人的知识范围和应变能力较低等。这些问题都需要通过市场、制度、政策等全面考虑下的资源合理配置来解决。

需要强调的是，治理主体是重大工程战略资源的调控和管理主体，通过科学的政策导向和服务支撑来为自主主体、一般主体的资源配置提供保障。例如，政府通过拨款、政策、制度等影响重大工程决策，有效规范和促进战略资源的优化配置，而且提供新的、合理的、规范的法律和政治环境来保证资源的优化配置；业主作为重大工程内部资源的直接管理主体，需要根据工程中各主体的需求及工程进度安排等计划制定合理的战略资源配置方案，以及在紧急情况下的资源调配预案。

（3）重大工程战略资源协调。重大工程战略资源的协调主要是指通过合理、规范的流程和制度解决资源配置与使用过程中的不同主体之间的矛盾及冲突，从而实现重大工程决策治理目标。重大工程战略资源协调包括运作协调和利益协调两方面内容，运作协调和利益协调相辅相成，从管理流程、经济利益两个角度全面解决矛盾，缓解冲突，维持稳定。重大工程决策治理体系战略资源子系统的战略资源协同主要包括合同约束、会议协调、制度保障三个主要手段。合同约束是指通过签订合同，规定执行方案、激励机制、风险机制、补偿机制等有效内容来进行冲突的预防；会议协调主要是指通过定期、不定期的例会、专题会议等协调各主体的矛盾和利益冲突，如新技术方案审查会、专家咨询会等；而制度保障则从更深层面，从根本上保障了各主体有序工作，如质量体系、监管体系、跟踪审计等。

3）多维制度子系统

工程制度是指工程行业中具体的做事准则，其目的是使得工程各项活动按计划、按要求达到预计目标（林立，2010）。例如，法律就是强力的制度。一般意义上来说，制度是一个很宽泛的概念，是在一定的社会范围内统一的、调节人与群体之间关系的一系列规则、规章、条例、法律等，它由社会或特定群体认可，可以是正式的制度，也可以是非正式的制度。

制度的核心在于规范性、程序性、指导性与约束力（陈雯，2016；傅振邦和王绪波，2008；贺树琴，2015）。规范性是指制度对工程活动程序的规范化、工程责任的规制化、管理方法的科学化，规范化的重点在于程序化，使得各项活动有据可依；指导性是指制度对相关人员、相关工作任务具有指导性，明确有关人员哪些行为是合理的，哪些行为是不允许的，并明确相关的惩罚措施，具有行为约束效果。另外，制度也具有一定的激励作用，通过明确行为准则和奖惩措施鼓励科学、合理的行为。

制度的本质是执行力与协调机制（麻宝斌和段易含，2013；黄忠顺，2016；李拓，2014）。制度具有约束力的重要前提是强有力的执行与实施，只有通过执行，制度才能用来约束对象的行为。但是并不能把制度理解为静态的规则和条文，它对行为发生作用，而行为是动态的、变化的，通过执行静态的规则条文，从而对动态行为产生约束力（韦进深，2013；蔡君，2003；罗建文，2003）。进一步来讲，制度是在群体、社会中产生的一系列规则，是社会的产物（傅振邦和王绪波，2008；贺树琴，2015；熊燕琼，2005）。人们在不断的社会分工中进行行为交互，在日益复杂的行为交互中形成越来越丰富的制度体系，即制度的协调机制，通过协调机制来抑制信息不对称带来的机会主义行为，维护各方主体利益。

重大工程的决策治理不仅从工程思维方面对工程造物活动相关问题的科学合理性进行规范，更重要的是从理论思维层面形成对重大工程的认知（Sheng，2017；

盛昭瀚等，2008；盛昭瀚和游庆仲，2007；张劲文和盛昭瀚，2014)，并结合具体工程的具体情景形成一系列问题的决策方案。

因此，我们在系统复杂性视角下构建重大工程决策治理体系多维制度子系统，如图 4.1 所示。重大工程决策治理是在工程思维到理论思维的跃迁过程中对重大工程全过程重要工程活动和管理活动的顶层设计，即结合大数据、信息技术等现代化技术与成本、进度、目标等常规活动构成的硬制度体系。另外，重大工程决策治理是在工程思维到理论思维的跃迁过程中构成对治理公权力制衡和战略资源优化配置的软制度体系，这也是重大工程区别于一般工程之处。

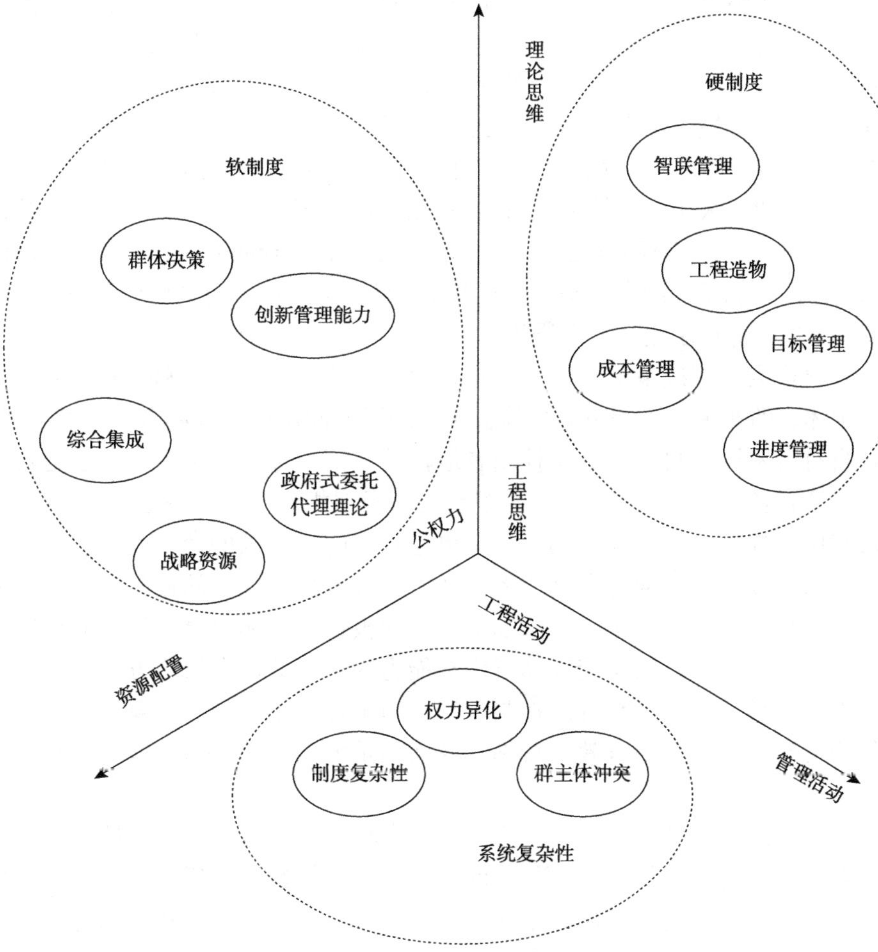

图 4.1　重大工程决策治理体系多维制度子系统

4）综合集成方法子系统

重大工程决策治理体系综合集成方法子系统的形成，关键并不在于单个方法的应用或创新，而是多领域方法和技术的集成，如定性定量相结合、人机相结合、控制与自组织相结合及群决策等方法的灵活运用。重要的是，综合集成方法子系统并不是固定不变的，而是随着环境与情景的动态变化而不断更新、不断进化的方法体系。

从定性到定量是综合集成方法的基本程序，从定性集成到定性、定量相结合集成，再到从定性到定量的综合集成是利用综合集成方法的基本步骤，其核心是重大工程决策治理支持平台的构建，包括各种信息库、知识库、经验库、数据库、专家库、方法库等支持系统的构建，即通过信息、知识、经验、数据的定性集成来为决策治理主体提供智力支持与资源保障，进一步地，通过对复杂问题的分析、分解和降解，充分运用定量方法对定性结论进行验证、论证或修正，最终形成对复杂问题解决方案的统筹与协调，形成新的共识。由此，可以发现，重大工程决策治理支持平台实质上由专家体系、方法体系和知识体系三个方面构成，充分发挥以人为主的专家体系的作用，并结合现代信息技术的优势，进而构成新的“人—机”系统来解决重大工程决策治理面临的复杂问题。这种新的“人—机”系统，也可称为人机结合，其本质上也是一种定性、定量相结合的方法，通过将专家的智慧与机器的智能紧密结合起来有效降解复杂性，为定性、定量相结合提供了现实的工具支撑，保证了定性、定量相结合方法的可操作性。

另外，重大工程决策治理体系中存在治理主体、自主主体和一般主体三个层次的主体，即在重大工程决策主体群中出现了不同层次的控制者和被控制者，他们各自有着不同的目标，处于控制者地位的主体目标一般更重要，也更具优先权，在控制者的引导和约束下，被控制者会根据相应的约束决定自身的行为。这一过程中，控制主体所采用的方法不单是直接的、明确的命令或信息，可能是间接的引导或诱导，通过激励或者信任来释放被控制主体的创新能力或规范行为。这类控制主体通过诱导、激励等手段使被控制主体自身产生新的机制、结构和功能，涌现出新的系统整体行为与能力的方法即为自组织方法，这类方法本质上是一种关于复杂系统的控制方法，当被控制主体具有自身利益诉求、潜在行为机制的时候尤为有效，特别是在面临重大工程决策治理这一类复杂问题时。

重大工程决策治理体系需要解决的问题多种多样，涉及不同领域的知识、经验，包括结构化和非结构化的复杂问题，单纯依靠数据分析、信息整合或数学模型很难解决这些问题，单纯依靠一个或几个人也不能完全解决问题，需要依靠群体的经验、知识和智慧来解决问题，即重大工程决策治理体系需要群决策方法来补充和完善综合集成方法子系统。所谓群决策，即以群体作为决策主体所进行的活动。在一定意义下，重大工程决策治理体系的核心就是更好、更优、更规范地进行决策，涉及治理复杂性的决策尤为困难，对决策主体的决策资源和决策能力的要求非常高，光靠决策主体往往很难全面兼顾各项决策事项，因此需要通过群决策的方法，构建决策主体群，设计决策机制，从而综合不同领域（社会、经济、政治、文化……）、不同学科（自然、社会、人文）、不同层次（数据、信息、知识、经验）、不同方法（定性、定量……）、不同工具（计算机、大数据、人工智能……），以及不同时空分布的群体（国内外领导、专家、群众……）的信息、知识与智慧来逐步完成决策事项。值得注意的是，个体在认知和理解复杂问题时能够较好利用自身掌握的知识和经验，进而充分发挥自身的能力，但复杂性的存在使个体对统一问题的认知可能存在相对片面之处，需要进一步完善，这种个体之间的非共识认知正是复杂性的体现，那么，通过群决策来对各种非共识进行修正、补充和完善，推动非共识向共识演化，就能更精确地认知和理解复杂性与复杂问题，从而给出更合理的解决方案。换句话说，从非共识向共识的演化和升华是综合集成思想的基本体现，是应对重大工程决策治理复杂性的有效手段，而共识是群体对复杂性和复杂性问题的整体理解，比个人认知更全面，更能把握其内在的、本质的规律，它并不是简单的少数服从多数，也不是简单的叠加和汇总，而是群体认知能力的超越和提升，是由非共识向共识演化的过程中，不断比对、优化、逼近，运用综合集成方法进行精细化分析和综合形成的系统的涌现。

4.2.3　重大工程决策治理体系关键技术

1. 决策公权力异化防范

重大工程是政府主导下的影响社会经济发展的工程造物活动，其本质是一种社会资源的权威性配置，在区域经济发展和现代化建设过程中发挥了重要作用。这就表明，重大工程的决策必然涉及公共资源配置、政治经济秩序完善及政府职能履行等公权力的配置与制衡。然而，在决策过程中，往往由于内在科学性、合理性不足，容易使得决策行为违背科学规律，对社会产生恶劣影响，甚至破坏政府公信力和权威性，即产生公权力异化行为。

重大工程决策公权力异化是指决策主体在决策过程中的政绩偏好、效率偏好或利益偏好等行为偏好导致决策过程或结果缺乏科学合理性、缺乏民主决策机制、缺乏有效的决策程序和公开监督程序，以及产生变相的利益追求、政治资本获取等公权力异化行为。

1）政绩偏好导致的公权力异化

重大工程规模巨大、工程环境复杂、管理难度巨大，且工程生命周期较长（盛昭瀚等，2008），有广泛的政治、社会、经济影响力，足以成为一方政府的标志性治理政绩。作为主导政府部门的行政领导往往极易因权力的集中而出现政绩偏好下的公权力异化行为，即权力人格化。这种政绩偏好下的权力人格化是指重大工程决策过程或决策结果表达的是行政领导的个人意志，即地方化、个人化的权力决策机制、决策流程和决策模式。此时，政绩偏好下的重大工程决策机制和方式就取代了应有的科学、合理、民主的决策程序和流程。

政绩偏好导致权力人格化，究其原因，在于地方行政领导的考评晋升机制和任期制，这是促使行政领导通过重大工程的建设来追求政绩显现的首要原因。一旦重大工程决策结果与地方实际的社会经济发展不适应，就会导致重大工程决策失败，甚至产生更加恶劣的社会影响。

2）效率偏好导致的公权力异化

重大工程决策一般以政府为主导，其实施与否不仅影响着工程所在区域的社会与经济发展，也影响着主导政府部门的绩效评价与公众声誉口碑。正因为重大工程决策的巨大影响力，主导部门为了追求行政效率，往往使得重大工程项目尽快立项，通过行政命令、强制措施或者非公开决策等方式进行决策，形成重大工程决策的闭合性。这种闭合性是指在重大工程决策流程与备选方案选择的过程中，从数据的输入、数据的整合、数据的转换、数据的运用，再到决策结果的输出，都在主导部门控制下的系统内部进行。

闭合式决策封闭在系统内部，往往缺乏全面性和科学合理性，难以全面审视外部环境对决策事项的影响，容易忽视事物发展的客观规律，也容易忽略重大工程复杂多元利益主体的相关联性，从而导致过分追求效率的不合理决策发生，即效率偏好下的公权力异化行为。

3）利益偏好导致的公权力异化

以政府为主导的重大工程决策，既涉及多方面社会资源的调配，也涉及政府内部多层级、多地区的部门协作。政府既是重大工程决策的相关利益者，同时也是相关利益协调者，这就容易导致利益偏好下的公权力异化行为。利益偏好下的公权力异化主要是指作为重大工程决策主导主体的政府部门在考虑维护或实现自身利益目标而导致的决策偏离重大工程公共利益的不合理、不科学、不民主现象。

利益偏好下的公权力异化主要表现在以下两个方面。

（1）重大工程决策主导部门为了追求形式上的决策合法性、合规性，把自身利益套嵌在重大工程公共利益中，如利用信息不对称等进行的隧道行为。

（2）决策主导部门通过公权力直接扰乱正常的社会经济秩序，如权力越位、权力寻租等扰乱市场正常运行的异化行为。这种利益偏好下的公权力异化常常表现为主导部门决策权的垄断或形式上民主、实质上集权，集中体现在政府部门利益与公共利益的冲突、政府部门寻利与社会经济发展规律的冲突等方面。

2. 专家评审形式化防范

重大工程决策专家咨询与遴选制度是重大工程多维制度体系构建的重要组成，是对重大工程多主体决策共治制度与重大工程决策治理负面清单制度的重要补充，能够有效保证重大工程决策的科学化、民主化和法制化（李拓，2014；吕晶，2013；赵海洋等，2017；郑兴宇和张倩茜，2016），有利于提升重大工程决策质量和决策治理能力，是实现我国重大工程决策治理体系现代化的重要保证。

目前，我国还没有专门的关于重大工程决策专家咨询与遴选制度的法律，而相关条文或规定多见于行政法规、规章制度或其他规范性文本中，且较低层次的规范性文本较多，规定的内容模糊、笼统，不同文本之间的规定内容还存在一定差异（郑兴宇和张倩茜，2016）。专家在重大工程决策过程中扮演着重要的角色，不仅要参与重大工程决策方案选择的全过程研讨，推荐重大工程关键技术备选方案或创新方向，还要参与决策方案的论证和评审等工作。总的说来，专家在重大工程决策过程中起到咨询和辅助决策的重要作用，专家数据库的建立则是重大工程决策治理的关键问题，专家结构不仅需要具有广泛的代表性和规模性，而且需要包括技术、环境、管理、政府等众多重大工程相关领域，更需要考虑不同专家的专业背景和所属组织，从而能够有效保障重大工程决策的客观、公正、科学和合理。因此，重大工程决策专家咨询和遴选制度必须遵守专业性、全面性、规模性原则（傅振邦和王绪波，2008；赵海洋等，2017；郑兴宇和张倩茜，2016；赵静等，2013），并建立相应的反馈机制和声誉评价标准。专业性原则主要是指遴选出的专家必须具有丰富的科研、管理或实践经验，尽可能选择曾经参与或从事过重大工程建设管理的人员，具备战略思维和战略视野（赵海洋等，2017；郑兴宇和张倩茜，2016）。全面性原则主要包含两个方面的含义：一是要从工程实践单位、科学研究机构和政府部门等不同组织中遴选专家，要充分考虑来自不同组织的专家比例，保证专家能够客观地反映工程决策事实，消除可能存在的因不同利益诉求而产生的专家意见偏差；二是遴选出的专家要能覆盖重大工程决策涉及的所有专业领域，形成跨专业、跨领域的知识和经验的集成，全面保证重大工程决策涉及的环境、社会、人文、经济等领域的信息需求。规模性原则主要指的是专家数量的确定和限制，既要考虑增加专家数量可能导致工作量的增加和意见的分歧，也要考虑专家数量过多可能产生的知识经验的冗余。另外，不可忽视专家反馈机制和声誉评价体系的构建，通过建立相应的专家数据库，将遴选出的专家以前参与或从事过的项目成果通过反馈机制及时记录，帮助筛选出具有战略眼光、工程效果良好的专家群。

构建重大工程决策专家咨询与遴选制度，首要任务是推动政府在国家层面进行立法，对专家遴选制度加以规范。专家咨询与遴选是重大工程决策过程中的必要程序，属于行政程序的范畴，应逐步建立中央政府层面和地方政府层面相互结合的重大工程决策专家咨询与遴选制度的法律体系，理顺当前混乱的相关制度规定，为重大工程决策治理提供更加合理、科学的法律保障。其次，重大工程决策专家的遴选大多由某个或某些政府部门全权负责，这就可能导致遴选过程不透明、不公正、不公开，从而影响重大工程决策公权力的最优配置和制衡，进而影响重大工程决策效果，因此，专家的遴选过程应该在法律规定的范围内保持公正，且向社会公开，接受公众监督，更重要的是合理确定遴选人数和专家组成结构，以帮助重大工程多主体决策群科学、合理地进行综合判断。进一步来讲，构建完善的重大工程决策专家咨询和遴选制度应该注意遴选专家的多元化和多样性，即合理地选取来自不同组织、不同领域的专家，以保证重大工程决策的民主性和科学性。一方面多元化的专家来源具有潜在的竞争性，可提升重大工程决策的科学性；另一方面多元化的专家来源在一定程度上能降低某个或某些政府部门对重大工程决策结论的干预，可提升重大工程决策的民主性。

在此基础上，考虑重大工程决策专家咨询与遴选制度的合理性和可行性，应该明确专家论证的范围和方式，并构建重大工程决策专家责任机制。重大工程决策专家应该在一定的范围内提供咨询意见和建议，如环境保护、征地拆迁、项目选址、生态建设等方面的建议，并且专家咨询的方式应该是多样化的，如集体讨论、小组讨论或个人建议等，根据不同决策问题的复杂程度和重要性来决定相应的专家数量和建议方式。进一步地，需要在政府层面构建重大工程决策专家责任机制。只有建立了合理、长效的责任机制，才能真正发挥专家的作用，从而促进重大工程决策的科学化与民主化。这就要求政府或相关行业协会能够建立长效反馈机制，明确专家承担责任的类型、方式及追究责任的主要程序等。

3. 决策治理负面清单

重大工程决策治理负面清单是针对重大工程所有相关利益者的一种禁止制度，是对重大工程决策公权力的有效配置和制衡，是我国重大工程决策治理体系现代化的必然要求，也是我国重大工程治理能力重要的衡量标准之一。

重大工程决策治理负面清单制度的原则为非禁即入（邱成梁，2017；张佳欣和孔祥政，2017；毛家义等，2017）。所谓非禁即入指的是负面清单只列出消极的准入条件（邱成梁，2017；张佳欣和孔祥政，2017），从而使得重大工程相关决策主体能够得到充分的授权，进而能够高效完成决策工作。重大工程决策治理负面清单制度不仅是微观上的社会资源配置制度构建，而且是宏观层面的重大工程公权力制衡。负面清单的建立能够有效塑造新时代的政府公信力，能够有效维护政府形象、政府权威及政府权力运行，是保证重大工程决策主体公权力规范行使的关键；进一步来说，负面清单的建立能够成为重大工程决策治理的合法性、合规性依据，并且能够为重大工程市场信用体系的建立提供根据与基础。另外，重大工程决策治理负面清单的核心在于公权力的制衡，传统意义上防止公权力异化的方式已经难以满足现代社会的发展和要求，制度创新和整合才是符合社会发展需求的防治公权力异化的有效手段，而重大工程决策治理负面清单制度就是这样一种有效的制度创新。通过决策治理负面清单中的公权力异化风险点，有针对性地、高效地实施重点监控和问责，使得对公权力异化行为的惩罚更有依据，从而保证重大工程决策治理的有效性和针对性。

重大工程决策治理负面清单制度能够有效提升我国重大工程决策治理能力与现代化水平（李拓，2014；邱成梁，2017；张佳欣和孔祥政，2017；毛家义等，2017）。重大工程决策治理负面清单制度的建立能够有效划分重大工程决策多主体之间的公权力界限，从而提高重大工程决策治理的规范性、民主性和科学化水平。重大工程决策公权力界限的明确有助于更好地保障公众权益，形成稳定的权力结构，从而有助于实现依法决策，并进一步地发挥重大工程决策的“政府—市场”二元作用，推动社会主义新时代重大工程治理机制的完善。更重要的是，决策治理负面清单制度能够有效降解决策个体的非理性复杂因素，是重大工程多主体决策共治制度的进一步补充和完善。

因此，重大工程决策治理负面清单制度的构建可以从政府、业主、专家等多个角度出发，在重大工程复杂性本质属性的基础上进行展开，是一个复杂的清单体系。从权限范围来看，重大工程决策治理负面清单制度可以分为政府清单和非政府清单，政府清单与非政府清单的划分是新时代下政府在重大工程决策治理职能上的变革与创新，能够更好地界定政府与重大工程其他决策群体的利益平衡，有助于在保证政府决策权威的同时，提高非政府决策主体的积极性，从而在整体层面提升重大工程决策治理的科学性、合理性和民主性。从权限内容上看，重大工程决策治理负面清单制度可以分为权力责任清单、负面禁止清单及公共服务清单三类。权力责任清单涉及重大工程决策治理中的公权力授权和相应的职责，权责一致是权力责任清单的根本原则，通过合理授权、严格控权、明确边界和收窄自由裁量权空间来逐步完善权力责任清单；负面禁止清单则涉及重大工程决策公权力运用的底线和原则，列举出重大工程决策主体禁止的行为或事项，明确地划分了各相关决策主体的权力界限；而公共服务清单则是重大工程决策治理的社会责任的体现和根本目标，如环境保护、职业健康等，公共服务清单旨在保障社会公众的根本权益不受侵害，是对权力责任清单和负面禁止清单的补充与深化。

此外，重大工程决策治理负面清单制度作为重大工程决策治理的一种制度创新，在实施过程中还应该注重监督和反馈，即清单制度的审查、公开和评价（傅振邦和王绪波，2008；贺树琴，2015；邱成梁，2017）。清单制度的审查主要是指在合法、合理的原则下对公权力配置的核查与监督；清单制度的公开是重大工程决策治理科学民主的先决条件，主要是指通过多样化的渠道将决策相关信息进行公开，其本质是对重大工程决策公权力授权和运用的约束，只要不涉及国家机密都应当及时、强制公开，在此基础上，结合现代信息技术打造重大工程信息共享平台，与重大工程信用体系、重大工程社会责任体系协同促进重大工程决策治理能力的提升；清单制度的评价在于清单制度实施后的评价与反馈，从社会层面、政府层面、工程行业层面对清单制度实施效果进行反馈和完善。

4. 多元决策主体协同共治

重大工程投资巨大、复杂性高，且社会影响广泛，一旦决策失误或不当，就会影响众多的相关利益群体，甚至造成巨大的社会资源的浪费。例如，不当决策造成设计条件变更，从而导致设计施工过程中的反复修改，如上海世博园样板工程，因为前期决策中忽视了详尽的可行性研究而导致高架步道上1000平方米的再生木材料安装后再拆建的浪费（涂慧君，2017）。另外，重大工程复杂性表现的一个方面在于众多的相关参建单位，当不同利益相关主体的众多诉求出现矛盾时，单一的决策主体难以协调众多的个体差异而进行科学决策。

因此，我们认为重大工程多主体决策共治制度能够有效应对重大工程决策复杂性，从而保证重大工程决策的科学、公平、合理。首先，多主体决策共治能够聚集重大工程相关领域的知识与信息，通过有效知识和信息的整合来整体应对重大工程决策遇到的各类复杂问题，因为重大工程决策问题层次复杂、信息量巨大，单个主体的经验和知识难以应对所有决策问题（麻宝斌和段易含，2013；涂慧君，2017；周轩伟，2004）。只有综合集成不同知识领域的群体参与才能兼顾各方面诉求，协调各方面利益，解决各方面冲突，从而保证重大工程决策的科学、公平、合理。

在重大工程多主体决策共治制度中，根据决策事项的基本属性，划分不同层次，相应的决策群主体完成相应的决策共治，并承担相应的责任。具体来讲，重大工程多主体决策群应该包含以政府为主导的各级政府部门、业主单位、专家群体及相应的社会组织等，特别地，还应该包含以往工程的参建者、运营者，即以政府为核心构成重大工程决策群主体，进行科学、合理的决策。

4.3　重大工程决策治理体系现代化

有关现代化的研究起源于 18 世纪，其本意是指国家或社会从农业化向工业化的转变及过程，涉及人类生活的方方面面。例如，技术的进步、城市化和工业化的发展、教育的普及和水平的提高、横向和纵向社会流动机会的增加，还有民主政治参与的扩大等（陈祥生，2003；林被甸和董正华，2003；欧阳康，2003；周毅，2003）。不同学科背景下的学者从不同的角度对现代化进行研究，因而出现了政治现代化、经济现代化、社会现代化及治理现代化等不同的研究领域（陈彦超等，2015；吴结兵和沈台凤，2015；黄其松和杨志军，2015；李拓，2014；王连伟，2015；徐敏宁等，2014）。值得注意的是，现代化的判别应避免价值判断的误区（薛澜，2014；薛澜和李宇环，2014；薛澜等，2015），既不能盲从西方的现代化理论和发展路径，也不能完全抛弃自身的特色，而应在自身特色与西方经验的权衡之下，仔细甄别并吸收适合自身发展的现代化要素来完成现代化的探索，这同时也正是重大工程决策治理体系现代化的内在要求。

重大工程决策治理体系，从本质上说，是在“政府—市场”二元作用下的关于重大工程决策治理诸多问题的制度集成，是政府、公众、市场之间协同合作的产物，其权力构成是多维的、多元的，并不是单一的和自上而下的。因此，重大工程决策治理体系应包含以下现代化元素。

（1）多元意识。多元意识主要是指价值观多元与组织主体多元两个方面。所谓价值观多元体现在对理性的追求，而不是对权威的崇拜，即重大工程决策事项的科学、合理并不取决于某一个人或某一个组织做出的决策，而在于决策本身是否科学、合理，这从根本上要求所有决策参与者充分认识到自身的优势与缺陷，理解并接受他人的意见和建议，从而相对客观地提供决策意见；组织主体多元是指治理主体、自主主体和一般主体并存的结构，其对重大工程决策治理体系公平、公正、合理运行具有促进作用。

（2）公众参与。公众参与的根本目的是保证重大工程决策相关公权力的行使受到监督，公众的参与能够有效促进公权力合法、合规地行使。只有保证公众的参与，才能从不同渠道听取各方面的意见，才能在集体监督下保证决策行为的科学性和合理性。公众参与是对重大工程公权力配置和制衡的补充与完善。重大工程的成功与否很大程度上与有没有建立公众参与体系有很大的关系。在现如今的“互联网+”时代，更应该利用互联网这一方便、高效、快捷、及时、透明的工具来搭建公众参与平台，打造全方位、多角度的公众参与体系。

（3）法治精神。法治精神是重大工程决策治理体系现代化的核心元素，治理权力、治理手段、治理途径、治理规则、治理机制等决策治理的所有内容都要有据可依，这样才能真正保证决策治理有序、高效。

因此，要实现重大工程决策治理体系现代化，既要从组织构成上理顺权责关系、优化组织结构、完善运行机制，使得决策权、执行权和监督权进行有机融合，从而进一步明确权力、责任，完善负面清单制度，保证不同层级的组织之间的职权避免出现差异或重复，进而保证重大工程决策资源的配置与优化。同时，要厘清治理主体、自主主体和一般主体相互之间的关系，将分散的决策治理资源形成权力相对集中的多元协同结构，在政府的主导下协调各方关系，实现以重大工程决策目标为共同目标的共治环境，而且要从方法上因地制宜，灵活运用综合集成方法子系统来分类不同的复杂性问题，针对不同的问题采取不同的方法来有效应对和降解复杂性，进而解决复杂性问题。

综上所述，重大工程决策治理体系现代化就是指在综合集成思想指导下形成对重大工程决策治理体系的复杂性认知，并在系统性、统筹性和科学性原则下构建包括阶梯组织、战略资源、多维制度及综合集成方法的子系统与包括决策公权力异化防范、专家评审形式化防范、决策治理负面清单及多元决策主体协同共治等在内的关键技术系统，有效整合、配置、协调系统资源，支撑重大工程决策治理的进行，最终实现重大工程决策治理依法、合规、有序、高效。

4.4 本章小结

本章在综合集成思想指导下，以重大工程决策治理体系为主体，针对其复杂性的特点，以提高其治理能力为目的展开了理论研究。本章首先从重大工程决策治理体系的定义出发，界定其范围，明确其基本要素；其次针对不同的系统设计给出了其理论上的设计范式和关键技术；最后表明其从现代化出发的演变过程和趋势。

第 5 章　重大工程决策治理能力现代化

重大工程决策治理体系是与重大工程决策治理内容紧密相关的所有主体、资源、机制，以及各种正式、非正式的制度关系的综合集成，其本质是一整套密切相关、相互协同的治理制度，包括权力、手段、途径、规则、机制等与重大工程决策事项相关的一系列制度安排，是一个人造复杂系统。

重大工程决策治理能力则是指治理主体在运用重大工程决策治理体系处理决策过程中各方面事务的能力。重大工程决策治理体系与重大工程决策治理能力是一个有机整体，相互作用，相辅相成，好的治理体系能有效提升治理能力，只有提高了治理能力才能更好地发挥治理体系的作用。

5.1　重大工程决策治理能力及治理能力现代化

5.1.1　治理能力

重大工程的决策问题涉及政治、经济、文化和环境保护等领域，技术性和专业性极强，政府、相关部门和社会机构任何一方都无法独立解决，因此形成了由这三方构成的多层次委托代理的重大工程决策模式。多元化的决策主体使得重大工程决策主体除了政府这一核心决策主体外，还包括相关主管部门、投资主体、重要建设与施工单位、供应商及其他利益相关者，那么作为核心决策主体的政府的治理能力便成为重大工程决策治理能力建设最关键的部分。

在重大工程领域，政府等主体的决策能力可以被理解为：工程决策主体依据决策制度和程序，整合包含行政、经济、技术、法制、契约和文化在内的一系列决策资源，并充分发挥资源配置的效度进行决策，从而使决策主体的决策功能与工程建设目标得以实现。相应地，可以将决策治理能力看作重大工程决策各利益相关者为了完成上述各项治理活动所必需的设计决策制度及制度执行能力。具体而言，重大工程决策治理能力具有以下四个特征。

（1）工具性。霍布斯（1985）描述权力的工具性为："一个人为取得未来具体利益的现有手段。"同理，可以将决策治理能力理解为决策治理主体为实现未来目标的现有手段。治理目标是通过重大工程决策治理能力体系中各种能力的配置和运用来实现的。因此，决策治理能力可以理解为决策主体为完成重大工程决策治理活动而使用的工具，这体现了重大工程决策治理能力的工具性。

（2）公共性。决策治理能力的公共性特征是由重大工程自身属性决定的。重大工程是承载着社会与广大公众利益的公共品，它是集中代表社会公众需求与利益的载体。这体现了决策治理能力所具有维护社会共同利益的属性，即公共属性。

（3）稳定性。决策主体所具有的决策治理能力，即设计决策治理制度体系的能力和执行治理制度的能力，是履行职能与完成治理项目的重要条件，在一段时间内具有相对的稳定性。

（4）变迁性。随着时间和外在条件的变化，决策治理主体所面临的治理问题不断变化，问题难度也会不断增加，决策治理主体只有不断调整治理制度才能更好实现决策治理目标。另外，在制度执行能力上，伴随着决策主体的自学习及对治理制度的熟悉，决策主体的执行力是不断提升的。因此，决策治理能力的另一个显著特征就是变迁性。

为了更加全面、深入地了解决策治理能力，我们必须对决策治理能力的建构进行解析。基于决策治理能力与制度的相关关系，本小节认为可以从以下四个方面对决策治理能力进行分解。

1）治理制度生成能力

治理制度生成能力是构成决策治理能力的基础，是确保决策治理能力其他构成方面能够存在的前提。党的十八届四中全会提出要"健全依法决策机制。把公众参与、专家论证、风险评估、合法性审查、集体讨论决定确定为重大行政决策法定程序，确保决策制度科学、程序正当、过程公开、责任明确。建立行政机关内部重大决策合法性审查机制，未经合法性审查或经审查不合法的，不得提交讨论"[①]。由此可以看出，治理离不开法治，而决策主体的制度生成能力可以为决策

① 《中共中央关于全面推进依法治国若干重大问题的决定》[EB/OL]，http://www.gov.cn/zhengce/2014-10/28/content_2771946.htm [2018-12-20]。

治理提供依据。

2）治理制度的高效执行力

设计完善的治理制度体系依然需要有效的执行力来保证治理效果，因此，作为决策治理能力的客观表现，决策主体的制度执行能力也很重要。具体而言，制度执行能力指的是决策治理主体在特定的决策环境中有效落实规章制度的能力。制度的执行能力是决策治理能力的根本，由于构成决策治理能力的所有方面最终都要落实在制度的执行之上，所以制度执行能力是决策治理能力的决定要素。

3）治理制度的柔性管理

治理制度的柔性管理主要是指“在面临决策目标和决策环境变化形成压力的条件下，通过各种较为温和的制度手段或制度形式，主动地推动决策方式和决策流程的变迁以完成决策目标和应对外部挑战的制度化能力”（魏治勋，2014）。重大工程决策的复杂性使得其决策环境具有动态性和开放性，随着工程立项论证与建设的逐渐深入，决策问题将更加复杂，决策治理涉及面也愈加广泛（王茜和程书萍，2009）。在这种情况下，治理制度的柔性管理可以帮助决策主体实现决策的科学化。

4）治理制度的学习与创新

制度的学习是指借鉴其他工程决策治理的有效制度。创新是在制度学习的基础上，结合具体工程或者组织的实际情况，建立起具有独特适应性的制度。学习和创新是相辅相成的。制度学习不是指对其他工程决策治理制度的单纯模仿，而是基于制度逻辑和制度制定方法上的创新，将学习能力转化为制度创新能力可为治理活动提供有效的制度供给。

5.1.2　治理能力现代化

随着社会经济发展，科学技术不断进步，重大工程决策治理问题的很多方面都发生了巨大的变化，其中对决策治理能力的要求变化最为明显。过去很多工程决策治理多采取传统的治理方法——经验决策，即决策治理主体根据个人或组织的知识、能力和经验等个人素质做出决策的一种决策治理方法，也是最普遍的决策治理方法。社会的发展使得国家对重大基础设施的需求越来越大，而重大工程规模大、影响因素多、涉及层面广、施工环境复杂、工程建设技术难度大，仅凭决策治理主体的经验、悟性和智慧远远不够，传统的治理能力由于其自身的局限性已经无法解决新时期的决策问题，因此重大工程决策治理具有强烈的现代化需求。

1. 决策治理复杂性

由于工程环境、工程技术和工程规模等方面的特征性与难度，重大工程决策治理除具有一定意义的难度外，还有其他不同层次和角度上的难度，主要体现在：①重大工程的高度复杂性提高了相关决策治理问题的复杂性；②重大工程决策的环境复杂性提高了决策治理过程的复杂性；③治理主体缺乏对决策治理复杂性的驾驭能力。随着我国重大工程的建设规模、环境和技术复杂性不断提高，重大工程决策治理也越来越复杂。由于重大工程决策治理问题自身的客观复杂性及决策治理体制和机制存在的问题，我国重大工程决策治理失误和决策治理质量低下的现象比较突出，事实证明，一旦决策治理失误或决策治理方案失效，不仅对重大工程自身，而且对与工程密切相关的社会、经济、自然环境将造成巨大危害，因此，推进重大工程决策治理能力现代化特别关键。

2. 多主体参与意识

重大工程决策治理的利益相关者除了政府之外，一般还包括业主、规划、设计、监理、科研、咨询单位及承包商、供应商等其他职能部门。这一主体群一方面极大地增强了工程管理资源的整合能力，同时也不可避免地形成了多元价值观和多元利益并存的格局。政府在重大工程决策治理中代表了社会与公众的价值取向，而市场经济体制下的承包商与供应商不仅有着各自的利益诉求，彼此还会有许多错综复杂的矛盾，甚至会出现尖锐的冲突和各种异化行为。化解彼此矛盾、实现利益共赢，这些都需要决策主体具有一个宽容的态度，尊重各方利益诉求。

3. 公众参与

在重大工程决策治理公众参与制度的研究中，政策因素具有较为显著的推动作用。2004 年的《全面推进依法行政实施纲要》、2010 年的《国务院关于加强法治政府建设的意见》和 2014 年的《中共中央关于全面推进依法治国若干重大问题的决定》中，都指明了公众参与在重大行政决策中的重要地位。同时，近年来，在重大工程决策实践中为了响应这些政策性规定，决策者把公众参与作为重大决策的必经程序之一。同时为了保证经济社会发展和人民群众切身利益，还建立了行政决策风险评估机制，事先对重大建设项目进行合法性、合理性、可行性和可控性评估（谢晶，2016）。

由此我们可以认为，重大工程决策治理能力现代化是通过决策制度体系的构建、完善和运作及决策主体能力的提升，使制度法制化和高效化、多主体共治、复杂性降解、公众参与等理念成为重大决策过程中决策主体的行为现实与执行效能。

5.2　重大工程决策治理主体能力现代化的基本结构和形态

政府作为重大工程决策的核心治理主体，面对主体多元、手段多样、机制复杂的重大工程决策治理，在治理能力现代化进程中依然存在很多的不足，可以概括为以下几点。

（1）决策行为异化。政府是重大工程的决策主体，但是政府的职能最终需要通过个体行使权力得以实现，各部门的运作也是由个体进行的，可以说，重大工程的决策问题实际上由政府或政府职能部门内的工作人员（政府代表）决定，最终由个体代表政府去行使其职能。在这一转化过程中，可能会因为公权力集中和信息垄断而出现行为异化、合谋等机会主义行为，进一步导致市场混乱、侵害工程及社会公众利益等一系列问题的发生。部分政府部门工作人员既有社会人的一面，也有经济人的一面，他们为追求自身利益最大化，可能借助行政权力来达到获取经济利益的目的，由此产生的利益冲突最终会导致行为异化。由于重大工程决策主体构成复杂、利益各方关联性大、隐蔽性强、决策有效周期长，这也为决策行为异化创造了潜在条件。

（2）主体能力不足。在决策治理过程中，治理主体拥有的解决问题资源的数量并不代表主体能力，主体能力在于构建制度和平台来整合资源与综合协调的水平。任何一个新的重大工程建设，都会因为自然环境、社会环境及技术需求的新情况和新要求，而与决策治理主体过去承担的工程不一样，一般都会有新的内涵与外延，并形成许多新的挑战。因此，工程管理主体出现决策能力不足是正常的，是可以理解的。其实，从决策治理的本质出发，对决策主体而言具备所有的决策治理资源是不可能的，但是具有整合和提升所需资源的能力是十分必要的。例如，在港珠澳大桥的决策实践中，政府无法解决大桥桥位及着陆点的决策问题，聘请了研究论证单位和国内外知名专家协助，国家发展和改革委员会和中央政府各有关部委在决策的最终阶段也进行了协助。

（3）制度执行力不足。制度的生命力在于执行。在决策治理中，时常会出现决策治理主体的制度执行力不足的情况，具体表现在四个方面：制度意识淡薄；制度影响力逐级削弱；制度执行效力不能始终一贯；制度权威性无法保障。

决策治理能力现代化是提高重大工程决策治理水平的手段，而这种能力的建设由于决策治理主体本身的特点变得更加艰巨、复杂，甚至可以说是一项复杂的系统工程，需要准确把握其基本结构和形态。

5.2.1　把握决策战略机遇期，把握能力精准化

重大工程是为了解决国家或地区发展过程中某一领域的重大制约性问题或前瞻性突破而提出的具有里程碑意义的工程项目（卢广彦，2011）。对于某一时期的国家或地区发展具有重要意义，往往是中央政府或地方政府所制订的有关经济、科技、军事等中长期发展计划的重要组成部分，充分体现了国家经济社会发展的战略意志（卢广彦，2011）。这表明，国家的社会经济发展环境、政治环境、与工程建设相关的产业环境及工程技术发展态势等都将成为工程决策变量，它们对工程决策复杂性的影响也日益增加，决策主体在决策过程中都会对环境的变化进行不断思量。一般性决策问题受环境的变化影响比较有限，只要对决策方案进行适当的调整就可以使方案顺应环境的变化，但重大工程决策问题多是战略层面的决策问题，一些重要的工程环境因素的变化将对工程建设产生巨大而深刻的影响，面对这种情况，仅对决策方案进行局部修改或调整往往是不够的，更需要决策主体充分利用环境的变化，把握有利于实现决策目标的机遇，因势利导，形成有利于决策的环境（盛昭瀚等，2009a）。

港珠澳大桥成功立项就是一个典型的把握时机、因势利导完成工程立项决策的例子，其立项决策过程如图 5.1 所示。港珠澳大桥缘起于伶仃洋大桥项目。1983 年，在香港和珠海之间兴建跨境跨海大桥的方案是香港商人胡应湘的大胆想法，而由于当时正值中英双方关于解决香港问题进行艰苦的谈判，这一方案并未受到重视。1987 年，珠海市委和市政府开始重视胡应湘所提出的跨海大桥方案。1989 年，珠海正式对外公布拟建伶仃洋大桥项目，工程的预可行性研究在 1992 年完成，工程可行性研究在 1993 年完成。紧接着，珠海主动与香港沟通，于 1996 年正式向国家计划委员会申请立项。然而，这一立项决定并没有得到当时的港英政府的重视，其所聘请的顾问公司也并不看好这个项目，给出了“建议政府 20 年以后再考虑此事”的建议。但是伶仃洋大桥项目却在香港回归不久后，获得了国务院的批准。

2002 年年初，胡应湘先生提出的修建港珠澳跨海大桥的建议再一次被提交给香港特区政府。在国家大力提倡改革发展的政策下，跨海大桥的再次提出，得到中央政府与香港、澳门特别行政区政府及有关部门的高度重视和认可。时任国务院总理的朱镕基在 2002 年 11 月访港之际，明确表示中央政府对兴建港珠澳

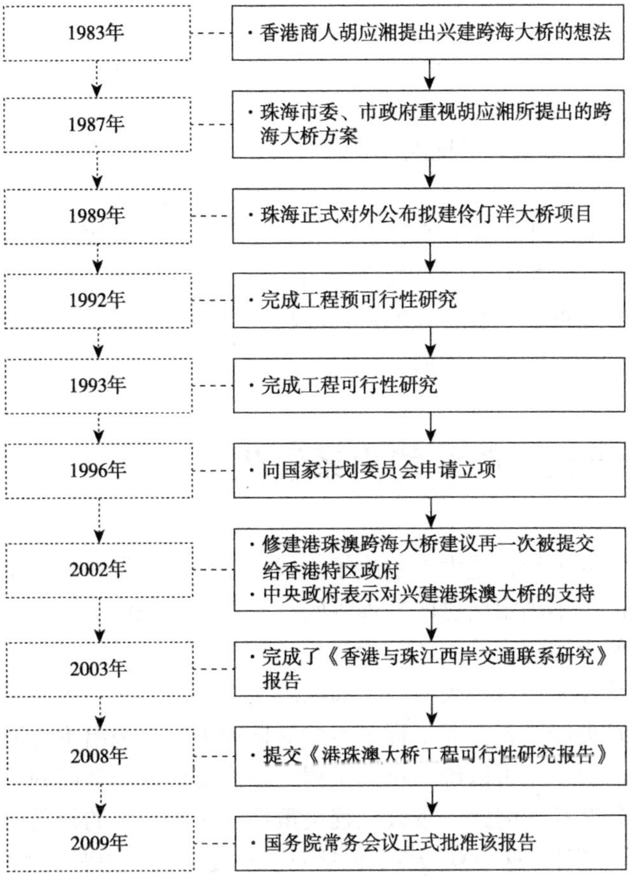

图 5.1 港珠澳大桥立项决策过程

大桥的支持。国家发展和改革委员会综合运输研究所受香港特别行政区与国家发展和改革委员会共同委托，承担起对港珠澳大桥工程进行宏观经济评价的工作，并于 2003 年 7 月完成了《香港与珠江西岸交通联系研究》报告。此后，中央政府关于促进内地与港、澳地区交流与合作等多项措施的出台，更是大大加快了港珠澳大桥立项决策的进程。这一时期，国务院正式批准珠海、香港、澳门三地联合开展港珠澳大桥前期工作，这可以认为是港珠澳大桥工程的国家宏观规划阶段，这一阶段对项目的宏观政治、经济、社会等宏观效益进行综合评价，对港珠澳大桥的重要性、必要性得出结论，并确定是否有必要对该项目开展前期工程可行性研究。在该阶段，以珠海、香港为主联合开展港珠澳大桥前期工作，历经 20 年辗转反复，在三地政府及各部门的推动下，特别是在中央政府的大力支持下，港珠澳大桥工程建设终于取得了实质性的进展。特别是，随着中央政府关于促进内地与港、澳地区交流与合作等多项措施的出台，港珠澳大桥工程建设更进入了难得的战略机遇期。2008 年 12 月，《港珠澳大桥工程可行性研究报告》正式提交，2009 年 10 月国务院常务会议正式批准该报告，期间由广东省上报国家发展和改革委员会、国务院港澳事务办公室、交通运输部批复，最终经国务院常务会议批准。

不难看出，在这一立项过程中，港珠澳大桥立项决策依据不仅是由工程的交通需求决定的，更是由国家社会、经济发展的综合需求决定的，但这一需求不是一成不变的，而是随着国内外宏观政治、经济形势的变化而变化，唯有审时度势，以机会为导向，把握住工程建设的最佳环境，既不操之过急，也不延误时机，才能把握大型工程决策的战略机遇。

5.2.2　复杂性降解能力系统化

对比一般工程决策，重大工程决策不仅需要解决决策目标的统筹、决策方案优劣的理解、决策不确定信息的处理等问题，而且要关注决策主体利益诉求与行动的社会性，努力构建决策主体行为异化的防范体系，以保证重大工程决策过程的合法性和规范性，并且重大工程在前期决策中就已对一些大问题做了整体性的规定，决策一旦失误，就会在工程全生命周期内不断显现出不可逆的严重现象，造成极其严重的后果。可以说，重大工程是一个复杂性非常高的工程系统，它的本质特征正是复杂性。因此，重大工程决策治理实践行为的精髓就是研究和实践如何认识、分析与驾驭这一复杂性，包括对各种复杂性现象和类型的提取与分类、在尊重工程及工程管理客观复杂性的基础上，对客观复杂性采取降解的行为原则与操作准则等。对重大工程的决策者来说，拥有复杂性降解的能力是决策治理能力现代化最重要的一个方面。复杂性降解的能力可以从两个角度阐述，即降低复杂性的能力和分解复杂性的能力。降低复杂性的能力主要是指提高主体决策治理能力。例如，通过决策治理主体的自主学习来提高自身分析与驾驭复杂性的能力。以港珠澳大桥为例，其主体工程为岛隧工程，该工程段包括两个海中人工岛、6.8 千米长的海底隧道及 654 米的桥梁，全长约 7.4 千米，造价约 130 亿元。该工程位于水深且海底地质复杂地段，技术标准高，施工难度大，人工岛处水深 10 米、软基深厚、海底隧道管节对接防漏难，施工环境面临与白海豚保护及航线密集等冲突，施工中的临时干坞、超长管节运输沉放等环节风险高。所有上述复杂施工要素，需要在工程管理决策时尽量考虑有利于进行界面控制、造价控制和协同管理的模式，以有效降解建设管理的复杂性，因此港珠澳大桥着眼于跨境集群、工期、质量、造价、界面等方面的控制，选择了设计施工总承包模式，以有效应对港珠澳大桥主体岛隧工程建设管理中的复杂问题。

分解复杂性的能力是指决策治理主体需要在固有的整体复杂性的基础上对复杂性进行划分，从而降低原有复杂性的能力。港珠澳大桥桥位和着陆点决策问题的复杂性主要是由决策主体之间的利益冲突、自然环境和生态环境的复杂多变及决策问题相互关联造成的。

（1）港珠澳大桥的建设会对粤、港、澳三地的城市规划、交通网络布局等方面产生直接影响，因此三地政府均立足于各自立场对着陆点及线位走向提出种种意见，不可避免地存在着地方利益之间，以及地方利益与整体利益之间的矛盾及冲突。

（2）港珠澳大桥桥位方案的制定与选择只有建立在掌握港珠澳大桥所处气象、水文、河势、地震、生态环境等基本资料的基础上，才能降低风险，保证桥位决策方案与建设条件相适应。但实际上，由于人们在自然环境的复杂性、自然环境对大桥工程建设的影响及大桥工程建设对生态环境影响等方面的认识十分有限，许多相关问题仍处于未知状态。

（3）港珠澳大桥桥区锚地分布多，桥位所处位置可能穿越珠江口中华白海豚国家自然保护区，因此在桥位方案制定的同时，还需要妥善处理好大桥与锚地的关系及白海豚保护问题。

（4）大桥桥位及着陆点决策问题本身还存在着相互迭代与相互关联的问题。这一点体现在确定着陆点时，需要考虑桥位走线在建设施工自然条件、技术能力等方面的可行性；着陆点的决策结果是桥位走线决策问题的前提，可以为桥位走线的选择提供参考基础；桥位走线的决策结果反过来又会制约着陆点的选择。

针对港珠澳大桥桥位及着落点决策复杂性的问题和可能遇到的挑战，港珠澳大桥前期工作协调小组采用同步异步相结合的决策方法完成了对复杂性问题的分解。同时，港珠澳大桥前期工作协调小组还采用系统论证、专家评审与三地政府决策相互推进的技术路线来实现决策的科学化、民主化。

5.2.3　资源调控能力统筹化

在解决治理问题过程中，需要涉及多个行业、多个专业、多门技术，还需要跨地区整合资源、处理诸多复杂的矛盾。对于重大工程的决策治理而言，需要充分运用各种必要的工具、技术和方法，汇集各种信息、数据和资料，融会各方面的专家经验、知识和智慧，有效地实现决策治理中重要资源的整合和配置。

从表面上看，重大工程建设中的关键技术突破，似乎只是技术创新范畴的事，但由于技术本身即为资源整合，技术创新自然需要资源整合的环境和机制。在这一过程中，决策治理主体是社会与公众的代理人，他们在技术—管理综合创新中应该具有比其他主体更强的整合和配置资源的能力，同时，他们应当在更高层面上发挥主导性作用。港珠澳大桥钢梁工业化制造的高度自动化、智能化，均通过引进、消化、吸收、再创造及自主创新等全方位创新路径来实现，即通过全球资源整合为钢梁工业化制造提供先进的技术保证，其中包括从国外引进先进的衔接机器人系统与数字化焊接设备；自主研制板单元焊接专用机床；研发新的检测技术与组装定位技术；在引进吸收与自主研发的基础上，形成具有自主创新成分的国际领先技术等。

5.2.4　治理体系构建能力科学化

决策治理体系是由法人治理结构和一系列体制与机制构成，法人治理结构是指法人组织为达到治理的目的而形成的组织架构，体制是相对稳定的制度并决定着治理体系的性质与发展方向，而机制是决策治理体系中比较灵活的辅助性制度。

工程组织存在所有权和控制权分离的情况，这使得组织运行中出现了委托代理关系。在委托代理中，双方存在信息不对称、合约不完全、利益诉求不一致等情况，因此，需要建立既可以保护委托人利益又可以对代理人有效约束和激励的机制。因此，治理结构设计的重点是解决决策权、管理权和监督权的“三权”分配问题。

目前，我国重大工程决策治理体系的制度化缺乏协调各层级治理体系的顶层设计。上传下达机制一定程度上使得整体系统的协调配合能力减弱，治理的整体效力得不到充分发挥。此外，我国要进一步提高各层级具体体系的制度化水平，在重大工程决策治理实践中，治理问题会随着工程实践的深入而不断变化，新情况也会层出不穷，这要求，决策治理体制不能是一成不变的，应该进行周期性的改革和调整。决策治理机制应随着新问题、新情况的出现而不断调试，这样不仅可以促进治理问题的解决，提高决策治理体系的科学化水平，而且能为治理能力现代化打下坚实的基础。

5.2.5　制度执行能力法制化

从某种意义上来说，决策治理的现代化，其实质就是决策法治的现代化。一方面，重大工程决策治理法治体系建设是消解潜在的多主体之间的矛盾、解决行政效率问题的基本手段，是科学决策的根本保证，也是决策治理现代化的基本内容。另一方面，人治是不稳定的。决策治理主体间往往有信息不对称现象，严重时会出现信息垄断的现象，另外，公权力异化是一大突出问题。重大决策治理主体是由多利益主体构成的多级委托代理网络，因此，如果没有恰当的决策机制保障，决策主体可能会出现短期机会主义行为、合谋行为、利益寻租行为等异化行为。从本质上来说，这些问题出现的主要原因是决策治理体制的法制化水平较低，从而使得这些掌握大权的主体减少了制度的约束。此外，治理主体的法制化意识淡薄，在治理过程中没有严格按照法律法规进行决策治理，使得治理过程与法制化理念出现了脱节。除了加强法制化建设之外，针对主体间的信息不对称现象，需要结合信息科学、复杂系统理论等学科的思想和方法，通过借鉴公共选择理论、引入市场化竞争机制等多个层面构建信息透明化的激励监督保障体系。另外，针对不同类型的公权力自由度空间进行认知和探索，结合制度伦理学等研究相关制度建设与路径选择，通过优化委托–代理行为、增加权力异化的交易成本、完善对公权力异化的约束与监督制度。

在重大工程决策治理过程中存在着许多问题，一是决策主体行政性、经验性、专业性的发挥；二是治理过程中的信息相对封闭；三是缺少公开性的社会监督和问责机制。因此，在加强法制建设的同时还应当重视权力运行监督体系的建设。孟德斯鸠指出：“一切有权的人都容易滥用权力，有权的人使用权力一直遇到有界限才休止。”这表明，不受制约的权力是可怕的。既然权力的滥用是可怕的，我们就必须对这一可能出现的情况进行防范，抑制其可能出现的恶果。首先要落实体制内监督，即充分利用承包商与分包商、政府与项目公司之间的监督与制约关系；其次，还需要健全民众监督机制，拓宽民众参与重大工程的决策治理途径；最后，要充分发挥媒体监督的作用，保障新闻传播自由。在社会系统中，治理主体、企业和民众履行各自职责，并实现相互制约。只有这样，才能提高重大工程决策治理能力，推动重大工程决策治理体系发展及治理能力现代化的建设。

5.3　重大工程决策治理能力现代化基本路径

5.3.1　现代化治理制度设计

从一般意义上说，现代化制度具有合法性、有效性、开放性、包容性、调适性等基本特征（包心鉴，2014）。现代化决策治理制度是基于制度保障的重大工程决策治理体系同我国基础设施建设实践相结合的产物，因而具有一般先进制度的特征，同时还具有自己特有的本质属性和特征，主要表现在以下几方面。

1. 平等性

随着社会主义市场经济体制的建立和完善，我国的治理制度体系不断发展（图 5.2），从计划经济时期的命令–控制模式，到转型时期的委托–代理模式，再到新常态时期的契约治理模式，都体现了政府驾驭市场经济能力的增强。近年来，PPP 模式的推广从根源上改变了政府与市场的关系，使政府与市场之间演化出更加健康的互动关系。在 PPP 模式中，政府与市场以契约模式来保证二者之间平等互利关系的存在。这样，双方可以基于自身利益的最大化进行平等协商决策，这显然是一种新型的决策治理制度。

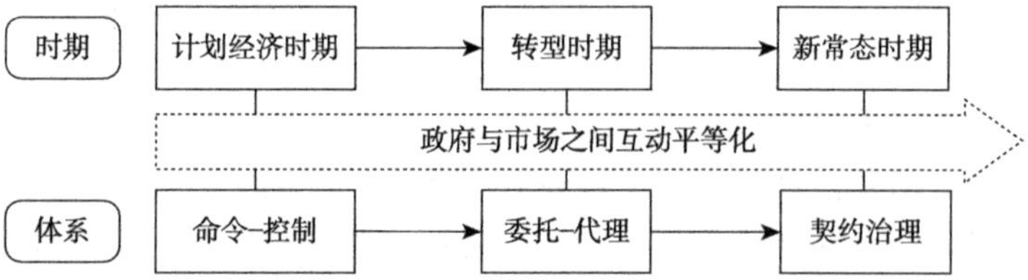

图 5.2　我国治理制度体系演变

2. 包容性

包容性主要是指通过制度鼓励多元主体参与到决策治理过程中，并且保障它们权、责、利的均衡，具体而言，需要保障多元决策治理主体能够平等地参与到决策过程中，共享项目资源及决策治理收益，并且使各个主体的利益诉求都能得到重视，即决策治理主体多元合作，起点机会公平，过程统筹兼顾且收益共享。在传统治理模式中，政府是唯一的治理主体，这样往往导致治理的决策权成为政府特权的产物，强制性制度的制定和实施使得其他主体被否认和拒绝加入。与之相反，在推广治理能力现代化进程中，包容的治理制度鼓励多元化治理主体的加入，这使得政府不再是唯一的治理主体。因此，这种多方主体参与的治理模式对治理制度、治理组织结构及治理主体的行为方式产生了深刻的变革。

3. 改革性

随着决策治理能力现代化的发展，一些原有的制度不再适应决策治理实践发展的需要，特别是无法满足当前利益主体的需求，为此，必须要及时改革和完善存在于决策治理过程中的不配套、不衔接、不合理、不稳定的旧制度，化解治理顽疾问题（丁志刚，2015）。在制度中明确决策治理主体的权责尤为必要，既包括明确组织中政府的权力清单、责任清单，又包括明确其他利益相关者的比重、权力和责任。

重大工程决策治理的重要支撑是制度，科学、健全的治理制度不仅决定了决策治理的成果及治理方向，而且是决策治理能力现代化的基本源泉和持续动力。只有不断地完善旧制度，才能有效促进治理体系现代化，才能提高决策主体的决策治理能力现代化，降低治理组织的决策治理成本（丁志刚，2015）。因此，决策治理制度现代化水平的提高有助于实现决策治理能力现代化。

5.3.2　高效执行治理制度

制度制定出来后要发挥作用、落到实处、解决问题，必须通过有效的实施机制来实现，主要从三个方面来保障制度执行的高效性：合理的制度设计，坚强的制度执行保障，灵活的制度文化（盛昭瀚等，2009b）。

在重大工程决策治理制度设计阶段，就要十分注重制度的可操作性，并通过以下三个方面来保证制度建设的可操作性。

（1）制度设计力求符合实际。严格制定管理制度，既不照搬照抄，也不脱离实际，更不搞大而空或定位过高，超过一般员工的接受能力，同时不推行要求过低、管理松弛的制度。

（2）调和制度制定者和制度执行者之间的矛盾。制度制定者是站在责任的角度考虑制度的，而执行者往往站在逃避责任的角度并有机会主义倾向，因此，制度设计必须考虑到如何实现制定者与执行者之间的博弈均衡。

（3）兼顾好制度与执行者的利益。制度执行一方面主要表现为对违规行为的惩罚，另一方面则表现为激励。如果人们执行制度可获得切实利益，而违反制度则会受到处罚，则制度的执行障碍会小得多，这里的好处和处罚应当与人们的切身利益相关。

制度的执行需要强有力的保障措施，重大工程决策治理制度执行的保障措施主要有以下三个方面。

（1）组织保障。决策治理各项制度的执行都有其相应的实施监督主体。一般来说，制度的制定部门就是制度执行的监督部门。

（2）文化保障。文化和制度有着千丝万缕的联系。制度制定的时候要依据文化原则，制度强化文化。当一种文化深入人心、为人们所接受的时候，按照文化需求产生的制度必然更为人们所接受，其执行过程也更为通畅。

（3）配套制度保障。制度并不是孤立存在的，很多制度都有配套制度，这些制度之所以配套，其中一个重要的原因是某一项制度的执行有助于推动另一项制度的执行。那些奖惩制度和自纠自查制度则为各项制度的执行提供了有力的保障。

5.3.3 加强治理理念法制化

随着市场经济体制改革日益深化，重大工程决策法制化已经成为内在需求。党的十八届四中全会审议通过的《中共中央关于全面推进依法治国若干重大问题的决定》中提到，“健全依法决策机制。把公众参与、专家论证、风险评估、合法性审查、集体讨论决定确定为重大行政决策法定程序”。重大工程决策治理法制化主要体现在以下几方面。

（1）决策治理主体的法制化。当前，决策治理不由政府这一单一主体负责，而是由多主体共同参与协商。对于多主体的管理，就需要从主体行为标准的确定、主体组织人员的分配、主体决策意识的确立等诸多方面进行，确保多主体的高效决策。

（2）决策治理程序的法制化。重大工程决策目标包括建设目标、经济目标、社会目标、环境目标、战略目标等，不同目标之间互相关联，在实现目标的具体操作过程中，不同目标之间可能存在冲突，因此，公平与效率很难在多目标的重大工程决策中实现兼顾。因此只能通过法律的手段保证治理程序的正义与公平，实现不同目标之间的均衡以求治理最优化。

（3）决策的跟踪反馈与责任追究。在健全依法决策方面，建立“可溯源、可追责”的重大行政决策档案制度和信息公开制度，决策程序、依据、结果向社会公开。建立重大行政决策跟踪反馈和评估制度，重大行政决策的制定机关要随时跟踪了解决策的实施情况，实施机关定期向制定机关反馈决策执行情况，制定机关要适时对决策进行评估，并根据评估结果决定是否予以调整或停止执行。建立健全行政决策监督制度，明确监督主体、监督程序和监督方式。落实重大行政决策终身责任追究制度和责任倒查机制，细化责任认定，对违反决策规定、出现重大决策失误、造成重大损失的，按照谁决策、谁负责的要求追究责任（汤啸天，2014）。

5.3.4 促进治理法律法规现代化

法律法规是决策治理手段之一，其根据决策治理理念现代化而现代化，同样地，决策治理法律法规的现代化也会推进决策治理能力的现代化。决策治理法律法规的现代化是指决策治理领域的一切法律法规从制定、实施、实现、再到调适等一系列运行过程的现代化，即法律法规从观念走向实践、从精神走向物质这一实现过程的现代化（丁志刚，2015）。法律法规的现代化主要有四个方面的内容，即现代化的法律法规意识和至高无上的法律权威；科学与民主的法律法规制定原则；规范高效的法律法规实施；灵活的法律法规调适。一切与决策治理有关的问题，不仅要符合与工程决策直接关联的基本建设程序、建设行为规范，如国内的《建设工程勘察设计管理条例》、工程建设标准等，还要保证工程建设与其他领域的关联性法律法规不相冲突，如环境保护法律法规等，并要求工程决策行为中涉及其他领域活动时，必须按照其他领域反映公众利益的法律法规行事。越是规模大、影响深远的重大基础设施工程，如港珠澳大桥工程，涉及的领域越多，环境关联性也越强，因此必然地会受到更多相关法律法规的约束，这自然使工程决策要更多、更细地考虑决策过程、决策方案与法律法规的相容性。

5.3.5　治理方式现代化

决策治理方式的现代化是决策治理能力现代化的另一实现路径，即实现治理方式的科学化、信息化、民主化和程序化。

在当前的决策治理实践中，项目管理体系发挥了重要作用。但是，重大决策组织是由多主体构成的多级委托代理网络，因此，如果没有恰当的决策机制保障，治理主体可能会出现机会主义行为、个别机会主义行为、合谋行为、利益寻租行为。因此，需要针对不同类型的公权力自由度空间进行认知和探索，结合制度伦理学等研究相关制度建设与路径选择，加强对公权力约束与监督制度的建设。

网络信息技术是现代决策治理的技术基础，在满足公众需求、推动决策公开、促进信息传输、增进理性决策等方面具有重要作用。信息化是信息通信技术渗透到其他层面、其他领域的过程。运用现代化的网络、信息和通信技术，加快决策治理的信息化进程，对于整合资源、收集信息、促进沟通、提高效率、维护稳定具有重要现实意义。

民主化是指决策治理过程中，保障公众参与，拓宽民众参与重大工程决策治理的途径。在传统的决策治理中，主要采用命令及强制的治理方式，相反在治理能力现代化中，治理主体需要充分听取公众的利益诉求，征求公众的建议，从而确保决策的科学化和民主化。另外，决策治理能力现代化还要保障公众的民主监督，在治理过程中应该公开透明，自觉接受群众监督。

决策治理方式的程序化是指各治理主体按照程序办事，各利益相关者及公众按程序表达其利益诉求，这样有助于保证治理体系的运行，明确公众参与重大工程决策治理过程的具体权利和程序。

5.4 重大工程决策治理能力现代化的实现工具

5.4.1 治理工具

“工具”是指主体为了实现某一目标或者履行某一职责而采用的技术、措施、机制、方法、策略与手段等（孙志建，2011）。虽然，在国内对治理工具还没有形成统一的概念，但是学者普遍认为，政府已经不再是治理过程中的唯一主体，但是治理的核心依然是如何处理好政府、市场和公众这三大主体之间的权责关系，以此促进它们之间的互相合作。因此，目前对治理工具的描述依然多数是从政府治理的角度出发。费斯勒和凯特尔（2013）提出，理解政府治理的有效途径并非把公共行政看作部、局和机构的集合，而应看作基本工具的集合。Hood（1986）将政府治理工具看作一种机制，这种机制可以将政策目标转化为一种具体的行动，结合各个工具之间的组合，从而实现政策目标。休斯（2001）认为，政府治理的工具是指政府的行为方式和调整政府行为的机制。萨拉蒙（2002）将政府治理工具定义为公共行动的工具，即通过某种具体的方法组织集体行动并使得问题得以解决。国内学者毛寿龙（2017）同样认为，政府治理工具是一种能够实现政府职能的有效手段。张璋（2001）对政府治理工具的认知进一步深化，认为治理工具指的是治理的各方主体，尤其是政府部门，为了实现治理目标而采用的行动策略或者方式。张成福（2008）将政府治理工具界定为一种通过转化政府实质性的治理或政策目标为具体的行动，改变治理群体行为，实现治理目标的手段和机制。这些定义，或者从治理目标出发，或者从治理的功能出发，都有一定的道理，但是也存在一定的问题，如对治理工具的性质界定不清，突出强调治理工具的工具性特征，并将其界定在具体实施手段方面是狭隘的。综合上述对于政府治理工具的理解，结合重大工程决策治理能力现代化的特点，将重大工程决策治理工具界定为：治理工具是指各治理主体，在符合既定治理制度体系的背景下，为了实现治理目标而采用的理论和技术。对这一定义应从以下三方面进行把握，如图 5.3 所示。

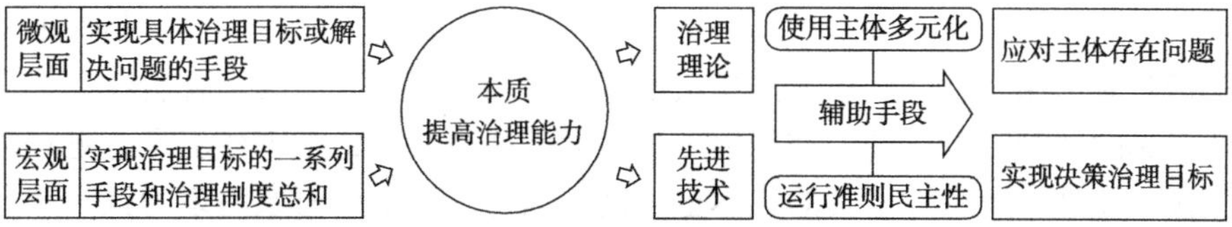

图 5.3　治理工具概念示意图

（1）治理工具提高决策治理能力。从微观而言，重大工程决策治理工具是实现某一具体的治理目标或解决治理问题的手段；宏观上，治理工具是实现治理目标的一系列手段和治理制度的总和；从本质上而言，治理工具的存在是为了更好地提高治理主体的治理能力。治理主体在治理活动中存在主体行为异化、主体能力不足及主体制度执行力不足等问题，治理工具的出现除了能为治理主体提供治理理论的支持，还能提供先进的技术，保障权利的监督和制度执行的有效性。治理工具作为一种辅助手段，其价值是帮助治理主体实现决策治理目标，即实现工程建设目标及预期经济目标，保障各主体利益协调，承担工程社会责任等。

（2）治理工具主体的多元化。在重大工程决策治理结构中，治理主体不仅包括各级政府，还包括非政府机构和民众。王国剑（2007）认为治理主体是多元的，不仅局限于政府这一单一主体。刘恩允（2014）同样认为，治理主体具有多元化的显著特征，并且治理主体之间是相互联动的，存在权、责、利的相互作用关系。这样，在制定决策治理制度时需要考虑不同的决策主体的利益，并以实现工程的社会目标和经济目标为最大利益。治理主体具有多元化特征，治理工具作为实现治理目标的手段和机制，不仅具有多元化特征，而且其使用主体也是多元化的。

（3）治理工具运行的民主性。治理工具基本的运行准则不再是管制和权威，而是民主和协商。任何一个单独的治理主体都不具备完全和充分的知识与资源来解决所有的治理问题，治理主体之间必须相互依赖，为了实现治理目标共同解决出现的问题。

5.4.2　关于治理工具的分类研究

治理工具具有多元化特征。当前，从治理功能出发，学者对治理工具进行了分类，如将治理工具分为权威、能力建设和劝诫，或者分为命令、财政补助、契约等。此外，治理工具还可以划分为强制性工具、程序性工具、经济性工具和社会化工具。

（1）强制性工具。强制性工具主要分为组织性工具和管制性工具。组织性工具是指政府将非政府组织或公民直接纳入组织系统从而实现治理目标，如国家、政府间协议与合作等。管制作为一种治理手段，具有悠久的历史。管制性工具主要是指政府运用具有强制性的法律法规等进行治理活动。相对于管制性工具，组织性工具的强制程度更高，在约束参与人无条件遵从时，组织性工具也更有效、更直接。此外，组织性工具的成本也很高，因为它要求政府亲力亲为且其命令不可违抗。

（2）程序性工具。在针对多主体治理中，Howlett（2004）提出程序性治理工具，即“通过控制政策制度或过程来间接影响治理结果”。程序性工具作用对象是治理主体，突出特征是治理主体只能按照工具规定的内容去操作，否则就会受到惩罚。

（3）经济性工具。经济性工具的实质是依靠市场机制在政府和市场之间建立契约关系。政府通过改变商品的相对价格或者对标的群体加以物质手段来实现治理目标。

（4）社会化工具。这种工具主要运用在非政府机构或者政府与非政府机构之间。政府机构与非政府机构之间通过使用包含行政委托在内的工具进行合作，这种以非政府机构或公众为主体的工具具有较弱的强制性，通常以建立自治委员会或者志愿者行动等为表现形式。

除此之外，为了加强治理主体的治理能力现代化，我们强调两种新的治理工具。

1）治理理论工具

任何有关治理的研究，都离不开理论的支持。在公共管理领域，治理理论已经成为主流思想之一（俞可平，2000）。治理理论的提出改变了人们对治理的认知，使人们意识到公共管理的治理主体不仅包括政府，还包括私人部门及致力于解决公共问题的非营利部门。治理理论对于公共管理主体的认知，体现了人们在公共管理方式和过程上的进步。此外，治理理论也使得传统的治理主体——政府意识到要释放一定的权力给其他治理主体，即授权。新治理理论的出现不仅继承了治理理论的精髓，还为政府治理指明了发展方向，促进了治理能力现代化。新治理理论提出要将治理重点转向研究治理工具或技术；从层级官僚制转向网络治理；从公私对立转向公私合作；从命令控制转向谈判、授权。从治理理论对公共管理领域的影响可以看出，治理理论是认识和解决现实问题的重要分析框架。理论作为工具对实践具有重要的指导意义。

迄今为止，治理理论真正深入到重大工程决策治理工具方面的情况还不多见。决策治理是在工程决策过程中一类整体性的实践活动。如同其他领域的管理活动一样，决策治理活动也包括治理目标、主体组织、问题、环境等基本要素，并表现为一个完整的过程。从理论与实践的关系及理论对实践的指导作用出发，需要寻找基于重大工程管理实践，并且能够深刻解释重大工程决策治理现象，揭示一般规律和指导决策治理实践的重大工程决策治理理论工具。

2）新兴技术工具

治理的变革与技术的发展往往存在着重要的关联。在大数据时代下，海量信息不仅改变着人们的生活、行为及思维方式，使整个社会呈现扁平化和网络化格局，还深深影响着人们的世界观和价值观。同样，大数据时代下，互联网、物联网、云计算、微信、虚拟现实等新技术的发展和普及，将从根本上改变重大工程决策治理中的治理模式、组织机构和政府形态，进而推动治理主体的治理能力走向现代化。决策治理能力主要包括制度的生成能力和制度的执行能力，新兴技术将为治理主体能力的提升提供重要的支撑作用。

（1）实现治理主体间高效的信息传递。被称为"第四媒体"的互联网是"继报纸、广播、电视后出现的因特网和正在兴建的信息公路"。互联网的显著特征是传递信息速度快且容量大，内容时效性强且具有互动功能，言论自由度高。在《第五媒体：无线营销下的分众传媒与定向传播》（朱海松，2005）一书中，手机媒体或移动网络媒体被定义为"第五媒体"。"第五媒体"除了具有数字化和网络化特征之外，还具有多媒体、交互性、随时随地传递信息且普及度高的特征。"第四媒体"和"第五媒体"的高速发展，大大提高了治理主体之间的信息沟通效率，降低了治理成本。

（2）有效防范决策主体行为异化。现代信息技术可以为决策主体提供多种渠道获得相关数据，决策治理不再受制于传统的组织结构，高效的沟通渠道使原来相对封闭的政府治理变得更加公开和透明。这样，可以有效防范治理主体由于个人意志而篡改或者隐藏关键信息而产生的行为异化现象。因此，现代信息技术有利于促进形成规范的决策治理机制，使其从封闭走向透明，从人治走向法治。

（3）从"被动治理"到"主动治理"。现代信息技术的发展，可以为治理主体提供海量数据，治理主体可以利用这些数据分析治理中出现的问题，并针对具体问题制定精准的措施。治理主体也可以从这些数据中分析出潜在问题，并主动出击，防患于未然。现代信息技术的应用有利于提高治理主体的治理能力，实现从"粗放治理"到"精准治理"，从"被动治理"到"主动治理"。

（4）提高治理的科学性。在决策治理中信息技术的应用可以对各项治理活动进行全过程实时监控，通过对海量数据的定量分析可以有效提高治理工作的准确性和科学性。因此，现代信息技术的应用有利于促进科学的决策治理，实现从"定性"到"定量"，从"定时"到"实时"。

5.4.3　决策治理工具的选择

重大工程决策治理工具选择的前提是，首先要确定一定的选择原则，并要考虑以下四个方面。

（1）治理目标，即明确决策治理活动的目的是什么，要提供何种产品或服务，要达到怎样的治理程度等问题。

（2）治理工具只有适应与否的问题，不存在优劣的差别。

（3）治理工具的选择必须要理性。所谓理性选择，即选择是有目的、有计划的，不仅要具有经济理性，还需要具备技术理性、法律理性和社会理性（赵靖芳，2008）。在选择治理方案时要考虑到方案的可替代性，在比较之后做出合理的选择。

（4）治理工具的选择不是单一的。决策治理问题的复杂性不是单一治理工具可以完全解决的，常常需要多种工具糅合在一起，以取得最好的治理效果。

从重大工程决策治理复杂性特征出发，按照治理工具选择原则，以下治理工具具有较强的适应性和实践意义。

1）群决策治理

复杂性决策治理是一项综合性极强的集大成智慧活动，要求治理主体对工程的认知能力、分析能力和综合能力均达到一个较高层次，能够透过问题的现象挖掘本质，并找到其中内在的联系和客观规律，所有这些都决定了复杂的决策治理问题不可能由某个人或者某个单位来解决，而需要利用群体智慧来解决。群体对决策治理问题的认知需要一个不断改进和深化的过程，由于治理问题结构不清晰和治理主体个人认知水平的限制，需要对治理方案不断地进行比对、逼近和筛选，在认知反复交互下，群体的经验和共识逐渐收敛，最终形成解决问题的方案（顾基发，2001；盛昭瀚和游庆仲，2007）。

群体经验和知识达成共识需要经历四个阶段：汇集、交互、检验和共识。汇集过程主要根据治理问题的性质选择个体组成群体，并设计群体组织方式和交流平台；交互阶段主要协调群体中不同个体之间的意见冲突、归纳和凝练群体的共同意见，并使群里的意见趋于统一和完善；检验阶段主要根据治理问题的现实情况和问题的演化对基本共识不断进行修正，这充分体现了工程实践的重要性；共识阶段就是治理方案最终形成的阶段，治理问题本身环境的动态性及方案在具体实施过程中所产生的意外情况都会影响方案的继续执行。因此，共识不是固定不变的，要随时跟踪共识方案的执行情况，及时反馈给专家，并组织专家进行研讨。当然，由于对问题和方案的认知水平的提高，专家群体也会主动提出对共识的完善。

群决策治理是解决一系列复杂决策治理问题的有效途径，这决定复杂性决策治理主体不是单独的个人，或者少数人，而是团队，在重大工程决策治理活动中就存在很多需要群决策治理的问题。

2）决策治理综合集成方法论

重大工程涉及经济、社会、工程技术及人文各个领域，因此无法使用一个理念、从一种角度、用一种方法、使用一种工具就能解决全部治理问题。这就需要治理主体在解决重大工程决策治理问题时，把自然科学、社会科学与人文科学相结合，行政职能与市场职能相结合，经验与科学理论相结合，继承与发展相结合，宏观与微观相结合，定性与定量相结合，并且使这种结合相互渗透，合为一体，即形成融合，这实际上就是系统科学理论中的综合思想。

综合集成方法论是在长期的实践基础上，由钱学森首次提出的一种用来认识、组织、管理和驾驭复杂系统的方法论（钱学森等，1990）。在综合集成方法论的指导下形成重大工程决策治理体系的方法要素，从本质上来说，有助于提高治理主体的认知能力；有助于形成科学、合理的治理结构，并增强决策治理体系与环境的交互性和开放性；也有助于综合各类方法来降解决策治理体系构建过程中面临的复杂性；同时，综合集成方法论可以通过无序的、非结构化的、模糊的，但是不断优化的系统序列实现对复杂系统的认知，从而实现对复杂性的降解（于景元，2001）。从复杂系统的角度来讲，综合集成既是重大工程决策治理体系构建的方法论，也是重大工程决策治理体系形成的方法体系。

基于定性与定量相结合的治理问题分析，从整体出发，经分解综合、循环迭代的治理方案产生过程，以及决策治理过程中的权利的分层与制衡及治理目标的统筹与冲突解决等，这些都是基于综合集成方法论解决重大工程决策治理问题的重要内容。

重大工程决策治理中的定性方法主要是指治理主体在已有科学理论、经验、知识的基础上，综合专家知识、智慧及判断力，通过逻辑推演，并侧重于用语言文字描述、解释及探索，对治理问题的性质、状态及变化趋势做出理论性结论，观察、叙述、案例研究、档案分析、问卷调查、征求意见等都是具体的定性方法，定性的结果多以经验性假设、规划、初步设想、技术路线等表述。至于定量方法，主要是指在定性的基础上，运用严谨的逻辑推理与数学演绎，对治理问题进行精密求解与论证。数据采集与分析、模型建立、模型求解等都是典型的定量方法。对于重大工程决策治理问题，其中结构性部分问题的解决多采用定量方法，而非结构性部分问题的解决则多用定性方法，决策问题的整体解决则需要定性方法与定量方法有机结合、相互补充。在运用定性与定量相结合处理治理问题时一般需要经历三个阶段，即从“定性综合集成阶段”到“定性、定量相结合的综合集成阶段”再到“从定性到定量的综合集成阶段”。

（1）在定性综合集成阶段，主要工作是构建治理问题解决的支撑平台，包括各种信息库、知识库、经验库、专家库、模型库、方法库等。支持平台的构建可以为专家在定性综合集成阶段提供智力支持和资源保障，而模型库与方法库等的构建，则可以为定量阶段提供资源保障。专家库的构建是定性综合集成阶段不可或缺的一步。在重大工程决策治理过程中，治理主体可能存在着认知偏好或者经验不足，此时，就需要对决策问题进行分解，提出基于经验性的假设或者初步解决设想。在这一过程中，核心是对专家的知识、经验与智慧进行集成，实现对问题多层次、多角度的全面分析。

（2）在定性、定量相结合的综合集成阶段，可将待解决治理问题分解为不同的子问题，分别进行建立模型、数据分析等定量论证。这一阶段的核心是各子决策问题的主体充分运用定量方法对上一阶段的定性结论或提出精细的论证，或提出修正，甚至提出否定的意见。

（3）从定性到定量的综合集成是综合集成方法论的核心，这一方法论体现了人们对复杂问题从定性判断到精密论证的演进，也体现了从以形象思维为主的经验判断到以逻辑思维为主的定量论证的过程，所以说，综合集成是走向精密之路的方法论（于景元，1993）。对于重大工程中的治理问题，这一方法论既承认了复杂性给治理带来的挑战，同时又积极地运用主体经验智慧与精密论证的结合，将人的思维成果（如经验、知识、智慧）及各种情报、资料和信息进行集成，充分发挥了专家集成与知识集成在处理复杂性方面的优势，对不确定与模糊性问题进行定性，之后，再运用微观定量模型、信息技术等方法对定性问题进行进一步的分析，可以说两者的结合是解决重大工程决策治理问题的有效手段。

3）大数据技术

随着物联网、云计算等科学技术的发展，人类社会已经进入了大数据时代（钟瑛和张恒山，2013）。2008 年和 2011 年，*Nature* 与 *Science* 杂志分别出版专刊 *Big Data* 和 *Dealing with Data*，围绕大数据背景下的机会和挑战、大数据处理过程中的共享和协作，以及大数据对未来科学研究的影响等问题展开讨论。之后，越来越多的学者对相关问题进行了更加深入的研究，如 Mervis（2012）分析了各机构之间如何有效协作解决健康、能源、教育等领域中的大数据问题。近年来，许多学者开始将视角转向大数据处理工具及算法的研究方面（Canelaxandri et al.，2015；Przulj and Malod-Dognin，2016；Simon and Tibshirani，2012），还有一些学者开始关注大数据在各领域中的实际应用（Davidson et al.，2015；Smolan and Erwitt，2013）。随着对大数据研究的深入和展开，对大数据处理过程有了相对统一的规范和流程，其基本可以分为三个阶段：数据抽取与集成、数据存储、数据分析与解释（孟小峰和慈祥，2013）。近些年来，大数据技术正被应用到各个领域的研究中，如疾病传播（Lazer et al.，2014）、生物医学（Marx，2013；宁康和陈挺，2015）、物流业（魏斐翡，2013）、电子商务（Salehan and Dan，2016）、旅游业（Liu，2016）等。

近年来，越来越多的学者利用大数据解决决策治理中的现实问题，同时大数据技术的应用也为治理主体提供了其认知经验外的数据、信息、知识和智慧，从而推动治理能力现代化的实现。Hood 和 Margetts（2007）等在 *The Tools of*

Government in the Digital Age 中指出数字技术将成为政府治理的重要工具,并提出 NATO 分析框架，介绍了数字技术在治理中的应用。韦斯特（2012）在《下一次浪潮：信息通信技术驱动的社会与政治创新》中指出，数字技术的应用可以提高政务信息和政务运行的透明度，促进公众民主参与。彭特兰（2015）在《智慧社会：大数据与社会物理学》中提出“数据新政”，即将公民自身数据的所有权、控制权、处置权归属于公民。孔繁玲（2006）认为电子治理作为治理的新内容，主要包括网络信息公开、网络公共服务和网络参与。迪莉娅（2013）对云计算和电子政务大数据管理进行了研究，并构建了基于云计算的电子政务大数据的管理模式和管理策略。金江军等（2013）认为大数据的发展能够提升政府科学决策水平。张海柱和宋佳玲（2015）提出政府治理技术、理念和职能需要多方面的变革以支撑大数据应用的实现，而全方位治理模式变革的重点在于应用大数据技术提升政府治理能力。刘叶婷和唐斯斯（2014）从政府治理的理念、政府治理范式和政府社会管理三个方面分析大数据对政府治理的影响。管鹏和孙家保（2016）则分析了数据治理时代应用数据说话、理解数据、应用数据、相信数据等。大数据的应用主要从以下几个方面促进重大工程决策治理能力现代化。

（1）治理结构现代化。在治理活动中，政府、社会、组织和个人都拥有数据，在传统治理模式下这些数据分散在不同的主体中，数据之间存在明显的壁垒，这对治理活动的高效进行产生了障碍。在大数据时代，数据依然分散在不同的领域和部门，但是数据能够实现最大程度的共享。数据的资产化使得拥有数据资产的个人或组织成为新的治理中心，数据便成为多元化参与治理的资本。另外，数据的交互性也使得拥有数据的政府、社会、组织和个人连通在同一个空间平台，与传统金字塔式的上传下达信息交流方式不同，这是一种平等的扁平化交流结构。

此外，在信息爆炸的时代，数据挖掘对治理能力现代化的提升尤其重要。所谓数据挖掘，就是指运用特定的算法对大数据进行自动分析，进而揭示数据隐藏的规律和趋势，即在大量的数据中发现新的知识，为决策者提供参考（涂子沛，2014）。在治理活动中，数据挖掘的意义主要表现在两个方面：一是新知识，数据挖掘能够最大限度地发掘隐藏在海量数据下的新规律，这些新规律在不同程度上可以推进治理能力现代化；二是新结果，即直接应用在治理活动中并产生效益。数据挖掘不应局限在某个组织中，在大数据时代下的决策治理中，数据挖掘需要多主体共同协作完成。在现代化决策治理中，政府作为唯一治理主体的情况已经不再存在，取而代之的是政府、非政府组织和公共组织组成的多元治理主体。在数据资产化背景下，数据挖掘可以有效地协同各方主体，促进治理主体多元化的发展。

（2）治理能力智能化。在数据整合和存储方面，国内外学者的研究已经相当前沿。申德荣等（2013）对基于 key-value 数据模型的 NoSQL 数据库的相关研究进行了分析。Gudivada 等（2014）将大数据处理过程中的不同 NoSQL 数据库分为七类，并从系统架构、可扩展性、可利用性、应用程序接口等角度进行了对比和分析，描述了不同 NoSQL 数据库在未来各种情景下的应用情况。Stantic 和 Pokorný （2014）讨论了目前的分布式文件系统、NoSQL 数据库等在管理结构化和非结构化数据过程中的缺点与不足，认为未来管理大数据的有效方式必须具备用户参与、实时输出输入等特点。这些研究使得一系列新型网络技术得以发展和普及，为治理能力智能化提供了技术支撑，从而影响政府的治理模式。科学的数据是科学决策的基础，大数据能使人工智能得以有效发挥，用电脑代替人脑进行数据整合和存储，从而为科学决策提供重要技术支撑。这样，治理主体将不再把精力耗费在收集、整理和存储数据上，他们将有更多的时间和精力去寻找数据之间的关联，去开发数据的价值。

（3）治理决策科学化。在大数据研究中，数据分析与解释是非常重要的一个方面。Mohebi 等（2016）对大数据处理过程中的聚类算法进行了梳理和总结，认为聚类算法和相关框架为大规模数据集的可扩展性和良好表现提供了保证。Río 等（2015）利用 MapReduce 框架建立语言模糊规则分类系统，通过 Chi-FRBCS-BIGDATA 算法来解决大数据分类问题。Landset 等（2015）认为机器学习在大数据处理过程中起到越来越重要的作用，他们详细介绍了目前机器学习中的深度学习、半参数近似、局部学习策略等方法在大数据中的应用，并对目前可持续数据建模的研究进行了总结。

大数据时代下，数据分析对决策治理非常重要。一方面，它可以为决策治理主体提供最新、最全面、最科学的数据及经验，以使治理问题得到全面的评估；另一方面，在大数据治理下可以有效避免信息不对称时的“拍脑袋”决策、专断决策及荒唐决策，数据的透明化可有效避免信息不对称的情况发生，从而有效防止决策主体行为异化。一般而言，决策治理越科学，决策治理能力现代化越能得到很好的展现。大数据治理中的数据分析对于促进重大工程决策治理的科学化，保证治理问题的科学决策，避免错误决策具有非常重要的意义。

（4）治理过程协同化。在治理过程中，不同的治理主体利益诉求不同，他们之间的关系不是单纯的竞争关系也不是单纯的合作关系，但无论哪一方都不可能只依靠自身的力量解决治理问题从而实现治理目标。这样，治理主体就需要依靠数据共享来实现数据的整合分析，从而进行治理决策。以数据共享为基础，才能实现治理过程的协同化。数据共享打破了不同数据之间坚固的界限，打破了不同部门、不同组织的界限，打破了政府机构与公民个人的界限，任何人、任何机构、任何组织都能在面对共同问题时共享相关数据（梁芷铭，2015）。

在以共享数据为基础的治理过程协同化中，政府这一治理主体依旧起着不可忽视的作用。虽然在大数据治理中，多方治理主体的地位是平等的，但是政府依旧是决策治理相关制度、目标和法律的制定者，在权利配置和资源分配上起着重要的作用。此外，大数据治理下的数据共享仍旧需要借助政府的力量，政府在提供信息、数据服务并维护数据市场中扮演者重要的角色。这说明，在大数据治理中虽然多元主体的地位是平等的，但依然存在政府占据主导地位的情况，与传统治理模式不同，政府的强制力在削弱，多元主体之间的平等对话和协商在加强。

5.5 本章小结

本章首先探讨了重大工程决策治理能力基本概念和特征。其次，分析了由于重大工程决策治理复杂性、多主体参与和公民参与而产生的现代化需求，从而有助于全面理解重大工程决策治理能力现代化的基本内涵。再次，本章探讨了重大工程决策治理主体能力现代化的基本结构和形态，即把握决策战略机遇期精准化、复杂性降解能力系统化、资源调控能力统筹化、治理体系构建能力科学化和制度执行能力法制化。在此基础上，本章系统分析了实现重大工程决策治理能力现代化的基本路径，包括设计现代化的治理制度、高效执行治理制度、加强治理理念法制化、促进治理法律法规现代化及治理方式现代化。最后，本章从理论工具和新兴技术工具角度出发，研究了实现重大工程决策治理能力现代化的治理工具。

第 6 章　重大工程政府式委托代理关系及行为——以长大桥梁工程为例

在第 2 章内容中，我们主要围绕重大工程决策政府式委托代理关系及递阶式委托代理原理进行了整体性的定性分析，阐述了重大工程决策政府式委托代理的理论内容。本章将基于我国 30 多个长大桥梁工程的案例经验，分析长大桥梁工程委托代理模式的属性，通过对其变革路径和适应性选择的刻画与总结，得出长大桥梁对于重大工程委托代理模式的经验，以及在未来的发展趋势。

6.1　长大桥梁工程案例库

6.1.1　背景

公路交通能够促进区域的经济发展，推动地方产业合理布局，加强城乡沟通，为国家和地区的稳定、和谐提供保障。我国实行改革开放后，经济发展对于道路交通的需求不断提高。因此，在迅速增长的道路交通需求下，我国的公路交通实现了跨越式的发展。“五横七纵”的国家主干道规划切合了国家政策背景下的需求，其在实施过程中遭遇的江河湖海和崇山峻岭等多种不利地形状况，为公路长大桥梁的建设发展创造了条件。面对气象条件差、水文条件复杂、地质条件复杂、通航要求高等诸多挑战，在安全、经济、美观、耐久等性能要求的约束下，我国公路长大桥梁经历了从无到有、从学习到创新、从追赶到引领的发展历程。

特别是近十年来，我国公路长大桥梁开启了跨越大江、海湾、海峡的新时代，积累了丰富的经验和宝贵的技术资料，建设技术的整体水平已跻身于国际先进行列，部分成果达到国际领先水平。2015～2019 年，我国公路长大桥梁（单跨大于 150 米或总长大于 1000 米的桥梁）新增 1822 座、长度 3428 千米，年均增速约 10%。这期间我国桥梁跨径纪录不断刷新，计算方法不断改进，标准规范陆续编制修订，新方法/新工艺/新装备不断涌现，建设管理日臻精细，安全保障能力不断提升，建成了以苏通大桥、西堠门大桥、杭州湾大桥等为代表的一大批技术领先、结构新颖、科技含量高的世界级工程，这些巨型工程有几十千米的长度，集千米一跨、万根长桩、百米水深、百米高塔、千米长索巨缆和超百年寿命等工程技术难题于一身，集复杂恶劣环境、防冲刷、防腐蚀、抗风、抗震、抗船撞、抗灾等技术问题于一身，难度极大，我国广大桥梁建设者在不断的实践中攻克了诸多世界级难题，积累了丰富的公路长大桥梁勘察设计、施工、建设管理、安全保障和新材料与新装备应用等方面的技术成果及资料，极大地提高了我国公路长大桥梁的国际认可度，为我国公路长大桥梁建设走出国门、参与国际桥梁建设奠定了坚实的基础。

6.1.2　案例清单

在选择案例的过程中，需要遵循以下几个原则：①符合研究主题；②具有代表性；③资料充足、完善。基于上述原则，反观重大基础设施工程，可以发现我国的桥梁工程取得了举世瞩目的成就，管理体系也相对比较成熟，资料也比较完备。因此本书在选取案例的过程中，以长大桥梁工程作为研究对象，其案例遍布我国南北向的东部沿海地区和东西向的长江流域。选取的案例如表 6.1 所示。

表 6.1　长大桥梁案例清单

桥型	大桥名称	所在地区	技术新突破
斜拉桥	东营胜利黄河大桥	东部地带	中国首座钢斜拉桥 288 米主桥跨径创新纪录
	琅岐闽江大桥	东部地带	斜拉索与钢箱梁的连接采用了少见的锚拉板形式
	南浦大桥	东部地带	叠合梁结构开创了我国建桥史上的先河，也是建桥史上的壮举
	铜陵长江公路大桥	中部地带	安徽省境内第一座跨江公路大桥
	青州闽江大桥	东部地带	跨度在同类型桥梁中位列世界第一
	杨浦大桥	东部地带	主跨 602 米，长度在当时居世界已建成的同类型斜拉桥的首位

续表

桥型	大桥名称	所在地区	技术新突破
斜拉桥	长江隧桥	东部地带	首次应用“人”字型主塔结构和 100 米叠合梁
	南京长江第三大桥	东部地带	国内第一座钢塔斜拉桥，也是世界上第一座弧线形钢塔斜拉桥
	东海大桥	东部地带	我国第一座真正意义上的跨海大桥
	杭州湾跨海大桥	东部地带	目前世界第三长的跨海大桥 首次引入了景观设计概念
	苏通长江公路大桥	东部地带	全球首座超千米跨径斜拉桥 世界最大规模的群桩基础 世界第三大跨径的斜拉桥 世界第二高的桥塔
	武汉天兴洲长江大桥	中部地带	当今世界公铁两用斜拉桥中跨度第二大的桥梁
	金塘大桥	东部地带	继港珠澳大桥、青岛胶州湾大桥、杭州湾跨海大桥、东海大桥之后中国第五长的跨海大桥
	湖北鄂东长江公路大桥	中部地带	首次应用多种传力构造以分散剪刀连接器的结构型式
	嘉绍跨海大桥	东部地带	世界直径最大的单桩
	厦漳跨海大桥	东部地带	开展了全世界首例大跨径斜拉桥全桥地震模拟试验
	九江长江公路大桥	中部地带	江西高速公路建设史上第一次提出了“清水混凝土”的概念
悬索桥	虎门大桥	东部地带	中国第一座大型悬索桥
	厦门海沧大桥	东部地带	我国第一座特大型三跨吊钢箱梁悬索桥
	润扬长江大桥	东部地带	中国第一大跨径的组合型桥梁，由南汉悬索桥与北汉斜拉桥组成
	江阴长江大桥	东部地带	中国首座跨径超千米的特大型钢箱梁悬索桥梁
	武汉阳逻长江大桥	东部地带	首创在大桥中采用箱形钢结构剪刀撑新技术
	西堠门大桥	东部地带	世界上首座分体式钢箱梁悬索桥
	马鞍山长江大桥	中部地带	世界第二跨度的钢箱梁悬索桥
	坝陵河特大桥	西部地带	五项世界首次，11 项国内首次
	泰州长江大桥	东部地带	世界最大三塔悬索大桥；最大水中沉井；首次采用“人”字形钢塔
	吉茶高速矮寨大桥	西部地带	四个“世界第一”
	南京长江四桥	东部地带	中国首座三跨吊悬索桥
	腾冲龙江特大桥	西部地带	亚洲跨径第一悬索桥
	四渡河大桥	西部地带	目前中国在深山峡谷里修建的全球最长悬索桥；世界首座跨度达 900 米以上的山区特大悬索桥
拱桥	卢浦大桥	东部地带	当今世界第一钢结构拱桥，是世界上跨度最大的拱形桥
	菜园坝长江大桥	西部地带	三个“世界第一”
	朝天门大桥	西部地带	将成为“世界第一拱桥”

6.1.3 资料获取

本书采取了人员访谈、原始档案记录、实地参观、网络信息搜寻、图书文献资料查找等多种渠道进行资料收集，实现了公开资料和实地调研的结合，资料收集结果丰富、完备。

在进行实地考察调研之前，通过图书馆资料、网站资料等进行了第一步的资料搜集工作，对于工程的基本情况和主要特点等进行了梳理，对于桥梁工程的信息进行了模块切割，即了解一个桥梁信息，可以从决策管理、建设管理、现场管理和科技创新管理四个部分入手，并确定了每座桥梁案例库的报告框架。

在公开资料的搜集和梳理完成后，开始开展实地调研工作，先后前往全国 14 个省的业主单位与决策部门进行调研。调研过程中，约见了参与桥梁决策过程中的负责人并对其进行访谈，被访谈人员均亲身参与了工程的决策管理或前期规划工作。

6.2 长大桥梁政府式委托代理模式

在前文，我们叙述了长大桥梁案例库的建设过程。接下来，我们通过分析总结各地长大桥梁工程建设管理实践和专业化管理的发展方向，得出长大桥梁政府式委托代理模式的理论经验，并对其进行详细阐述。

改革开放 40 余年来，长大桥梁工程的委托代理模式经历了巨大的发展与变革。改革开放初期，以政府为主导的自行管理模式（临时指挥部）为典型的早期委托代理模式；21 世纪初，随着国家关于项目法人责任制的全面贯彻落实，全国所有省区市均采用了项目法人制模式进行长大公路桥梁建设。未来为了进一步带动西部地区及其他建桥实力稍微欠缺的省区市，国家将进一步推行代建制。

长大桥梁委托代理模式依据组织中投资主体、建设主体和实施主体的职责与权力进行划分。长大桥梁政府式委托代理模式的分析重点在于厘清我国 40 余年改革开放过程中政府与市场在工程建设中关于行政权、事权、财权及执行权的分配方式，以及由此而产生的委托代理模式在时间和空间维度上的多样性与适应性表现，从而得出长大桥梁委托代理模式的理论经验。对于承发包模式的研究，则为了分析设计–招标–施工（design-bid-build，DBB）模式和设计施工总承包模式的实践及基本经验。

6.2.1 概述

长大桥梁工程中的政府式委托代理模式是指业主（项目投资者）在长大桥梁工程建设管理过程中所采用的投资、建设及运营等模式。改革开放 40 余年来，各地长大桥梁工程在组织管理实践和专业化管理的发展过程中，对政府性投资的建设项目主要存在两种政府式委托代理模式。第一种模式是以政府为主导的自行管理模式（临时指挥部），由政府组建工程建设管理法人统一负责项目建设管理的全部工作。以政府为主导的自行管理模式（临时指挥部）在改革开放初期运用较多，项目建设管理法人对工程全权负责，充分发挥高效整合和快速配置资源的作用，尤以政府临时组建的工程建设指挥部形式为典型。第二种模式是项目法人制。建设管理法人对工程项目管理负总责。随着国家对于项目法人责任制要求的进一步落实，近年来全国各省区市长大桥梁建设均采用项目法人制。未来即将在长大桥梁工程领域推行的模式是代建制，当项目出资人或建设管理法人没有足够的专业管理能力时，应通过招标等方式选择代建单位，签订代建合同，委托其承担建设管理工作。

6.2.2 长大桥梁工程政府式委托代理模式的属性分析

长大桥梁政府式委托代理模式的基本属性主要体现的是政府与市场在工程建设过程中的权责分配及所形成的相应组织结构形式和协调机制，存在的权力关系主要包括行政权、事权、财权、执行权。不同时期、不同地区长大桥梁建设管理采取了不同权力配置方式，并形成了不同组织结构关系，在人员配置上有专业化结构、非专业化结构，在形态上有临时指挥部、项目法人等多种形式。

以政府为主导的自行管理模式（临时指挥部）是由政府组建工程建设管理法人统一负责项目建设管理的全部工作，对工程建设的质量、投资和进度负责，并进行全面监控，项目实施过程中履行项目业主的责任和义务，行政权、事权和财权依然把控在国家手中，落实到施工现场的执行权则交由临时指挥部负责。项目法人制模式作为公路建设“四项”管理体制的落实形式存在于全国各个省区市的长大桥梁建设中，即在工程建设中通过独立的法人来对工程融资、建设和运营负责，同时聘用社会监理对工程建设进行监督。项目法人自行管理的委托代理模式在目标上与政府自行管理的委托代理模式是一致的，主要围绕长大桥梁工程的质量、安全、进度、成本、环保等目标，但在工程的行政权、事权、财权、执行权的落实与分配上与传统模式存在差异，其职责边界较政府自行管理模式更加明确，更有利于工程全寿命期的管理。

6.2.3　长大桥梁工程政府式委托代理模式整体性变革路径

主体群的驾驭能力决定了政府式委托代理模式的形式。长大桥梁工程具有复杂性的特点，需要工程建设管理人员具有出色的组织能力、协调能力、驾驭能力，主体群能力的发展与变化推动了长大桥梁工程政府式委托代理模式的生成与演进。

1. 改革开放初期以政府为主导的自行管理模式（临时指挥部）

以政府为主导的自行管理模式时期所成立的工程指挥部均为临时指挥部，组成人员由政府从相关部门或单位临时抽调，负责项目建设并在项目建成后撤销。临时指挥部具有政府的部分行政职能，在资源整合及协调社会问题时往往具有较大优势。以政府为主导的自行管理模式（临时指挥部）在充分发挥整合资源、协调关系的优越性的同时，也存在缺陷。这一阶段的指挥部是由政府临时组织的，并不具备项目法人资格，组成人员不稳定且专业化管理水平不高，缺乏对工程全寿命负责的责任主体。随着我国工程项目法人责任制改革的推进，长大桥梁工程建设由以政府为主导的自行管理模式（临时指挥部）向项目法人制管理模式转变。

2. 项目法人制模式

我国长大桥梁工程建设项目法人类型存在多样化特征。从长大桥梁项目的建设阶段来看，项目法人可分为三种：以项目出资人或其依法设立的法人单位作为项目法人；承担长大桥梁建设管理的建设法人；负责项目运营阶段管理的运营法人。目前在我国长大桥梁项目中，既存在多阶段独立的项目法人，又存在全过程一体化的项目法人。从长大桥梁项目法人的性质来看，存在事业法人和公司法人两种形式。事业法人主要有各地以高速公路建设局、交通工程建设局等形式存在的相关政府机构；公司法人主要有各地的高速集团或投资集团。目前在我国长大桥梁项目中，大部分省区市都成立了高速集团或投资集团，项目法人主要是公司法人。部分省区市为了充分发挥政府集中资源办大事的作用，则将长期、稳定、专业化的建设队伍作为长大桥梁建设管理过程中的事业法。

3. 在长大桥梁工程领域推行代建制

总结近年来各地长大桥梁工程建设管理实践和专业化管理的发展方向，目前对政府投资的长大桥梁工程建设项目，交通运输部提出三种项目建设管理模式：第一种是自管模式，由具备相应专业能力的建设管理法人统一负责项目建设管理的全部工作，不再强制实行社会监理；第二种是改进的传统模式，即项目建设管理法人+社会监理模式；第三种是代建制，即项目出资人或建设管理法人没有足够的专业管理能力时，应通过招标等方式选择代建单位，签订代建合同，委托其承担建设管理工作。推行代建制主要有三方面的重点：一是要明确代建单位资格标准，培育代建市场，严格市场准入。代建单位须直接组织项目的全过程实施工作，因此必须具备管理工程项目的专业能力和合同约定的工作要求。二是要明确代建单位与投资人、建设管理法人等相关主体的职责关系，避免职责交叉。三是要建立代建目标管理、考核激励与风险防控机制，保障代建单位合理收入，确保建设管理目标得以实现。

6.2.4 长大桥梁工程政府式委托代理模式适应性选择

1. 长大桥梁工程政府式委托代理模式空间分布多样性

长大桥梁作为连通经济发展、提升地区交通发展水平的重要基础设施工程，其建设的兴起和繁荣与我国改革开放过程中东、中、西部推进步伐相一致。

20 世纪 80 年代初，珠江三角洲作为改革开放的前沿率先崛起，20 世纪 90 年代初，以浦东为龙头的长江三角洲与长江流域的发展，使东部沿海地区成为我国长大桥梁建设的试验田。1987 年的东营胜利黄河大桥，1988 年的广东洛溪大桥，1991 年开始陆续建设的上海市南浦大桥、杨浦大桥、奉浦大桥、徐浦大桥，在 20 世纪八九十年代东部地区兴起了我国第一批长大桥梁建设浪潮，并且多采用以政府为主导的自行管理模式（临时指挥部）。以浦东开发为龙头的沿江沿边地区重点发展阶段，使长江三角洲成为中国经济发展新的增长极，同时带动了中西部地区的经济发展。因而，20 世纪 90 年代中部地区也涌现了一大批长大桥梁的建设实例，这一阶段东、中、西部开始了长大桥梁的大规模建设。1999 年中央提出西部大开发战略，进入 21 世纪中西部山区长大桥梁建设全面铺开。

2. 不同地区政府式委托代理模式适应性要素分析

由于各个省区市自然条件、经济发展水平、区位特征、社会环境等因素各有差异，长大桥梁委托代理模式在时间和空间层面呈现出不均衡性和多样性。正是这种多样化的委托代理模式造就了我国长大桥梁政府式委托代理模式的适应性。影响长大桥梁政府式委托代理模式的因素主要包括经济发展水平、地区融资平台政策、地区发展理念等多个方面。

（1）经济发展水平影响委托代理模式设计。我国区域经济差异性较大，总体上东南沿海地区经济发展水平较高，中部地区近年来发展迅速，西部地区在西部大开发战略支持下在逐步缩小与东部、中部地区之间的差异。在经济发达地区，政府财力雄厚，长大桥梁建设多采用政府投资为主的方式。落后地区面临融资困难和迫切的建桥需求的双重压力，这种压力最终体现在长大桥梁建设投融资模式上，贵州省尤为明显。贵州省公路桥梁建设采用的建设-经营-转让（build-operate-transfer，BOT）模式逐步趋于多元化，并且产生了符合贵州省省情的 BOT+工程总承包混合创新模式。在这种首创模式中政府虽然出资但不占股份。另外，一些其他组织管理模式同样存在于贵州省公路桥梁建设管理中，但不涉及民营资本的介入。因此，贵州省在将资金压力转换为动力的基础上，形成了以 BOT 模式为主、多种模式并存的公路桥梁组织管理模式体系。这也为其他省区市公路桥梁组织管理模式的选择提供了借鉴。

（2）地区融资平台政策影响委托代理模式设计。地区融资平台是指地方政府发起设立，通过划拨土地、股权、规费、国债等资产，迅速组建一个资产和现金流均可达到融资标准的公司，必要时再辅以财政补贴作为还款承诺，以实现承接各路资金的目的，进而将资金运用于市政建设、公用事业等项目。在长大桥梁建设领域，全国多省区市都建立了地区融资平台以促进长大桥梁的融资与建设。经济发达地区的融资渠道多元且融资难度小，主要是因为这些地区的长大桥梁交通量大，风险可预期；而欠发达地区的融资渠道单一且融资难度大，正是因为其交通流量，为长大桥梁带来了投资风险。融资平台及其渠道的差异反映在长大桥梁政府式委托代理模式上，即政府与市场在长大桥梁委托代理模式中的二元作用。在融资渠道单一的经济欠发达地区，长大桥梁建设融资风险主要由政府承担，而在融资多元化的经济发达地区，市场借助地区融资平台能更好地发挥配置资源的作用，因此可采用丰富的投融资模式。

（3）地区发展理念影响委托代理模式选择。各地区长大桥梁委托代理模式差异主要来源于地区文化与发展理念的差异，表现在其开放程度和对市场资本的关注程度上。最为典型的就是福建省的高度开放和浙江省对市场资本的高度关注在长大桥梁委托代理模式上的作用。福建省长大桥梁建设的投融资模式一直处于不断探索创新的过程中。从地方与外资结合到招商局与高速公路共同出资，这一系列的摸索与尝试较之内陆省区市较为单一的投融资结构充分反映了福建省作为我国开放程度最高的地区之一，在长大桥梁政府式委托代理模式上的开放的思维、灵活的思路。浙江省是中国经济最活跃的地区之一，浙江省民营经济发达的特点在长大桥梁建设领域也有体现。浙江省经济发达，省内大部分桥梁都是由政府投资建设的，地方政府通过组建项目公司来开展融资。近年来，浙江省长大桥梁政府式委托代理模式开始尝试采用市场化运作，广开建设资金的融资渠道，吸纳民营资本参与特大型基础设施建设，走市场化运作的路子。

6.2.5 长大桥梁工程建设的委托代理模式

我国长大桥梁工程的委托代理模式实践在经验学习中不断发展，逐步培育出一套具有中国特色且符合中国国情的“省部协调领导、专家技术支持、公司筹集资金、指挥部建设管理”的政府式委托代理模式。这种委托代理模式可以充分调动各方的力量为桥梁工程建设服务，从而降低工程建设的协调难度，保证项目的顺利实施。

在长大桥梁集成化组织治理体系中，国家和政府发挥了强大的顶层作用，构建了以政府为主导的决策、监督和服务体系。目前，我国长大桥梁委托代理模式从江阴大桥开始，逐步建立起了“省部协调领导、专家技术咨询、国家科技支撑”的工程建设顶层管理平台。这种工程管理的顶层设计是通过国家和政府的行业管理搭建起“国家级平台”，以调动国家和行业各方力量，使其充分发挥“集中力量办大事”的制度优势和国家执行力。国家和政府通过行业管理为长大桥梁工程建设构建起顶层平台，充分发挥出协调指导、技术咨询和科研攻关的国家优势，以支撑工程的有序化、集约化和规模化建设。除此之外，在具体的长大桥梁工程项目中，公司负责筹集资金、指挥部负责建设管理，通过明确的分工，充分发挥市场机制和专业化管理优势，从而为长大桥梁工程建设的组织管理提供强有力的保障。

6.2.6 长大桥梁承发包模式的创新探索与实践

承发包模式的选择需要考虑工程自身特性、各参建方特点、市场及政策环境等多方面因素。在我国长大桥梁工程建设 40 年发展过程中，平行承发包模式占据着主导地位，是桥梁工程普遍采用的承发包模式。伴随着我国公路桥梁事业的飞速发展，平行承发包模式不断完善，凭借其自身优越的适应性，与我国长大桥梁工程紧密结合，推动了桥梁工程建设的发展，并在其中发挥了不可替代的作用。

我国长大桥梁工程普遍采用的是传统的 DBB 模式，这与我国桥梁工程建设的大环境相吻合。随着生产技术发展，社会化分工开始出现，而工程本身复杂性的增加也加速了设计与施工的分离，工程交由专业的设计机构、施工单位分别负责。与此同时，我国政府强大的管理职能也为 DBB 模式的推行提供了助力，政府合理统筹和协调各部分之间的关系，使得设计、施工等各环节相互衔接与配合，充分保证了工程建设项目的高效运行。目前，随着市场上施工企业能力的提升和投融资模式的逐步改变，以及工程建设规模的增加和建设环境的日益复杂，DBB 模式在众多工程项目建设实践中也逐渐暴露出一些缺点与局限性。

当前，国家在公路建设体制改革中积极推行设计施工总承包的工程试点，相较于传统的 DBB 模式，设计施工总承包模式在我国长大桥梁领域起步较晚，有待进行进一步的工程实践与经验总结。无论是传统的 DBB 模式，还是近年来试点的设计施工总承包模式，模式本身各有其特点与利弊。在对长大桥梁工程承发包模式进行选择时，不能只对承发包模式本身的优缺点进行考量，而要依据工程项目自身和参与各方的特点来综合考虑。同时，各种不同的承发包模式绝对不是对立的，在具体项目实践中，可结合具体情况综合应用各种模式，也可以一个项目采用两种以上的承发包模式，如港珠澳大桥工程项目，以取得更好的项目控制效果。

针对当前 DBB 模式实践效果，一方面，需要进一步推行包括设计施工总承包模式在内的工程试点，在工程实践中厘清不同模式的适应性边界，并加以总结和提炼，为今后长大桥梁工程承发包模式的选择打下基础；另一方面，需要对 DBB 模式本身进行修改完善，包括在工程实践中加强设计与施工的联动，设计阶段要求施工单位介入，强化业主的管理职能，充分协调各方利益与冲突等。

6.3　本章小结

本章以长大桥梁案例库为主体，在厘清长大桥梁委托代理模式的基础上，分析政府与市场在工程建设中权力的分配方式，总结由此而产生的委托代理模式在时间和空间维度上的多样性与适应性表现，得出了长大桥梁的委托代理范式，并且构想了承发包模式在未来工程建设过程中的创新探索，为未来政府式委托代理模式的发展提供了宝贵的经验。

第 7 章　重大工程决策公权力的配置与制衡

重大工程因其公共品属性，政府行使公权力的过程对其决策的效果和效率具有重要作用，因而有必要通过研究政府公权力的配置与制衡来有效保证重大工程决策过程质量。

作为江苏省的“第一号工程”，苏通大桥是“四纵四横四联”公路主骨架“纵一”线的跨江枢纽工程。然而这样在中国乃至世界桥梁史上具有标志性意义的工程却是在我国由计划经济向市场经济转型的时代背景下建设的，面临着资源供给紧缺问题。但是得益于苏通大桥富有特色的公权力配置与制衡体系，为其技术难题的解决提供了支持。苏通大桥的成功建设为今后重大工程公权力的配置与制衡提供了宝贵的经验。

因此，本章将对苏通大桥的公权力配置与制衡进行详细的阐述，通过对这个案例的研究，为今后重大工程决策提供经验。本章首先从总体上对苏通大桥工程进行了概述；其次介绍了其前期决策过程，以及苏通大桥公权力配置与制衡的特色；最后分别从公权力的配置和制衡两个方面进行了详细介绍。

7.1　苏通大桥工程概况

苏通大桥是我国典型的重大桥梁工程，它是全球首座超千米跨径斜拉桥、世界最大规模的群桩基础、世界第二大跨径的斜拉桥、世界第二高的桥塔[①]。2003

①《世界第一跨径斜拉桥苏通大桥通车 创 4 项世界纪录》[EB/OL]，http://www.gov.cn/jrzg/2008-06/30/content_1031359.htm[2018-12-20]。

年 6 月，大桥建设工程开工，2008 年 6 月 30 日，大桥正式通车，全长 32.4 千米，总投资额达 64.5 亿元。苏通大桥工程包括南接线、北接线和跨江大桥三部分，其中跨江大桥长约 8.2 千米，由北引桥、主桥、辅桥和南引桥四部分组成。苏通大桥桥型是七跨双塔双锁面钢箱梁斜拉桥，它是当时建设标准最高、技术难度最高的桥梁之一（盛昭瀚等，2009b）。

7.2　苏通大桥决策背景

苏通大桥公权力的配置与制衡的特色是与苏通大桥本身的特殊性紧密相关的。因此，在详细介绍这一特色之前，我们首先要对苏通大桥建设缘由和苏通大桥公权力治理过程中遇到的困境进行了解，以便认识它。

7.2.1　苏通大桥立项决策过程

在 20 世纪 90 年代，长江三角洲地区为了适应经济全球化，就必须充分接受和利用来自上海的有利辐射，而南通和苏州的过江通道不畅，使得苏州和南通的经济形成落差。在 1995 年，南通市人均国内生产总值仅为苏州市的 1/3。形成这种经济落差的原因是多方面的，其中一个原因就是传统的汽渡已经难以满足经济快速发展的需求。因此解决南通过江通道问题成为当务之急。

20 世纪 90 年代初期，江苏省委省政府，基于省内沿江地区跨江联动发展的需求，牵头开始了长江跨江第二通道的规划。1992 年 4 月，南通市计划委员会组织完成《南通长江公路隧道调查报告》。1993 年 4 月发布的《江苏省国土规划综合报告》中也表明了加强长江南北联系的必要性，同时间接肯定了项目建设的迫切性。1993 年 9 月，南通市计划委员会开始提出桥隧方案，并且委托上海市隧道工程轨道交通设计研究院进行预可行性研究并将完成的《南通长江公路通道预可行性研究报告》提交给江苏省交通厅。

1996 年 10 月，江苏省交通厅对南通市计划委员会提交的报告进行了审核，并且与其联合进行了预可行性深化研究工作并完成最终成果——《南通长江公路通道预可行性研究报告》。1998 年 4 月，江苏省计划委员会邀请桥梁、隧道、经济、水利、航道等方面 17 位资深专家组成的专家组和省、市、县（市）有关方面及研究单位的 84 位代表，对苏通大桥的桥隧方案在技术方案、工程实施、经济分析等方面的预可行性研究报告进行了省内预审。

1998 年 12 月，江苏省计划委员会决定了建桥的方案，并且向国家发展计划委员会上报了苏通大桥项目建议书。1999 年 4 月，交通部和中国国际工程咨询有限公司分别组织专家对江苏省计划委员会提交的大桥项目建议书进行了行业评审和评估。1999 年 9 月，交通部向国家发展计划委员会提交了《关于苏通长江公路大桥项目建议书的审查意见》，国家发展计划委员会提出了当前方案中存在的问题，并且将其反馈给江苏省交通厅。2001 年 4 月，江苏省交通厅组织完成并上报了《苏通大桥项目建议书补充报告》，对其中的问题进行了补充说明，并且得到了国家发展计划委员会的认可，被其上报给国务院常务会议审查，并于同年 5 月底通过审议。2001 年 6 月国家发展计划委员会签发《国家计委关于审批江苏省苏通长江公路大桥项目建议书的批示》，正式批准了苏通大桥项目建议书。2003 年苏通大桥正式开工。苏通大桥的建设实现了长江下游过江通道的布局合理化，也有力促进了省内沿江地区的经济社会交流合作，详见图 7.1。

7.2.2　苏通大桥公权力治理困境

苏通大桥作为国家的战略性工程，为国家经济的发展带来了驱动力。但是其复杂性和战略性也为建设过程带来了一定的挑战。相比于一般的工程，苏通大桥公权力遇到的困境有其特点，主要表现在以下几方面。

（1）制度环境的滞后性。在苏通大桥建设过程中，我国正处于计划经济向市场经济的转型过程中。旧体制的落后和新体制的不完善，使得当时的建设法律存在一定的缺陷，不能为公权力的配置与制衡提供完善的法律基础。在公权力配置与制衡的过程中，经常会出现无章可循或者有章难循的情况，这就使得苏通大桥在建设过程中为了保证公权力配置与制衡的有效性必须建立有苏通大桥特色的制度体系。

（2）技术难度的飞跃性。与其他重大工程类似，苏通大桥的建设也存在众多复杂性的难题。苏通大桥却被称为“万里长江第一桥”，这不仅是因为其桥址的特殊地理位置和建设规模，而且在于其复杂的工程建设环境和超高的技术难度。苏通大桥的成功建设将国内桥梁的跨越幅度由 600 米直接提升到了 1088 米，打破了国际上 800～900 米的跨径局限，这是全国劳动人民智慧的结晶，是国内先进生产技术的代表。这样高难度的工程要求建立先进的制度体系，因此苏通大桥的公权力配置与制衡需要先进的管理思想。

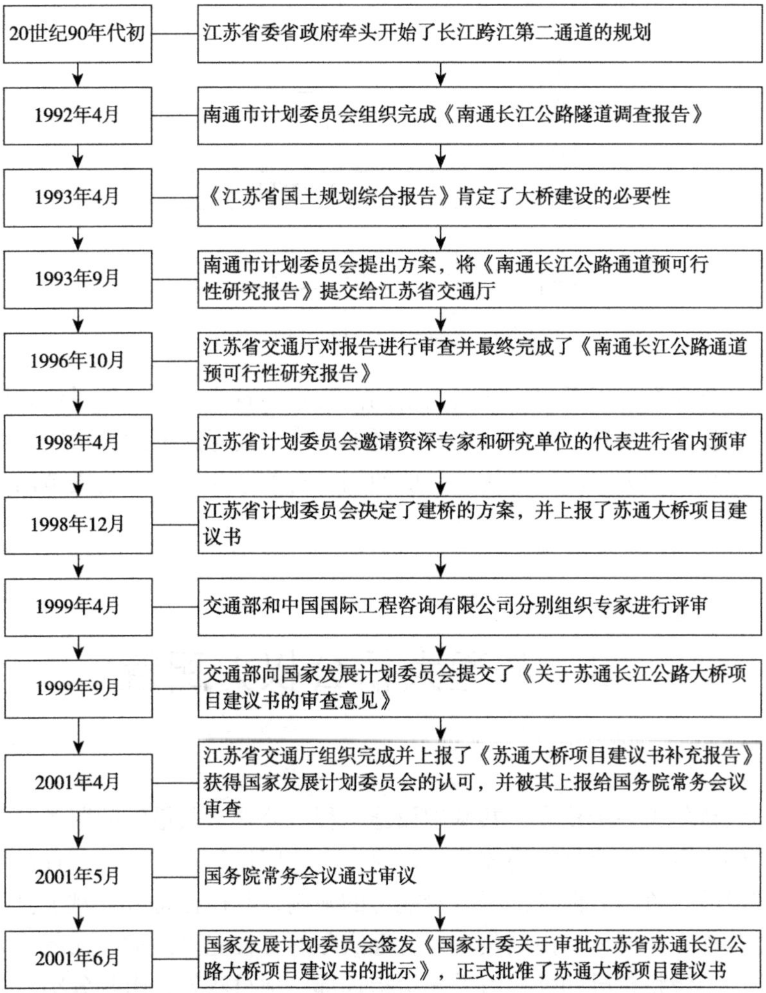

图 7.1　苏通大桥工程前期决策过程

（3）参与主体与工程的不协调性。苏通大桥的建设需要一批高素质的技术人员，即使这样，苏通大桥的建设仍然存在很大的难度。但是由于当时特殊的时代背景，我国还不具备这样一批高素质的技术人员来建设苏通大桥。但是苏通大桥的重大基础设施属性又要求其优先使用国内资源。技术人才供给与需求的矛盾也是苏通大桥在公权力配置与制衡过程中需要考虑的问题。

（4）利益相关方多。苏通大桥涉及苏州和南通两地，各地的建设情况存在差异，利益关系也需要得到有效的协调。因此在苏通大桥公权力配置与制衡的过程中需要兼顾两地利益，详见图 7.2。

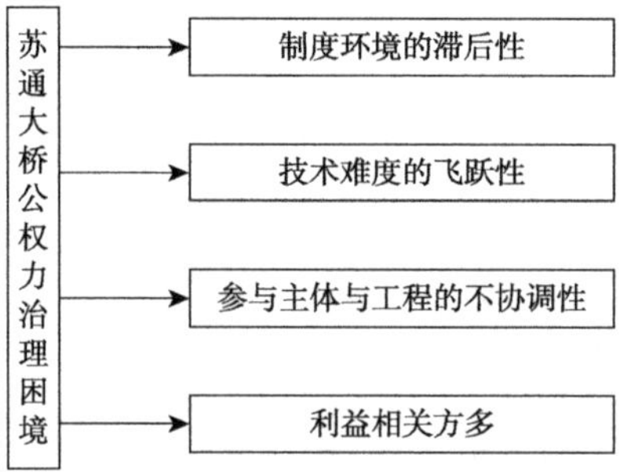

图 7.2　苏通大桥公权力治理困境

通过分析我们可以看出，苏通大桥的高要求与现实环境的低供给之间的矛盾使得苏通大桥决策过程中政府公权力问题的解决需要考虑苏通大桥实际情况。面临公权力异化、冲突等困境难题，需要使用具有苏通大桥特色的决策治理途径进行解决。

7.3　苏通大桥公权力配置

苏通大桥作为一个重大公共基础设施工程，公众是其最终的服务对象。出于工程建设的需要，公众将权力委托给政府，由政府作为发起人，并且对整个工程最终的建设质量负责。但是由于政府能力的限制，其往往将公众赋予自己的公权力委托给其他专业群体，由其负责并管理实际的工程建设活动。在苏通大桥的建设过程中，上级将自己的公权力委托给指挥部、项目法人，由其分别负责建设管理、资金管理，形成了“省部协调领导、公司筹措资金、指挥部建设管理”、政府主导与市场机制相结合的公权力配置模式（盛昭瀚等，2009b），组织架构详见图 7.3。这样既保证了政府对重大项目的领导和管理，使得项目能够具有凝集社会力量的优势，也体现了工程建设符合当时市场机制萌芽的经济环境背景，同时保证了工程建设有足够的组织协调、资源整合、协力创新的能力。接下来，我们将详细介绍每个主体的公权力配置过程。

7.3.1　省部建设协调领导小组

作为公权力的委托人，政府部门必须充分地介入苏通大桥的建设过程，以保

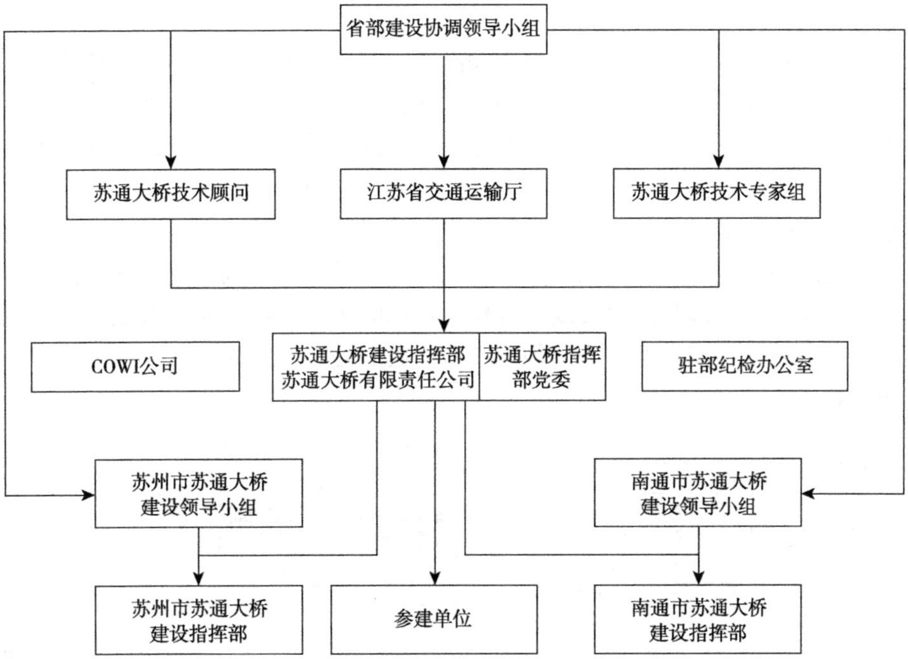

图 7.3　苏通大桥工程组织架构

资料来源：游庆仲等（2009）

证最终的工程建设质量。在大桥的建设过程中，由于涉及的政府单位和部门过多，为了保证统一指挥的目标和大桥建设管理的需要，苏通长江公路大桥省部建设协调领导小组应运而生。

苏通长江公路大桥省部建设协调领导小组，简称省部建设协调领导小组，是苏通大桥建设的最高领导层。它的主要职责是代表政府行使公权力，对苏通大桥建设过程中的重大问题进行决策和协调，应用政府赋予自己的公权力来整合社会资源以保证苏通大桥的顺利建设。决策问题主要包括技术环境、施工环境、投资控制环境、资源和政策环境等。

省部建设协调领导小组的政府属性决定了其是由从各个政府单位和部门抽调的人员组成的。省部建设协调领导小组主要由交通运输部部长和江苏省省长担任组长，省政府常务副省长、交通运输部副部长担任副组长。小组成员有省政府及其下属的交通运输厅、科学技术厅、公安厅、自然资源厅、住房和城乡建设厅、水利厅、生态环境厅、发展和改革委员会、海关、海事等有关部门的负责人和苏州、南通两市市长等。这样的组织机构覆盖了绝大部分与苏通大桥建设有关的政府单位和部门，保证了省部级协调领导小组在行使自己公权力的过程中，做出的决策能够代表交通运输部和江苏省人民政府对于整个苏通大桥建设过程中的最高领导力和宏观管理。

除此之外，苏通大桥涉及苏州市和南通市两地，各个地方的建设环境也存在较大的差异，处理的问题也存在不同。因此，省部建设协调领导小组将自己的公权力进行下放，还成立了市级建设领导小组，即苏州市苏通大桥建设领导小组和南通市苏通大桥建设领导小组，来更好地配合自己的指挥工作。两个市级建设领导小组由苏州市市长和南通市市长分别担任其组长，主要职责是负责各自征地拆迁、“三通一平”等各项施工准备工作，以及建设过程中协调和处理地方关系与矛盾，以确保苏通大桥和南北接线工程建设目标的实现。从本质上来说，市级建设领导小组是通过行使省部级协调领导小组下放的公权力来配合其管理工作的，详见图 7.4。

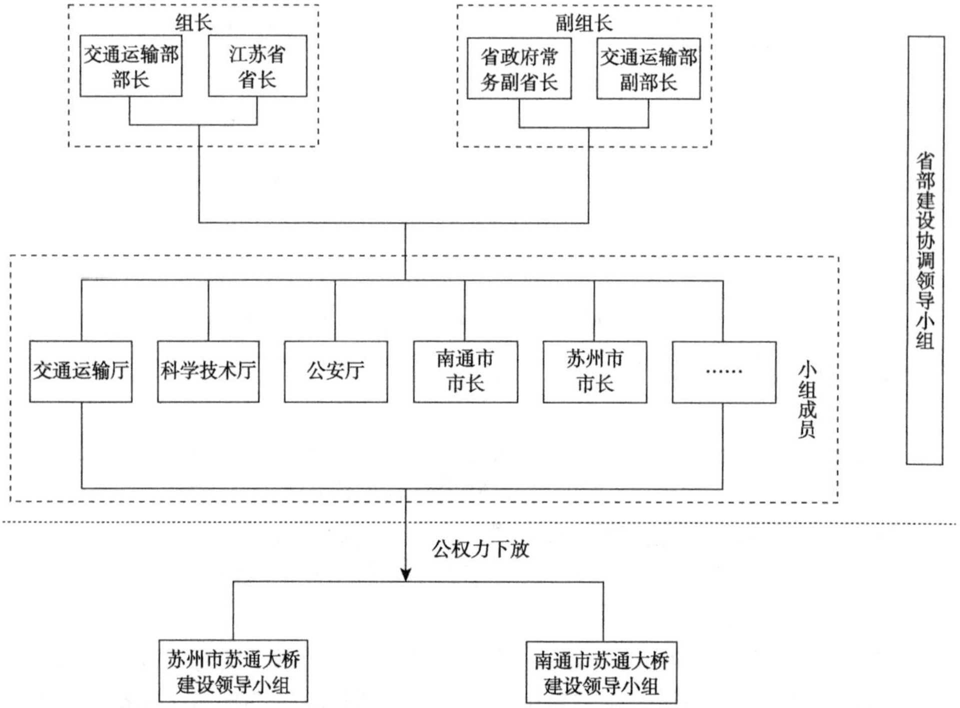

图 7.4　苏通大桥省部级协调领导小组公权力配置过程

从总体上来说，作为政府代表的省部级协调领导小组为苏通大桥的建设创造了良好的宏观环境，体现了政府对于苏通大桥建设的高度重视。在苏通大桥领导小组的公权力配置过程中，主要由苏通长江公路大桥省部建设协调领导小组统一领导，并且将部分公权力下放到下级部门，以便其配合领导工作。下级部门分别利用上级赋予自己的公权力做好各层级的工作，保证最终建设目标的实现。

7.3.2　项目法人

由于政府财政资金的有限性，苏通大桥的建设工作需要筹集社会资金。为了保证资金筹集和后期资金管理工作的顺利进行，江苏省交通运输厅、苏州市人民政府、南通市人民政府、江苏交通控股有限公司和江苏交通产业集团有限公司五家单位联合成立苏通大桥有限责任公司。由该公司作为苏通大桥建设期间的项目法人，行使政府委托的资金管理的公权力。

苏通大桥有限责任公司行使公权力的范围主要分为两个时期，即建设期和运营期。在建设期，苏通大桥有限责任公司和指挥部实行“两块牌子，一套班子”合署办公，目的是保证项目建设和后期运营的协调性。在该时期内，法人公司的主要职责是利用被委托的公权力去筹集社会资金，同时保证资金的有效运用。在运营期间，苏通大桥有限责任公司的公权力范围主要是资金运营、债务偿还和资产的保留增值，详见图 7.5。

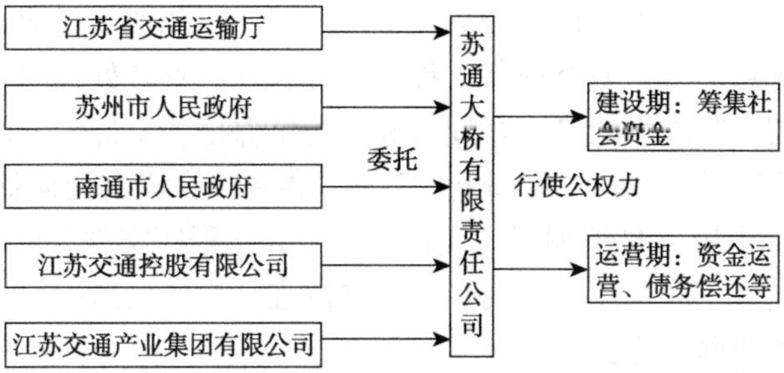

图 7.5　苏通大桥项目法人公权力配置过程

7.3.3　苏通大桥建设指挥部

苏通大桥是一个大型复杂项目工程，在建设过程中，不仅需要强大的资源整合能力，而且需要强大的协调众多利益主体的能力。在苏通大桥的建设过程中，国家正处于计划经济向市场经济转型的过程中，工程建设制度还不完善，只有政府的高度参与才能够有效地保证苏通大桥建设的顺利进行，因此，建设了苏通大桥建设指挥部来代表政府行使公权力。

苏通大桥建设指挥部由江苏省交通运输厅直接领导。由于苏通大桥涉及南通市和苏州市两地，在两地分别设立了地方性的大桥建设指挥部，并且在南通市设立了苏通大桥建设指挥部的综合现场指挥部，用于协调和指挥两地地方性的大桥建设指挥部。为了避免两地建设指挥部在职责和权力上的冲突，两地苏通大桥建设指挥部接受江苏省苏通大桥建设指挥部的委托，响应省部领导的要求，依据《苏通大桥南北接线工程建设管理总承包协议书》，分别履行委托的公权力职权，做好在自己责任范围内的工作，详见图 7.6。

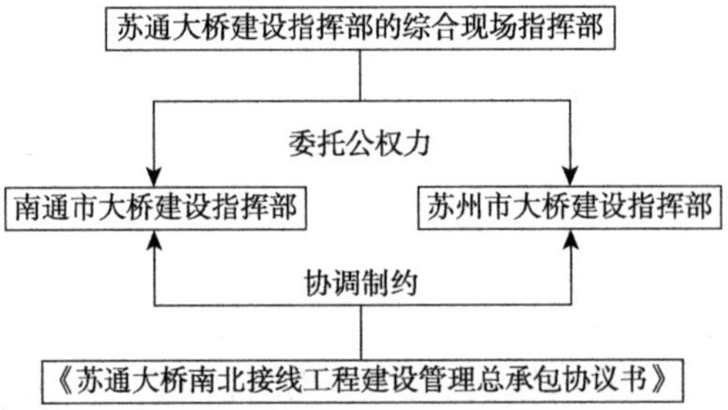

图 7.6 苏通大桥建设指挥部公权力配置过程

苏通大桥建设指挥部在本质上是一个专门的管理机构，它的主要任务包括苏通大桥建设过程中的各项管理活动的计划、组织、领导、控制和验评。由于苏通大桥建设过程中的复杂性和环境的不确定性，苏通大桥建设指挥部需要每个管理人员都处于专职状态，以应付各种突发事件。因此，苏通大桥建设指挥部分为六个部门，分别是总工室、安全处、工程处、计划处、财务处、综合处。各个部门分别负责自己权力范围内的日常管理事务。为了保证各个部门之间不仅可以实现有效的协调，并且不出现职责范围上的重叠，指挥部在成立初期就依据 ISO9000：2000 标准，组织研究并且汇编了《质量手册》和《程序文件》两份纲领性文件，分别为各部门划清了职责范围和明确了活动流程，为建设指挥部内部管理活动的有效进行提供了依据，详见图 7.7。

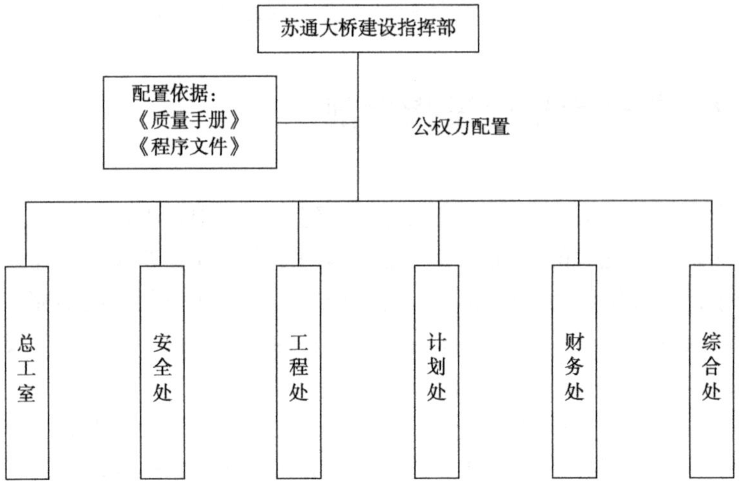

图 7.7 苏通大桥建设指挥部内部公权力配置过程

由于苏通大桥的复杂性和保证指挥部的专业性，苏通大桥建设指挥部成员并不是从各个单位抽调的，而是由具有工程经验的工程技术人员和管理专家组成的，这不同于一般的指挥部模式。富有苏通大桥特色的指挥部模式克服了传统指挥部中成员因为经验不足和临时观念的影响而不能很好地履行自己责任的缺陷。

从总体来看，苏通大桥建设指挥部的职责主要包括三个方面的内容：一是组织内部的协调，主要内容是负责组织内部上下级部门及同级部门之间的协调，以保证各层级之间的有效沟通。二是与参建方的沟通。苏通大桥建设指挥部通过合作和监督并行的方式，维护好与参建方之间的关系，保证工程最终按时、保质地完成。三是与组织外部的沟通。外部部门主要是指政府部门、金融部门、市场等。苏通大桥建设指挥部与这些部门的协调主要是为了在建设过程中得到各个部门的有力支持，以保证苏通大桥建设过程的顺利进行。

由此可以看出，苏通大桥建设指挥部是代表政府履行工程建设任务的机构。在建设过程中，苏通大桥建设指挥部不仅要利用政府赋予自己的公权力管理好内部活动，避免各个部门和两地指挥部之间的冲突，而且要协调好组织外部各主体的利益，详见图 7.8。

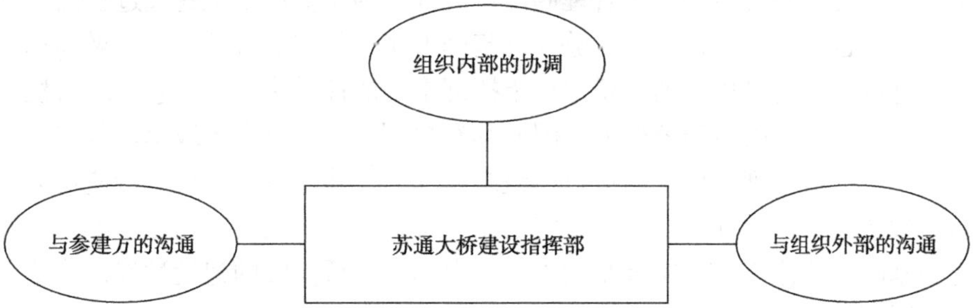

图 7.8　苏通大桥建设指挥部职能结构图

7.4　苏通大桥公权力制衡

公权力的配置保证了苏通大桥决策组织出现决策权力与能力的“缺失”和“冗余”的可能性降低，那么对于各部门在行使公权力过程中出现的异化行为，就应该通过制衡的手段来进行防范。在苏通大桥建设过程中形成了一套完善的制度保证体系，以保证宏观制度环境对于主体公权力的制衡及各个主体公权力之间的制衡。

7.4.1 制度环境对公权力的制衡作用

苏通大桥制度保证体系是各个主体公权力之间制衡的载体。我们先从全局的视角来分析宏观制度环境是如何制衡各主体的公权力的。苏通大桥制度保证体系按照制度制定者的层级可以分为三大类，分别是上级部门制定的制度、指挥部内部管理制度、参建单位内部管理制度。

上级部门制定的制度主要是指一些相关部门制定的法规、规章制度等。这是整个苏通大桥建设管理制度的基础，它为下级部门行使公权力和制度建设提供了依据。但是由于苏通大桥建设处于中国由计划经济向市场经济的过渡时期，制度环境具有不完备性和滞后性，而苏通大桥本身又是一个复杂的且富有挑战性的工程。上级单位制定的制度难免会存在缺失，不能够有效地对下级部门行使公权力的过程进行约束。因此，苏通大桥建设指挥部的各处室在上级单位制定制度的基础上，结合苏通大桥自身的特点，并且参考国内外类似工程的建设管理制度，制定了具有苏通大桥特色的建设管理制度。此外，为了保证工程建设过程的顺利实施，指挥部也要求各参建单位能够在此基础上制定相应的管理制度，做到有法可依，有据可查。这是由苏通大桥建设指挥部本身的性质决定的。它是政府机关的派出机构，代表政府行使公权力，因此其有权利也有义务在上级单位制定的宏观制度环境下通过制度建设来约束自己组织内部和参建单位的公权力行使行为。由苏通大桥建设指挥部和参建单位制定的制度统称为次级制度。相比于由上级部门制定的基础性法律制度，次级制度更加贴合苏通大桥实际的建设过程，是整个苏通大桥制度建设的重点。

这两级制度对公权力制衡的关系是：上级制度是次级制度对公权力制衡的基础和依据，次级制度对公权力的制约行为需要在上级制度对公权力制约的范围内进行。由于上级制度的缺失，如果次级制度能够在苏通大桥的建设过程中对行使公权力的行为进行有效的约束，次级制度将会在未来弥补上级制度对公权力约束的缺失，详见图 7.9。

制度对于公权力的约束并不是能一直发挥作用的。为了避免制度失灵的情况出现，我们还需要通过组织机构之间的监督来监督公权力行使者，我们将从以下三个方面进行介绍。

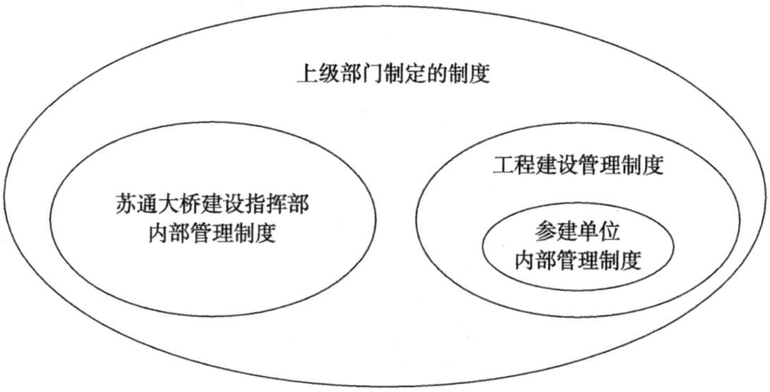

图 7.9　制度环境对苏通大桥公权力制衡

7.4.2　组织机构之间公权力的制衡作用

1. 外力对苏通大桥建设指挥部的公权力制衡

苏通大桥建设指挥部作为政府的派出机构，代表政府行使公权力来管理苏通大桥的建设工作。为了防止苏通大桥建设指挥部的公权力出现异化，除了制度环境的约束，上级部门和公众还对其行使公权力的行为进行了有效的监督，其中包括纪检派驻、跟踪审计监督、工程建设资金监管和廉政责任公示等措施。比如，在苏通大桥建设过程中，江苏省交通重点工程纪检监察领导小组成立有关部门并将其派驻工程建设现场，参与并监督工程建设全过程的各项重大决策，包括征地拆迁、招投标、设计变更等。为了减少由苏通大桥建设周期长、投资量大等复杂因素造成的资源浪费和矛盾冲突，江苏省审计厅作为外部审计资源，以苏通大桥项目跟踪审计组的形式，每半年对项目概算执行、内部控制、招投标、材料采购、资金使用等重点环节的效率效果和合法性进行全过程的跟踪审计。为了避免苏通大桥建设指挥部和承包商人员以权谋私及随意挪用工程建设资金，苏通大桥有限责任公司（即建设期间的指挥部）、承包商、开户银行通过三方协议制，实行三方监督、三权制衡的监督模式来对苏通大桥工程建设资金进行有效的管理。同时为了防止腐败行为出现，苏通大桥建设指挥部还在各个施工现场的公示牌上设立了举报箱并标明了举报电话，接受公众的监督，详见图 7.10。

由此我们可以看出，外力对于苏通大桥建设指挥部公权力的制衡主要集中于上级部门和公众两大群体。作为公权力的委托方，这两者都通过监督行为来参与苏通大桥的建设管理过程。

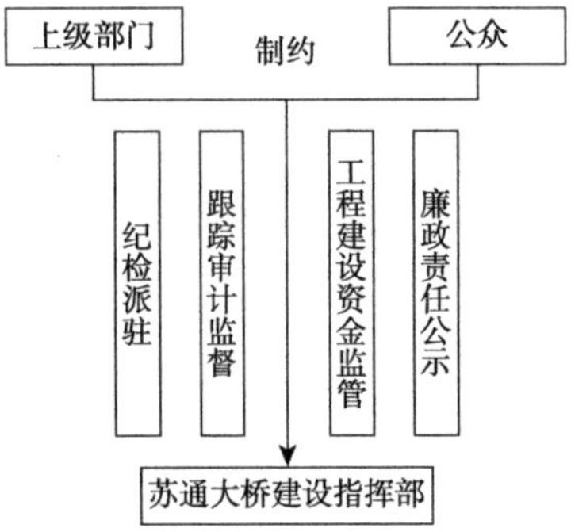

图 7.10　外力对苏通大桥建设指挥部的公权力制衡

2. 苏通大桥建设指挥部内部的公权力制衡

苏通大桥建设指挥部作为一个公权力的执行机构，内部包含 6 个不同的部门。虽然在公权力配置的过程中通过一些制度合理划分了每个部门的职责和权限，但是并不能保证在多部门合作行使公权力过程中，各部门不会利用权力为自我谋取利益，从而造成各个部门之间的冲突。因此，苏通大桥建设指挥部为了协调其内部各个部门之间的利益问题，规范管理活动，采取了一些措施对各个部门的公权力行使过程进行制衡，如工程现场的重大事项议事决策机制、权力运行制衡机制、廉政保障制度、理论与业务学习制度、现场督查制度、自查自纠制度等。

重大事项议事决策机制体现了民主和权力主体内部制约这两点。这一制度指，凡是属于将对工程建设产生重大影响的问题和事项，包括重大项目审批、大额资金使用、大额材料采购、重大设计变更问题等事项，都需要提交指挥部进行集体讨论和决策。例如，在苏通大桥建设过程中，如果涉及干部选拔任用、评比表彰等事项，将保证公正、公开。对于干部选拔任用，要做到集体决策，结果及时公示；对于评比表彰，要做到公开征集、支持群众推荐、集体决策、及时公示。在苏通大桥建设过程中，关于设计变更问题，首先需要由工程部门负责设计变更立项和工程量审查的工作，其次由计划部门负责审核设计变更的费用，这是一个权责分明、相互监督和制约的过程。关于招标问题，需要经过专家评审、领导小组集体决策研究、厅务会议通报这一多环节把关、监督的过程，详见图 7.11。

指挥部内部各部门公权力之间的权力制衡有效减少了不确定建设环境下，各部门应用自己的信息优势为自己谋私的公权力异化行为，保证了较高的指挥部内部决策质量。

3. 指挥部与参建部门的公权力制衡

正如 7.3.3 小节提到的，苏通大桥建设指挥部的职责主要分为三大部分：组织

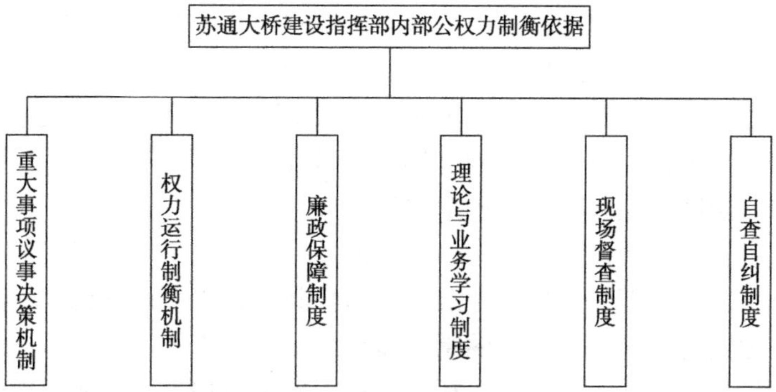

图 7.11　苏通大桥建设指挥部内部公权力制衡的依据

内部的协调、与参建方的沟通、与组织外部的沟通。对于组织内部的协调、与组织外部的沟通已在上面两小节进行了详细的阐述。在本小节，我们将重点叙述苏通大桥建设指挥部与参建方之间的公权力制衡。

在苏通大桥建设过程中，由于指挥部专业技能的缺失，指挥部利用自己的公权力委托参建部门建设苏通大桥，并且参见部门要对苏通大桥最终的建设结果负责。但是由于参建部门的经济属性，经常会出现利用信息优势寻求信息租金的现象。因此，需要对苏通大桥建设指挥部与参建方之间的公权力进行制衡，这样做的目的主要是保证苏通大桥建设管理质量，这也是整个苏通大桥公权力制衡的重点。本小节主要从质量、安全、风险三个方面进行介绍。

由于苏通大桥的首创性和技术难度的复杂性，为了保证工程建设质量，苏通大桥建设指挥部对于参建单位公权力的制衡主要从全面落实质量责任制、推行首件工程认可制、开展足尺试验制、建立现场质量检查评估体系四个方面着手。为了全面落实质量责任制度，苏通大桥建设指挥部确定了两个责任体系：施工单位责任体系和监理单位责任体系。这两大责任体系的特点就是责任细致、明确，方便事后的责任追究。在建设过程中推行了首件工程认可制，认可的范围几乎包含了所有主要的分项工程，认真总结工程建设中的具体质量把控措施，为后续工程建设提供指导。除此之外，对于一些关键工程需要进行预实验。足尺试验的开展有利于工程设计的进一步优化，同时明确组织的施工方法。为了保证施工现场的质量，苏通大桥建设指挥部构建了现场质量检查评估体系，该体系的构建有利于指挥部系统地对现场工作进行监督和管理。这些措施的落实，保证了指挥部对参建方公权力行使行为的监督和制衡，有效避免了参建方的机会主义行为，极大程度上减少了其异化的可能性。

正如在前文中提到的，法律规定的宽泛性与苏通大桥复发性之间存在矛盾。苏通大桥建设指挥部要求监理单位、施工单位针对苏通大桥建设过程中的实际问题，结合自己职责范围内的特色制定详细的规章制度，以形成苏通大桥安全制度体系，从而保证工程建设过程中的安全性。

为了搞好廉政工程和防止公权力的异化与腐败，苏通大桥建设指挥部对现有的制度进行了完善，并且进行了制度创新，形成了最终的苏通大桥反腐倡廉制度体系。对现有制度的完善主要通过落实责任人、增强人员自律能力、加强监管、对重点环节进行管理等进行。除此以外，苏通大桥建设指挥部还根据苏通大桥自身特色进行了制度创新，形成了跟踪审计监督制度、资金监管机制、公开透明决策机制、权力运行制衡机制为主的制度体系。

由此我们可以看出，在苏通大桥的公权力制衡过程中，形成了以国家制度环境为基础，苏通大桥建设指挥部、参建单位等各主体内部针对苏通大桥工程特色进行制度补充的制度管理体系，这为制约各主体在行使公权力的行为时提供了依据。除此之外，为了保证公权力制约的有效性，各主体之间还进行了有效的公权力制衡，形成了一个比较完善的公权力制衡体系，详见图 7.12。

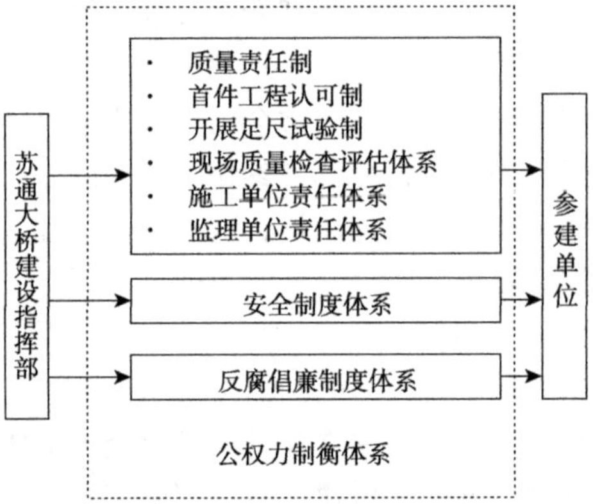

图 7.12　苏通大桥建设指挥部与参建单位的公权力制衡

苏通大桥公权力配置与制衡是一个相辅相成的过程。为了满足苏通大桥建设过程中的需求和有效地配置资源，苏通大桥建设指挥部建立了具有特色的组织管理系统。通过组织管理体系的建立有效地分配各个部门的职责和权限。这使得各个层级部门之间形成了有效的沟通渠道。但是在各部门行使自己权力的过程中，行使权力的交叉性使得各个部门之间存在冲突，从而影响了组织机构的有效运行。

为了保证组织内部运行的效率，权力制衡通过各种规章制度的制定，明确了各个组织之间的权责，并且通过外部监督，制约各个部门之间的权力越界，保证了苏通大桥组织内部的有效运行。

苏通大桥公权力的配置与制衡两者是互相依托的。公权力的配置是公权力制约的载体，公权力制约是公权力配置的动力。如果没有公权力的制约，那么配置的有效性将会失去，配置的意义也将不复存在。如果没有公权力的配置，公权力的制衡将无用武之地。

7.5　本章小结

本章基于政府公权力在重大工程决策过程中的重要表现与潜在问题，以提高重大工程决策过程质量为目的，将政府公权力作为研究对象展开了理论和案例研究。本章以典型重大工程苏通大桥为案例研究对象，主要做了以下研究：一是展开研究重大工程中公权力的配置，即工程建设组织架构的安排；二是研究公权力的制衡，即对公权力行使的权力约束。本章所探讨的苏通大桥公权力的配置与制衡问题，为重大工程决策治理理论提供了重要的实例，形象地说明了公权力问题的探索能够有效地保障和提高重大工程的决策效率。

第8章　重大工程决策组织动力学分析与柔性治理——以三峡工程为例

三峡工程作为重大工程，位于湖北省宜昌市境内的长江西陵峡，该工程与下游的葛洲坝水电站构成梯级电站。三峡工程功能有十多种，如航运、发电、防洪等，其决策过程复杂且艰巨，因此其决策组织治理也是一大挑战。由于组织的独特性能使分析更聚焦和更有细节感，本章围绕决策组织的治理问题，以三峡工程决策组织为研究对象，针对由重大工程决策主体构成的组织进行动力学力系结构分析，并进行动力学原理分析与柔性治理研究。

8.1　政府式委托代理的基本力系概述

重大工程管理组织是由多个不同层次、不同属性的干系人形成的，能够解决不断涌现的复杂性管理问题的系统体系。这些干系人原本是互相独立的，通过重大工程管理组织的形成，这些主体之间产生了多种关系。

重大工程管理组织内主体之间普遍遵循市场条件下的政府式委托代理关系原理，在此原理的基础上，我们试图通过借鉴物理学中“力”的概念来描述重大工程管理组织中个体之间存在的各种关联，这些“力”包括行政力、经济力、法制力、契约力和文化力，在个体和整体的层面上进一步形成了组织的“力系”。组织中的“力”不仅有着不同的内涵和属性，随着不同阶段组织结构的变化，这些“力”还呈现出动态演化的特点，进一步造成了重大工程管理组织功能和行为的复杂性表象。

政府式委托代理下的重大工程管理组织内部“力”的性质主要包括：①稳定性，主体之间力的相互作用在维持彼此关联的同时也保证了组织结构的稳定；②多样性，种类、特征和形态的多样性使得管理组织表现出了不同的功能；③递阶性，微观层面上个体的状态和行为、中观层面上的模式和机制必然要通过组织内部的力学原理层层递阶才能在宏观层面上形成。

根据政府式委托代理的基本原理，重大工程管理组织的各种“力”如图 8.1 所示，可以表述为以下内涵。

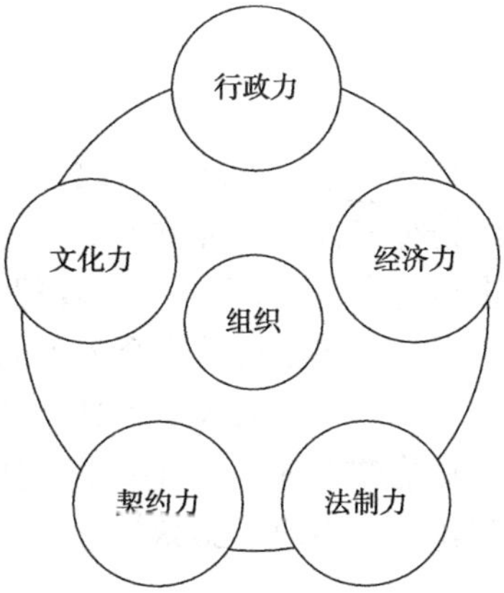

图 8.1　组织力系图

1. 行政力

所谓行政力就是指重大工程组织内体现社会公众意志并由国家行政机关行使的公权力。本质上是由社会公众授予，以维护公共利益、成就公共事业为目的的公共团体与责任人在职务上的权力。一般表现为基于社会公众意志而由国家机关行使的强制权力，并使这种强制权力制度化和法律化（Ruuska et al.，2011）。重大工程承载着社会和广大公众的利益，因此它代表了社会公众的需求和利益。政府接受公众委托，代表公众，从社会大众的立场上，在重大工程的决策、建设和运营的过程中行使一切必要的公共事务管理权。政府的公权力在重大工程决策管理中不可或缺，并且绝对不能被异化为私权。行政力在重大工程决策前期实践中的作用尤其重大。

2. 经济力

所谓经济力就是指重大工程组织内主体之间通过经济利益输送与交换形成的相互关联作用。重大工程的实施过程需要各种资源的支持，其中绝大多数资源是可以通过市场的经济活动，以货币交换的形式获得的。这种市场条件下的经济利益的运输和交换是重大工程管理组织主体之间稳定、关联的重要保证。

3. 法制力

所谓法制力是指法治环境对重大工程组织内主体行为具有的强制与约束的法律、法规力量。在我国，针对重大工程决策和建设管理有一系列专门的法律法规，这些法律法规对重大工程决策主体行为、主体间关系、工程实施的不同阶段的各项事务都有着明确的规定，是重大工程管理的重要行为准则，同时具有重要的强制力和约束力。

4. 契约力

所谓契约力就是契约精神的力量。不同于行政力、经济力与法制力，契约力是现代社会环境下通过契约精神培育和体现重大工程管理组织主体现代文明伦理与公民行为规范的重要促进与约束力量。重大工程管理组织中各主体之间的关系，既包括市场活动中的契约关系，又包括行政力介入下的公私法交叉的契约关系。政府、业主、承包商、供应商、社会公众等是否具有契约精神，不仅关系到管理组织基本结构的稳定与正常功能的发挥，而且关系到公权力的异化与工程主体的社会责任等现代工程文明问题（后小仙，2008）。

5. 文化力

文化是人类精神活动及其产品的总称，是人类文明发展的精神形态。在当今社会，文化已成为重大工程管理中的重要资源。所谓文化力就是文化这一重要资源巨大能量的表征。重大工程管理组织主体之间的文化力可以概括为：①主体之间共同、共有的价值观、精神追求与伦理力量；②主体之间自学习、创新等理念与行为的协同力量；③主体之间相互沟通、应变、执行与自适应能力；④主体共同表现出来的社会责任、公民行为、公众认同与社会和谐形象。文化力能够凝聚人心、统一意志，有着行政力和经济力无法替代的作用。

8.2 三峡工程各决策阶段的力系结构

20 世纪 50 年代长江三峡工程正式被提上国家议事日程，经过 40 多年的准备，90 年代开工建设。党和国家针对是否兴建三峡工程进行了大量的调研和论证工作，三峡工程决策主要分为四个阶段：前期规划阶段、首次论证阶段、再次论证阶段和最终评审阶段，在这一过程中专家、学者、政府官员参与其中并构成了多个决策组织。先后参与三峡工程决策的主要决策主体有：国务院及相关部委、水利部①、长江水利委员会、三峡工程论证领导小组和三峡工程审查委员会。

1. 前期规划阶段（1949～1978 年）

这一阶段是三峡工程的勘测、规划、设计和科学试验阶段。中共中央提出三峡工程“积极准备，充分论证”的建设方针并委托水利部负责围绕长江流域综合利用规划和三峡工程系统研究展开一系列工作，这里存在公权力即行政力的直接让渡。由水利部的派出机构长江水利委员会（成立于 1950 年，1956 年更名为长江流域规划办公室，归水利部代管，1988 年重新更名为长江水利委员会）负责具体的执行工作，开展大规模地质水文勘探和规划设计工作，根据国家有关法律法规和水利部的授权，长江水利委员会主要履行区域内的行政管理职能，并完成长江流域勘测和综合规划工作，长江流域规划问题经过国务院有关部委、有关省军区领导和中外专家 100 余人对长江中上游及三峡坝址的实地考察和工作汇报确定了基本处理原则，并由长江水利委员会完成《长江流域综合利用规划要点报告》，交由国家计划委员会提出相应的审查意见，经各省讨论并提出各自水利规划计划后，由长江水利委员会进一步修改上报水利部和国家计划委员会，最后由国家计划委员会转报中央，因此这一过程主要通过行政力维系，以及一定的法制力。为解决三峡工程所面临的重大技术问题，国务院指示国家科学技术委员会、中国科学院成立以集中全国科技力量研究三峡工程重大技术问题为任务的三峡工程科研领导小组，讨论由长江水利委员会提出的《三峡水利枢纽初步设计要点报告》，使三峡工程设计研究工作取得了阶段性的成果。由于 20 世纪 60 年代出现了暂时性经济困难、中苏关系破裂，三峡工程贯彻“雄心不变，加强科研，加强人防”的方针，放缓速度、重新选坝，在国务院的指导下继续进行各项科学研究，这为三峡工程规划设计工作的持续进行提供了强有力的行政保障和精神支持。

由此可见，这一阶段的决策主体有中共中央、国务院、水利部、长江水利委员会和三峡工程科研领导小组，由于所处时代背景的特殊性，决策主体之间不存在基于市场的经济力，主要通过行政力来维系相应的组织决策，为确保决策的正确性和有效性，由国家科学技术委员会集中全国科技力量研究三峡工程重大技术问题，直接委托专业部门及人员来对决策进行评价与监督。此外，三峡工程这项

① 1958 年 2 月 11 日，第一届全国人大第五次会议决定撤销电力工业部和水利工业部，设水利电力部；1979 年 2 月 23 日，第五届全国人大第六次会议决定撤销水利电力部，分别设水利部和电力工业部；1982 年机构改革将水利部和电力工业部合并设水利电力部；1988 年 4 月，七届人大一次会议通过了国务院机构改革方案，确定成立水利部；1988 年 7 月 22 日，水利部重新组建。为方便表述，本书将其统称为水利部。

重大工程关系国计民生，不同阶段的方针政策都体现着主体之间共有的价值观和精神追求，需要各方发挥协同力量。因此，主体之间还存在着一股凝聚人心、统一意志的文化力，它有着行政力不可替代的作用。这一阶段决策组织力系结构图如图 8.2 所示。

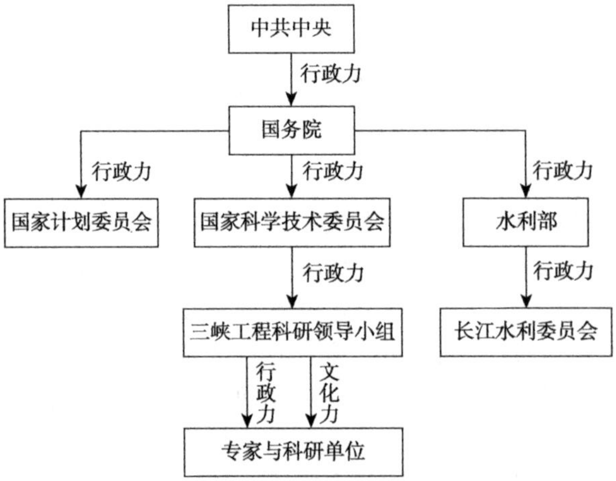

图 8.2　前期规划阶段决策组织力系结构图

2. 首次论证阶段（1979～1984 年）

这一阶段是三峡工程可行性研究报告的提出和准备阶段。国务院通过行政力将三峡工程的决策任务交由国家科学技术委员会、国家计划委员会负责，地方政府则发挥着协调各方关系、传达中央指示并配合协助论证工作的作用，水利部负责国务院下派的三峡工程的论证工作，形成了 13 个专题的可行性报告并提交给国务院，主要的论证工作由其下派的机构长江流域规划办公室完成。具体来说，研究问题主要集中在坝址和水库正常蓄水位方面，其间，国务院、水利部和长江流域规划办公室召开会议讨论确定坝址，经过国务院部委、鄂湘川三省及各科研施工单位、高等院校专家的研究，最终由长江流域规划办公室提出三峡水位 150 米设计方案的可行性研究报告，国务院根据国家计划委员会组织的专家审查和水利部的意见，同意了该项报告。

可见，首次论证阶段中除了国务院各职能部门之间的行政力外，还涉及对地方政府的行政权力下放，使地方决策主体参与到具体执行中，更好地尊重和体现了各地的差异性，避免产生利益冲突。三峡工程的论证阶段涉及专业性问题，需要对所提出的专业性决策方案进行论证，因此国务院依靠行政力委托各部门组织专家论证队伍，在专家论证结果的基础上权衡利弊，形成最终决策，为确保论证结果的科学、可靠，各职能部门也参与其中，依然主要依靠行政力去执行各项论证工作。此阶段具体的决策组织力系结构图如图 8.3 所示。

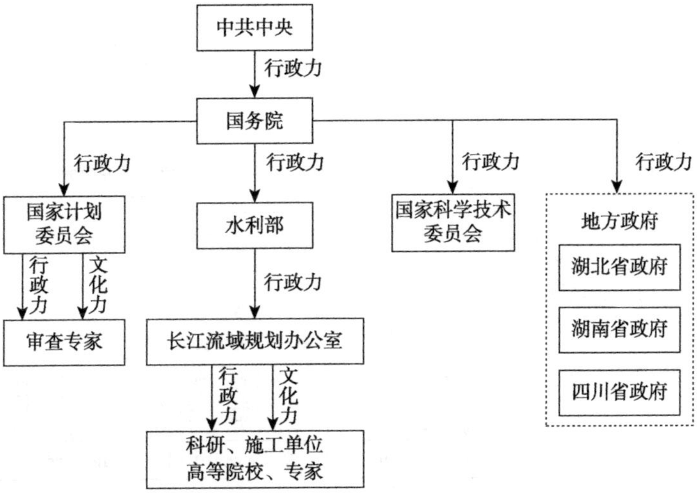

图 8.3　首次论证阶段决策组织力系结构图

3. 再论证阶段（1985～1988 年）

三峡工程的再论证过程不仅需要重新从经济、政治、技术、环境等各个方面论证三峡工程的可行性及重新编制可行性报告，而且需要解决在初次论证过程中遗留的问题，如水库蓄水位及选址问题等。

在整个三峡工程的组织决策过程中，这一阶段受到的约束力是最多的，涉及行政力、契约力、法制力、经济力、文化力，同时也是最复杂的。行政力是各个力之间的纽带，各力之间是一种相互平衡、相互促进的关系。各个力系之间的相互作用保证了组织决策在本阶段的顺利进行。这一阶段实质的决策组织力系结构图如图 8.4 所示。

由于前期论证工作的经验和技术不足，公权力的存在使得中央响应社会群众和下级政府的号召对三峡工程进行再次论证。为了保证决策的全面性，在本阶段的论证过程中，决策主体增多，不仅包括中央政府和各级政府机构，而且包括国内外专家和技术单位。决策主体的增多使得各个主体之间的黏性变弱，而各种力之间的相互作用保证了整个组织决策过程的有序进行。另外，三峡工程的可行性论证过程涉及的范围较为广泛。为了保证决策过程的有序性，再论证过程中采取“先专题后综合，专题与综合交叉结合”的方法。首先三峡工程论证领导小组使用中央赋予自己的行政力和经济力组织多个领域的专家对 14 个专题进行独立的论证，并在全国范围内委托高等院校、科研机构、勘测、设计单位承担对各专家组的支持工作。此外，以世界银行和国际咨询专家组为主要顾问，由水利部和

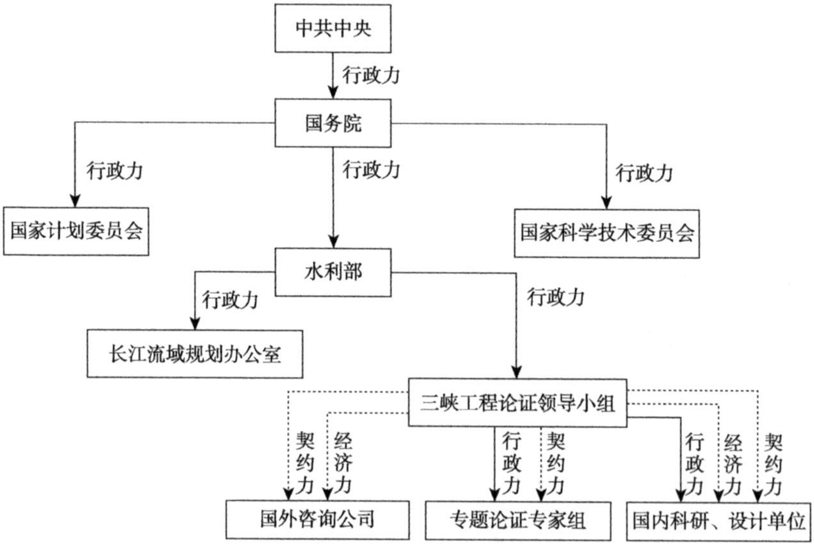

图 8.4 再论证阶段决策组织力系结构图

加拿大国际开发署聘用加拿大咨询公司编制可行性研究报告作为参考，借用国际力量提高论证质量。在契约力和经济力的约束下，专家必须针对自己的专题独立进行合理、有效的微观决策。其次各个专题的人员根据自己在论证过程中的研究成果和经验，进行泛精英决策和中观决策，筛选出在各个方面都较为满意的方案。最后再由各个专题的研究人员在筛选出的方案上进行各自专题的论证工作，最终得出一个在各个方面都较为满意的方案。在整个决策过程中，政府和专家及部分市场主体之间存在着契约关系。契约力的出现很好地保证了各个主体之间能够尽职尽责地负责各项工作，以保证组织决策的正确性。

同时在论证的过程中，三峡工程论证领导小组的行政力也使得专家在论证过程中能够获取足够的最新研究成果和技术资料，以帮助论证工作的顺利进行。在整个论证过程中，专家需要对自己本专题内的工作进行详尽的论证和充分的讨论，对每一项讨论结果必须签字。这充分显示了契约力的出现可以使论证主体的行为更加规范。

在这一过程中，三峡工程论证领导小组是由政府相关部门中的人员临时组织形成的，其在本质上就是政府行政力的实施者，他们与上级政府之间的力系关系主要是行政力，所以不存在如大多数重大工程中的政府和项目组织之间的经济力关系。

4. 评审阶段（1989～1992 年）

在三峡工程的论证工作进入最终的评审阶段后，整个过程中主要的工作内容就是三峡工程审查委员会组织专家在再次论证的基础上，审查三峡工程的论证结果，同时为全国人民代表大会最终的表决提供依据。

在本阶段组织决策过程中，由于其进行的工作的简单性和稳定性，整个决策组织力系结构形成了以行政力为主、契约力为辅的特殊结构。同时，决策主体的单一性决定了主体内部的力系结构也较为简单。法制力和契约力的存在要求三峡工程审查委员会必须按照严格的标准和流程做好三峡工程的审查工作，同时法制力和公权力同样要求全国人民代表大会行使自己的最终决策权力，从经济、政治、技术、环境等宏观层面上决策三峡工程是否上马。这一阶段实质的决策组织力系结构图如图 8.5 所示。

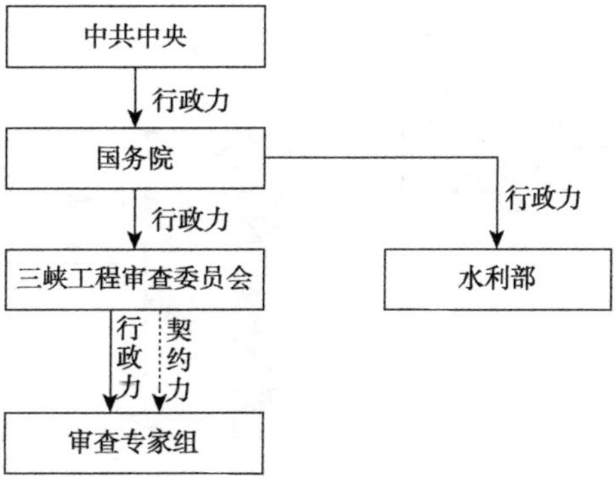

图 8.5 评审阶段决策组织力系结构图

在这个阶段，三峡工程审查委员会和全国人民代表大会是两个主要决策主体。为了检验三峡工程的可行性分析是否符合实际情况，政府委派三峡工程审查委员会对论证结果进行审查。作为政府部门行政权的代表，三峡工程审查委员会的主要职责就是在再论证阶段重新编制的《长江三峡工程可行性研究报告》的基础上，分别对每一个专题进行审查，并且提出相关的预审意见，并将其结果提交给全国人民代表大会，同时需要对审查结果负责。三峡工程审查委员会只是在上级部门行政力约束下完成自己的职能。

另一决策主体，即作为我国最高的权力机关的全国人民代表大会，代表群众来行使自己的公权力，其在三峡工程的审查阶段的主要职能就是针对审查结果行使自己的公权力，在考虑各方利益的基础上进行最终的宏观决策。

综上所述，三峡工程决策组织力系结构的柔性演变过程如图 8.6 所示。

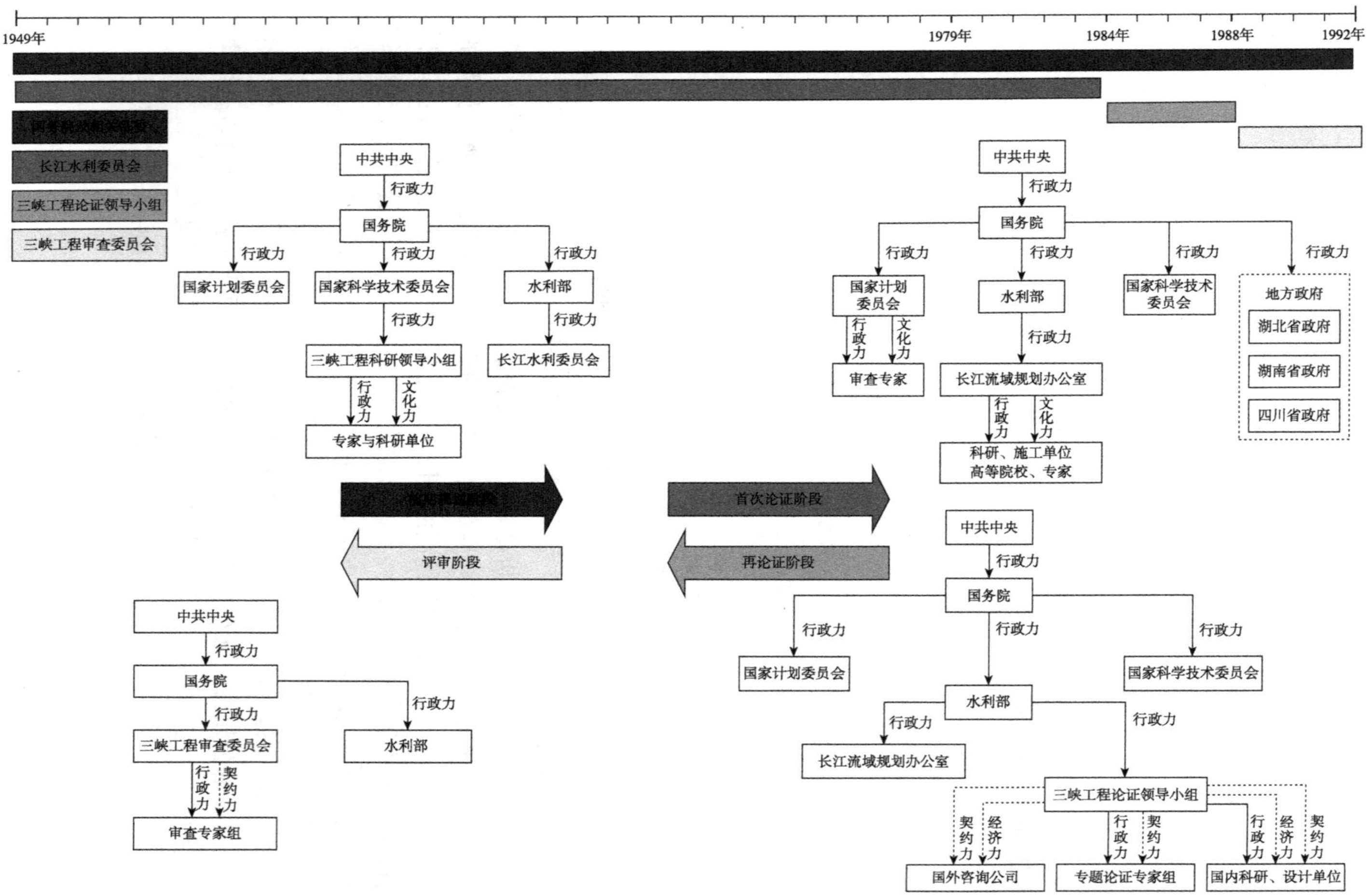

图8.6　三峡工程决策组织力系结构的柔性演变过程示意图

8.3　三峡工程决策组织的柔性演变

三峡工程作为一个复杂的系统工程，其规模大、供电范围广、涉及面广、建设时间跨度长、技术复杂、起点高，因此其决策过程具有复杂性、艰巨性和宏观性特征。三峡工程的决策复杂性主要体现在随着科学技术进步、内在决策机制的变化，建设方案不断优化，历时较长。同时由于决策主体的多样性，整个决策的过程及方案存在广泛的争议性。

三峡工程前期决策政府式委托代理模式随着决策问题的变化经历了柔性演变的过程。

首先，由于三峡工程的重要性，在整个工程决策阶段，从前期规划阶段以毛泽东、周恩来为首的中央决策层到审查阶段以江泽民、李鹏为首的中央决策层，所有的决策都是在中央高层的直接领导下进行的，体现了中央最高权力的直接介入。政府是决策组织的核心主体，政府的政治地位、代表性、权威性和整合资源的能力在决策过程中是任何其他社会组织与个人无法比拟的，因而在决策组织中行政力必然是主导的核心力。中央决策层作为三峡工程立项决策的最高层决策主体，对三峡的立项起着领导性的作用，他们对三峡立项的意见在某种程度上代表了国家建设三峡的态度。中央领导层直接领导，体现了三峡工程的重大意义。

其次，为了保证决策的科学性，三峡工程的决策组织在不同阶段适时进行了力系结构重组和自适应变化来获取更高的组织效能。1949 年，三峡工程进入前期规划阶段，经过了 35 年的规划论证，1984 年展开了再论证。1986 年，《中共中央、国务院关于长江三峡工程论证有关问题的通知》对决策程序做出了严格规定：要求水利部组织各方面的专家，发扬技术民主，充分开展讨论，在广泛征求意见、深入研究论证的基础上，重新提出三峡工程的可行性报告（冯子道，1987）。根据这个精神，水利部成立了三峡工程论证领导小组，并确定了 14 个专题。三峡工程的规划和论证过程持续了近半个世纪，充分体现了三峡工程决策的谨慎性。同时再论证阶段有专家介入并参与论证，邀请相关领域的专家对工程的技术、经济等方面的可行性进行论证，为决策者提供有效、可靠的分析论证结果，对决策起到技术支持作用，也进一步加强了三峡决策的民主化。

从时间上看，三峡工程的审查通过与上马是在 20 世纪 90 年代，我国正处于改革开放时期，也是国家实力稳步提升的关键时期，抓住这个战略机遇上马三峡工程正是抓住了恰当并且难得的建设时期。

最后，三峡工程在评审阶段的最终决策是由全国人民代表大会投票决定的，这在法律程序上给予了三峡决策绝对的法制支撑。

8.4 本章小结

本章首先对政府式委托代理的基本力系进行分析，在此基础上深刻解剖了三峡工程决策各阶段的力系结构，并对因决策问题的变化而经历的柔性演变过程进行详细阐述。在重大工程决策组织的视角下，对三峡工程决策组织进行动力学分析及柔性治理研究。

第9章　重大工程决策战略机遇期把握——以南水北调工程为例

战略是一种以全局观、整体观谋求某一目标的宏观规划，战略机遇期是指对战略的实现存在有利条件的历史阶段，包括该阶段所处的大的背景和环境。重大工程是国家战略意志的体现，是国家发展计划的重要组成部分，与国家的社会经济环境、政治文化背景和工程技术发展态势等方面都密切相关。重大工程决策是战略性问题，其决策过程周期长、难度大，但往往存在有利于工程全局目标实现的关键时期，即战略机遇期，这些关键的时间节点对应着不同的环境变量，决定了决策的复杂程度，对于工程进程的推进和最终目标的实现具有重大影响。战略机遇期稍纵即逝，抓住了就是良机，能大大加快工程进程，错失了会成为挑战甚至障碍，可能导致工程止步不前，乃至影响国家的战略部署，因此，在重大工程决策中，认识和把握战略机遇期是极为重要的。这就要求重大工程决策者高屋建瓴、审时度势，以战略性眼光敏锐识别工程所处政治、经济、社会环境的变化，把握有利于实现决策目标的机遇，顺应有利条件和发展趋势，引导形成良好的决策环境，最终使得工程决策目标得以实现。

南水北调工程是我国水利事业中一项非常重要的战略性基础设施工程，该项工程提出的时代背景较为特殊，同时面临诸多难题，决策过程较为漫长，在这一过程中，我国政治、经济、生态、文化等方面均发生了较大变化，对工程决策过程也产生了一定的影响，决策者积极把握这一变化中的关键时机，从战略层面不断审视南水北调工程的可行性，历经半个世纪最终形成南水北调工程的总体规划。南水北调工程的成功实施解决了北方地区迫在眉睫的资源性缺水问题，缓解了地方发展压力，提高了人民生活水平，其决策过程充分体现了决策者识别、把握关键时机的重要性。本章将以南水北调工程为例，探讨重大工程决策中的战略机遇期。

9.1　南水北调工程概述

南水北调工程是一项重大水利工程，旨在解决我国北方尤其是黄淮海流域广大地区的水资源严重匮乏问题，试图通过从水资源较为丰沛的长江流域调水以缓解北方缺水状况，是我国水资源战略和可持续发展战略的重要组成部分。南水北调工程事关中华民族的基本生存与长远发展，是促进经济社会与生态环境协调发展的必由之路，战略地位不容小觑，这项水利工程供水规模之大、受益范围之广是中国乃至世界前所未有的。正因为南水北调工程既承载着如此重要的战略使命，又面临着空前巨大的挑战，从 20 世纪 50 年代第一次提出构想以来，南水北调工程经历了半个世纪的反复科学论证。本节首先对南水北调的基本内容、目标和挑战进行总体概述。

9.1.1　南水北调工程的基本内容

南水北调工程是 1952 年由毛泽东提出的伟大构想，经历 50 年的反复科学论证，最终于 2002 年出台了南水北调总体规划方案，即依据地形状况差异划分出东线、中线和西线三条调水线路，分别对应于长江的下游、中游和上游。每一条调水线路都有各自的调水任务和供水范围，而这三条线路是相辅相成的。水资源的相互调剂使得黄淮海流域的水资源配置达到最优，同时在黄淮海流域的基础上联系长江所形成的“四横三纵”水资源总体布局，协调了东、中、西各地区可持续发展的需求（汪易森和杨元月，2005）。其中，东线工程面向黄淮海平原东部地区的缺水问题，包括苏北、山东、河北、天津等，试图以长江下游的扬州为源头引水北上，利用京杭大运河及一些与它平行的河道逐级提水；中线工程则从长江支流上的丹江口水库引水，沿华北平原中西部地区开挖渠道，为河北、河南、湖北、天津、北京等地区提供水源；西线工程计划将长江支流雅砻江、大渡河等水系作为调水来源，旨在解决我国西北地区和华北部分地区存在的干旱缺水问题，由于黄河上游的青海、甘肃、宁夏、内蒙古、陕西、山西等地区地形极其复杂，文化和社会差异也比较大，工程难度较高，目前还在论证阶段。

9.1.2　南水北调工程的目标

南水北调工程面临我国黄淮海地区经济社会和生态环境的可持续发展的需要，关系中华民族的存续和长远利益，战略意义重大。较弱的水资源承载能力会加剧经济社会发展和环境生态保护之间原本就较为尖锐的矛盾，此外，不断产生的地方争水矛盾，会增加社会的不安定因素，破坏民族凝聚力。因此，合理配置水资源不仅关系到生态环境的平衡与稳定，而且关系到经济的可持续发展、国家的政治统一和社会的和谐稳定，是一个极其重要的战略问题。南水北调工程所承载的战略目标，可以从生态、经济、社会三个方面进行阐述。

1. 保护生态环境

南水北调工程的首要目标就是保护生态。我国黄淮海地区的缺水性质是资源性缺水，节约用水和挖掘当地水资源潜力只是杯水车薪，无法从根本上解决缺水问题。雪上加霜的是，我国经济高速发展，城市化进程不断加快，随之而来的是水资源承载能力日益薄弱，水资源短缺问题日益突出，原本脆弱的地方生态环境变得更加恶劣，这种通过牺牲生态环境换来的经济发展是不具有可持续性的，造成的严重生态问题包括地下水超采、水体污染和土地荒漠化等。南水北调工程有利于解决这一系列的生态问题，将长江水引到这些缺水地区，一方面可以直接回补北方地下水，缓解地下水超采的状况，能进一步有效解决地下水超采引发的地面沉降、河湖干涸、土地退化等生态问题；另一方面，南水北调工程引来的新的水源，可以减少重复利用未经处理的污水，缓解水体污染问题。与此同时，南水北调作为一种开源措施，能够在一定程度上增加植被面积，遏制土地荒漠化的进程，促进当地生态环境的良性循环，最终改善黄淮海地区的整体生态。

2. 消除经济瓶颈

除了生态保护，南水北调工程的目标还在于充分利用水资源的经济属性，通过改善水资源配置，提高地区潜在的生产能力，从而形成实际的经济增长。南水北调工程惠及的黄淮海地区是我国非常重要的经济区，首都经济圈更是蕴藏着丰富的能源和矿产，在区位和交通上有着明显的优势，而这样得天独厚的资源和条件，却因为水资源短缺的制约，无法发挥其应有的潜在优势。因此，南水北调工程试图在有效解决北方受水区水资源基本供需的基础上，进一步消除黄淮海流域在经济发展上的束缚，改善地区投资环境，优化产业结构，推动沿线经济可持续发展。

3. 促进社会发展

黄淮海流域是我国人口密度大、产业众多、城镇密集的地区，在全国政治、经济、文化中占据重要地位。从战略角度看，国家安全、社会稳定是一个国家存续发展的基本条件，资源性缺水不仅会给生态环境和地方经济造成危害，而且会触发有损社会发展的不安定因素，甚至会引起社会发展的停滞。从个体层面看，水资源短缺会导致个体生存出现危机，持续的水资源短缺会加剧这种危机，群起而争水的事件自古有之，水权买卖等水案不仅会严重扰乱正常的社会秩序，而且会大量消耗不必要的投入。更不利的是，缺水地区中有许多少数民族聚居地，这些地区水资源短缺容易成为社会稳定和民族团结的巨大隐患。因此，南水北调工程以实现我国区域均衡发展、维护社会和谐稳定为目标，为我国社会主义建设提供最基本的保障。图 9.1 描述了南水北调工程的目标和挑战。

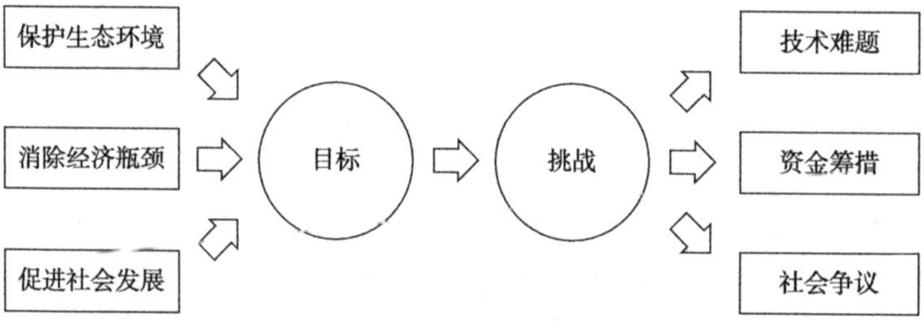

图 9.1　南水北调工程的目标和挑战

9.1.3　南水北调工程的挑战

南水北调工程的多重目标决定了这是一项综合性大型工程，建设该工程所涉及的内容也非常广泛，除了要解决调水线路、技术等具体事项，还需要处理水污染治理、地下水控采、文物和环境保护等其他相关问题，因此工程决策面临来自各方面的严峻挑战，这些挑战也制约了南水北调工程推进的速度。

1. 技术难题

南水北调的首要挑战在于技术层面，工程要实现大量水资源的远距离转移，无论是调水距离、水量，还是环境复杂程度，都是前所未有的，可以说技术难度空前巨大，仅在规划阶段就有许多技术难题，主要有四个方面：线路选择、水头设计、工程结构和疑难问题分析预测（张基尧等，2014）。具体来说，南水北调工程的实施既要考虑到沿线的地方需要，又要考虑到当地的地质状况，根据线路穿越的具体地理特点和地方发展需要选择合适的提水方式、提水容量、泵站规模、管道设置等，分析论证各技术实现手段在技术上的可行性和经济上的合理性，以保证水资源顺利到达受水区并减小工程所带来的负面影响，提前做好面向工程建设中各种未知风险的技术准备。南水北调工程在满足最基本工程需要的基础上兼顾地方的经济发展和人文要求，任何一个方案的通过都要经过多次论证会议才能达成共识。

2. 资金筹措

除了技术层面的挑战，重大工程建设的另一个挑战就是资金来源。南水北调工程的规模浩大，需要巨额资金作为支撑，而在工程提出初期我国经济实力薄弱，无法承担如此大型的水利工程建设，在计划经济时代，水利工程建设只能依靠国家财政拨款，没有其他的资金来源，缺乏足够的资金支持一直是制约工程论证进度的关键问题。南水北调这样的大型战略性工程，一旦出现资金断档就会造成工程成本急剧膨胀。资金充足是实现工程目标最基本的保障。随着我国经济体制不断改革，经济水平显著提高，逐渐具备承担大规模工程建设的经济实力，同时在建设资金来源上出现了多种融资渠道，但在渠道的选择上存在较大分歧。

3. 社会争议

重大工程具有耗时久、投入多且关系多方利益的特点，因此在决策过程中会受到来自社会的多方面的争议，南水北调工程在进入决策阶段后也遭到许多反对意见，其中较为突出的是认为实现南水北调的代价太大，入不敷出。一是考虑到这项工程的实现将会面临移民安置、产业发展、环境和文物保护等一系列问题，投入的增加会产生巨大成本，但不能确保所消耗的成本能产生等价的经济效益；二是考虑到在南水北调工程实施后，长江可能会由于调水量过多而在枯水期出现水量不足的情况，这容易加深长江口的咸潮，不利于长江的正常航运，从而降低长江航道在枯水期的承载能力；三是考虑到工程对长江流域自然环境的负面影响，长江流域人口密集、工农业较为发达，缺水现象也时有发生，调用长江水对整个长江流域沿江生态的影响是难以估计的，不利于保护现有的沿江生态，这种变化甚至可能引发生态危机。

9.2　南水北调工程时代背景

面对当时的战略目标和巨大挑战，南水北调工程论证规划工作持续了 50 年的时间，这期间我国经济、政治、社会经历了巨大的变迁，造就了南水北调工程决策的特殊时代背景。一方面，在党中央的领导下，我国经济建设在短短几十年内实现了质的飞跃，从中华人民共和国成立初期的岌岌可危，到社会主义建设时期的逐渐恢复，再到改革开放后的快速发展，国家经济实力显著增强，提高人民生活水平的需求更为强烈，这给予各项大型工程建设较好的发展机会；另一方面，国内政治经历了社会主义革命和建设有中国特色社会主义的历史性变革，这一过程并不是一帆风顺的，既有国内的重重阻挠，也有国外的不断打压，但最终还是成功为我国发展开辟出了符合国情的道路，为国家实力提升创造了坚实的后盾，为各项建设的开展提供了有力的政治保障，历经艰苦和战乱都不曾磨灭的中华民族精神，也为不同时期的中国建设增加了底气和力量。本节将从经济社会环境和政治文化环境两大方面来阐述南水北调工程决策的时代背景。

9.2.1 经济社会环境

19世纪中期以来，我国长期处于内忧外患之中，经济遭到了极大破坏，经济基础较为薄弱，随着新民主主义经济体制的建立，国民经济得以恢复。1953年后，提高经济发展水平的需求更为迫切，我国开始了大规模的社会主义经济建设，党中央和国家领导人借鉴苏联社会主义建设经验，坚持走社会主义工业化道路，考虑到当时的国际环境，必须加强国防工业，优先发展重工业。这一时期的经济发展较为曲折，首先是大规模建设的展开要求国家将各项权力和资源向中央集中并进行有效配置，三大改造的完成使我国确立了社会主义经济制度，开始实行计划经济。1956年中共八大根据第一个五年计划的成果指出要落实稳步前进的经济建设方针，这是对社会主义经济发展道路做出的有益探索，但国家经济实力还不足以支撑南水北调这项大型水利工程的建设。

1958年，国家开始了“大跃进”和人民公社化运动，持续三年的“大跃进”造成了国民经济的失衡。此时，国家进入经济建设的调整期。1961年确立了“调整、巩固、充实、提高”八字方针，通过加快发展农业、调整工业内部结构等措施，恢复了遭受重创的国民经济。此时，我国同周边国家的关系开始出现恶化，国际形势较为严峻，美国、苏联等国家在军事上的挑衅与争端直接威胁到国家安全，党和国家领导人强调加强国防工业建设，将全国沿海和边疆地区划分成三线，围绕战备进行以国防工业为基础的大规模基础建设（赵德馨，1994），在满足战时需求的同时也促进了地方经济发展和科技进步，随着国际局势趋于缓和、世界格局发生变化，国民经济建设逐渐恢复正常，为南水北调工程决策的实现增加了可能性。

1977年开始，国家的关注点逐步转移到经济体制和人民生活上。1978年中共十一届三中全会以后，国家将经济工作的重心转移到经济建设上来，改革开放掀开了我国经济发展的崭新篇章，为经济增长注入了极大的生机与活力，我国在经济发展战略上更加注重增强综合国力和提升人民生活水平，实现增长速度平稳加快。20 世纪 90 年代末，随着改革的深化和经济体制的完善，我国经济实力显著增强，为南水北调工程的立项提供了经济支撑。

可见，南水北调工程的决策过程总体上正是跨越了我国经济恢复、建设和发展的不同历史阶段，伴随着经济环境动态变迁，具体如图 9.2 所示。

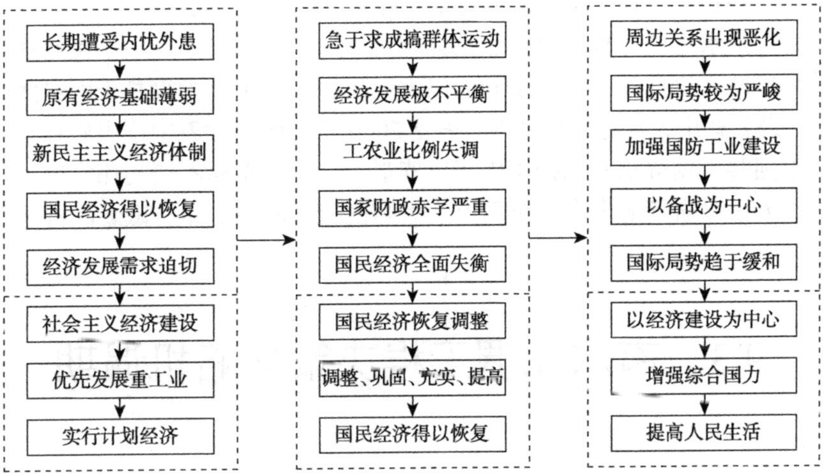

图 9.2　南水北调工程所处经济社会环境

9.2.2　政治文化环境

从古至今，治水对于维护国家统治和发展来说具有重要的意义，治国必先治水，而地区开发和人口增长加剧了我国水资源配置不均衡状况，严重限制了地方经济的发展，扩大了南北方发展差异，不利于国家发展和社会稳定，南水北调工程的提出充分体现了国家的战略需求，其决策关系到方方面面统筹和规划，只有依靠国家的力量才能有效推进这一重大战略举措，促进经济社会可持续发展，保障和改善人民生活。南水北调工程提出时正值中华人民共和国成立之初，人民政权刚刚建立，百废待兴，以毛泽东同志为核心的党中央率领全国人民进行了社会主义改造，建立了社会主义制度，其优越性在于集中力量办大事，为国家战略规划的实现奠定了政治基础。

但在我国社会主义建设道路的探索中，经历了诸多困难和挑战。党中央和国家领导人及时吸取经验教训，调整方针政策，挽救由国家层面错误而造成的损失，并结合国情探寻适合自己的发展道路，也正是在这样不平稳的政治环境中，逐步找到符合我国发展的政治路线，从而稳固了党的执政地位，更好地推进了应对国内外不同战略需求的各项工作。

随着政治体制的不断健全，每项工作的规划与实施更加需要科学、严谨的态度，尤其是大型基础设施工程决策关系到国家发展和人民生活，更需要慎重研究、合理规划、科学论证。虽然前期由于“文化大革命”等政治原因滞缓了南水北调的论证工作，但国家层面积极推进南水北调工程的大方向从未改变，改革开放后，国内政治形势趋于平稳，南水北调论证工作也在稳步向前推进。

同时，南水北调工程从提出、论证到规划、立项都离不开中华民族在长期实践中孕育出的文化支撑，无数水利人以大局观念和奉献精神投身于南水北调事业中，古有愚公移山，今有长征精神，华夏 5000 年文明蕴含着中华民族独特的精神品质，中国共产党继承和弘扬了中华民族艰苦卓绝、不屈不挠的伟大民族精神，带领中国人民以崭新的姿态迎难而上、大胆创新、团结协作、砥砺前行。

9.3　南水北调工程决策战略机遇期

南水北调工程的提出源于国家领导人对黄河流域水资源短缺的关注和重视，经过初期的探寻和摸索，党和国家领导人充分肯定了南水北调工程的战略意义，但主要受制于当时的时代背景，无法在短期内对南水北调工程的立项做出决策。随着水资源短缺日益严峻，将南水北调设想转变为现实的需求也愈发强烈，由于社会主义建设时期政治环境动荡，南水北调的研究工作进展缓慢，直到我国经济逐步恢复，尤其在改革开放后，经济逐渐步入发展的上升期，我国国力进一步增强，国家经济实力和科技实力相比中华人民共和国成立初期都得到显著提升，国际大环境也较为稳定，这对于南水北调工程的建设来说是极大的机遇，国家领导人在这一关键的历史时期，着眼于国家发展和人民生活，以保持科学、严谨的态度为前提，加快推进南水北调工程的各项准备工作。进行总体规划时，在多方面听取专家学者意见基础上，从国家战略层面提出总体原则，为南水北调工程的实现提供了指导意见和前进方向，确保南水北调工程论证工作的顺利推进，将实施南水北调工程东线和中线提上工作日程。南水北调工程从提出到实施经历了半个世纪的反复科学论证，在这漫长的论证过程中，我国经济、社会环境发生了翻天覆地的变化，南水北调的决策者们既没有操之过急，也没有延误时机，而是审时度势、因势利导，准确把握住了决策的战略机遇期。

9.3.1　黄河流域水资源短缺

黄淮海地区的缺水问题一直存在，然而中华人民共和国成立之后人口激增，用水量也随之大幅度增加，出现了地下水超采、水体污染、使用未加处理的污水等生态问题，加剧了缺水的情况。水资源是人类生存、经济发展、社会稳定的重要战略资源，华北地区严峻的缺水形势引起了国家领导人的高度重视。水资源短缺的解决办法有两种，即节流和开源，而北方地区由于地理上的劣势，属于资源性缺水，仅靠节流无法从长远角度解决水资源短缺问题，1952 年 10 月，毛泽东视察黄河时赞同引江济河的想法：南方水资源较为丰沛，北方水资源较为匮乏，如果有可能，从南方借水接济北方也是可以的，南水北调的宏伟设想由此提出（张基尧等，2012）。此后一段时间，由于我国国内正值经济恢复和社会主义建设初期，国力较为薄弱，尚且不具备建设这一重大基础设施工程的经济实力和政治支撑，因此，对这一设想依然停留在探索阶段。

9.3.2　水利工程建设热潮

1956 年年底，三大改造的完成标志着我国社会主义制度的建立，为国家转入大规模经济建设提供了集中力量干大事的制度条件。为进一步加快国民经济快速发展，提高生产力水平，1958 年 8 月，中共中央首次在《中共中央关于水利工作的指示》中提到“南水北调”一词，传达了国家较为长远的全国水利系统规划，1959 年，西部地区南水北调考察研究工作会议中确定了南水北调“蓄调兼施，综合利用，统筹兼顾，南北两利，以有济无，以多补少，使水尽其用，地尽其利”的工作方针，至此，南水北调工程进入了科学论证阶段（张基尧等，2012）。在党中央各项政策的鼓舞下，农村地区率先掀起水利建设的热潮，极大促进了水利工程建设的较快发展，对生态和经济都起到了推动作用，也为南水北调工程的推进提供了政治上的保障和技术上的储备。然而，我国在这一时期面临着较为复杂的国际形势，西方等帝国主义的军事压迫制约了我国国力的增强和国际地位的提高，国家需要将大量的人力、物力、财力投入到科技研发中，以增强我国军事实力以抵御外部威胁，维护国内和平稳定；在国内，长期以重工业为导向的政策也使得经济结构严重失衡，经济发展极不平稳，三年困难时期严重影响了经济增长，降低了人民生活水平，反映出我国经济基础依然薄弱，大型工程建设在一定程度上受到限制。此外，20 世纪 60 年代后期国内政治环境不稳定，“文化大革命”期间南水北调工程的论证工作被迫停滞，这在较大程度上滞缓了南水北调工程的论证进度。

9.3.3 国民经济逐步复苏

虽然论证工作被搁置多年，但是南水北调工程建设的重要性和必要性已得到党和国家领导人的一致认可，全国上下都期盼尽早解决北方地区缺水问题。以水利部为主的有关部门和单位在前期进行了大量调查研究、勘测规划、设计论证的工作，提出从长江下、中、上游分别引水北上的东、中、西线三条调水线路，在论证过程中，对于调水线路选择问题出现了争论，这也是论证的关键所在，即如何建的问题，首先讨论的是东线和中线的先后顺序，由于南水北调工程涉及多个地区的利益，对这一问题出现了长时间的争论，这不仅关系到技术挑战、生态条件，而且关系到国家经济实力。受当时国家财力的约束，同时建设两条线路是不现实的，既要科学周密，又要切实可行，因此做出科学、合理的决策对当时我国发展极不平衡的经济状况来说极具挑战性，论证过程也较为缓慢。1978 年实行改革开放后，社会经济加速发展，国家经济实力、科技实力不断增强，困扰多年的这一问题逐步得到解决，南水北调工程的论证工作也得到进一步推进，为南水北调工程成功实施增加了更多的可能性。可以说，日益增强的经济实力和综合国力是南水北调工程得以实现的强有力的保障，可推动论证工作的持续进行，与此同时，对于这一过程中的每个重要阶段，党和国家领导人都给予了高度重视与关怀，为南水北调工程的论证工作创造了良好的沟通氛围，各部门领导与专家学者间的有效沟通拉近了国家层面与专业层面之间的距离，避免了决策中的主观臆断和个人主义。党中央和国务院以科学、审慎的态度听取各部门的汇报和专家意见，从全局性和战略性视角筹划和论证南水北调工程，使论证过程中充分贯彻全面、协调、可持续的发展理念，为实现建设大型战略性水利工程、造福于地方百姓奠定了坚实的基础。南水北调工程已开展了较为全面的论证工作，但并没有得到明确的立项决策，原因如下：一方面，当时国家工作重心更多地放在经济建设上，追赶世界发展的潮流，不断提高经济实力，重塑我国国际地位和影响力；另一方面，考虑到南水北调工程对经济发展所具有的重大意义，社会形势相比改革开放前更为复杂，其立项实施需要全面的统筹规划，对于南水北调工程这项关乎国计民生工程的决策也更为慎重。

9.3.4 重大自然灾害发生

到 20 世纪末，社会经济发展不断加快，与此同时，黄淮海流域水资源过度开发和地下水严重超采造成河道断流、湖泊干涸等生态问题，影响了正常的农业灌溉和城市用水，也进一步加剧了水资源短缺、分布不均的状况，生态环境恶化愈加严重。现代社会，生态环境容易沦为经济发展的牺牲品，人们倾向于利用大自然的无偿馈赠实现眼前的经济效益，殊不知，良好的生态环境才是大自然最宝贵的财富，1998 年和 2000 年发生的两场自然灾害——长江流域洪涝灾害、华北地区严重干旱给决策者敲响了警钟，促使党中央和国务院意识到从根本上缓解北方缺水问题迫在眉睫，南水北调工程势在必行，要加强南方地区防汛工程建设，有效利用洪水资源向北方提供更多的水源，以实现拯救日益恶化的生态环境的最终目标。世纪之交的两场自然灾害更加坚定了国家建设南水北调工程的决心，明确了南水北调工程的论证目标，加快了论证工作的进度，促进了南水北调工程前期工作的加紧完成。在分段论证工作步入尾声之际，国务院总理朱镕基在 2000 年 9 月 27 日主持南水北调工程座谈会时强调要加快南水北调工程前期工作、争取尽早开工建设，同时要重视立项前的准备工作和总体规划，这直接关系到工程建设的成败，要坚持开源节流并重与节水优先的原则，重视、加强水污染治理和生态环境保护工作，在具体行动中始终贯彻“三先三后”的总体原则，即先考虑节水、治污、环保，再考虑调水、通水、用水，强调既要保持全局观念进行全面安排，又要在细节上分清先后顺序，按步骤实施（张基尧等，2012）。这一总体原则的提出为南水北调工程前期工作明确了方向和目标，水利部作为主要承担部门，充分利用多年来南水北调工程规划成果，结合经济社会发展的时代背景，听取多方专家学者的意见，研究编制了南水北调工程规划的指导思想、规划目标和原则，结合沿线各地区编制的城市水资源规划，最终形成由节水治污、资源配置、总体布局、体制机制四部分组成的南水北调工程总体规划，2002 年 12 月 23 日，国务院正式批复《南水北调工程总体规划》，国家和人民半个世纪的期盼终于提上实施的日程，具体如图 9.3 所示。

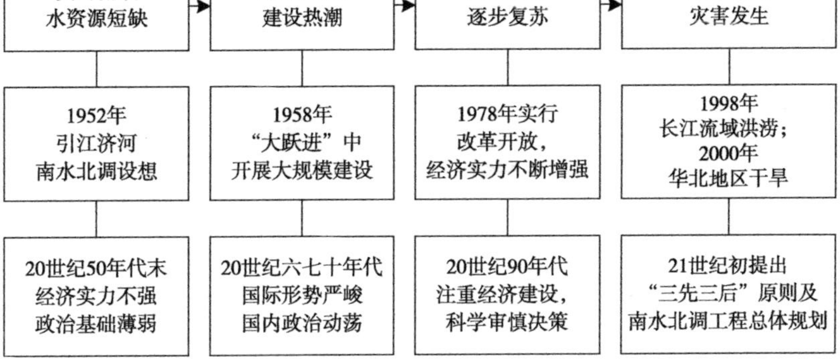

图 9.3 南水北调工程决策战略机遇期示意图

9.4 本章小结

南水北调工程决策事关国家的战略部署，不仅可满足北方对于水资源的需求，而且对于国家发展来说也具有重要意义，其决策过程面临国家经济、社会、政治等方面的动态变化，出现了影响决策的诸多因素，增加了决策的复杂性。可以看到，决策者在进行这项重大工程决策时没有急于求成，而是以长远眼光和战略视角对待工程立项，审时度势，抓住决策的关键时机，在我国水资源短缺形势严峻、水利工程建设热潮、国家经济复苏、重大自然灾害发生之际，牢牢把握决策机遇期，做出了科学、合理的战略选择。

第10章　重大工程群决策治理机制——以港珠澳大桥为例

重大工程具有高度开放的环境、多元异质的工程主体及涌现的系统功能等特征，且会在大跨度的时空尺度下出现各种不确定的情景，因此重大工程决策具有高度复杂性和深度不确定性。重大工程决策是一个涉及多个决策主体的群决策问题，本章将对重大工程群决策治理机制进行介绍。

首先对群决策的基本概念、主要特征和面临的挑战进行阐述，群决策在重大工程决策中发挥了重大作用；其次以港珠澳大桥为例介绍重大工程群决策的实际应用，港珠澳大桥作为重大工程的典型代表，其涉及香港、珠海、澳门三地的背景就足以体现其决策的复杂性，因此群决策面临的问题和挑战及其治理机制对于其他重大工程具有借鉴意义；最后，本章对港珠澳大桥的典型案例群决策问题即桥位及着陆点决策、口岸模式决策、投融资模式决策进行详细分析，从中得到重大工程群决策在具体成功案例上的启发和感悟。

10.1　群决策基本概念与内涵

群决策是指当前面对复杂决策问题时，同时有两个或多个决策主体的一种决策模式。

一般地，多个决策主体的出现，是由于单个决策主体的知识、经验和信息不足，需要多个主体发挥共同、共享的作用来阐释问题的本质，提出可能的解决方案，并评估潜在的解决方案、制定战略，通过合理利用资源及提出高水平的激励措施来实施群决策方案，从而提高决策主体整体的决策智能水平。群决策不要求全部决策主体处在同一物理空间，只须他们彼此了解并认识到自身是决策主体中的一员。群决策成员通常包括项目团队、董事会、立法委员会和医疗小组。大多数情况下会将相对个人来说更重要的问题交由群体决策。

另外，有时决策问题非常复杂，各个决策者对于决策方案的偏好除了受各自的知识、经验影响外，更有利益、权力甚至法律的制约与考虑，而客观情况要求不能以权力、威望的大小与社会地位的高低来确定决策方案。

群决策是个体成员间信息交换的结果（Desanctis and Gallupe，2011），且提供了一种将个体知识转化为组织生产力的机制（Lightle et al.，2009）。相对个体决策而言，群决策具有以下几个特征。

（1）决策者多于一人。决策成员除了具有协同效应，成员之间还可以共享不同的信息和专业知识（Chung，1997）。

（2）决策问题更加复杂。决策问题较复杂的原因有以下几点。①个体偏好。决策个体有各自的目标、优先观念、效用函数，因此不同情况下个体的偏好程度不同，将会对决策产生影响。②主观概率判断。决策个体由于信息收集和输出结果不同，自身的主观判断会出现差别，从而会影响最终的方案决策。③沟通。群决策中各成员须在沟通过程中相互交流，交换各自的信息（黄深泽，2002）。同时，群体行为文化差异可能会对决策产生影响（Chung et al.，1997）。

（3）方案的不可试验性。虽然人工智能等技术迅速发展，但计算试验仍然不能完全对真实情景进行仿真与还原，所以群决策仍然面临很多的挑战（苏波和王浣尘，1995）。

表 10.1 对群决策与个体决策在速度、准确性、方式、效率及优缺点方面进行比较。

表 10.1　群决策与个体决策比较图

方式	个体决策	群决策
速度	快	慢
准确性	较差	较好
方式	个人	群体
效率	与单个决策方案的复杂性有关，耗时短，成本高	耗时长，但成本低
优缺点	执行速度快，但决策鲁棒性低	避免发生错误，执行需要时间

但是，在真实的群决策情景中，由于人类认知的不确定性及决策的复杂程度，决策者对事物进行判断时，往往会给出不确定偏好信息（刘彩娜，2009）。这时，按某种规则集结决策群体偏好，并形成一致的群体偏好就大大超越了决策者“智能、知识、信息”的范畴，即这时的决策者不仅是理性的“智能人”，而且是“社

会人"、"政治人"与"法律人"。这时，群决策的难度增加，不仅需要考虑决策者本身的理性行为，更需要考虑政治、法律等层面的影响。所以群决策仍面临着不小的挑战，需要在各个方面寻找相应的解决方案。

10.2　港珠澳大桥群决策概述

港珠澳大桥工程全生命周期中的群决策问题不仅涉及工程、技术、工程管理、社会、环境和财务等多方面的专家和工程设计、施工及咨询单位，而且处在"一国两制"，即三地不同的政治和法律环境背景下，因此群决策问题的复杂性不可小觑。港珠澳大桥所处的政治、社会、地理、自然环境等高度特殊和复杂，所面临的群决策问题和挑战也日趋严峻，本节将对港珠澳大桥群决策问题进行简要概述。

10.2.1　港珠澳大桥背景介绍

港珠澳大桥是继三峡工程、青藏铁路等重大工程之后又一与国计民生极为相关的基础设施工程，其跨越珠江口伶仃洋水域，是连接香港、珠海和澳门的跨海通道，是世界上建设难度最大、跨度最长的跨海大桥。

港珠澳大桥所处的政治、社会、地理、自然环境具有高度的特殊性与复杂性。特别地，基于《中华人民共和国香港特别行政区基本法》《中华人民共和国澳门特别行政区基本法》的规定，香港及澳门地区实行特殊的法律制度，因此港珠澳大桥工程决策遇到了一个前所未有的"一国两制"政治与法律环境。

"一国两制"即"一个国家、两种制度"，是指在一个中国的前提下，国家主体坚持社会主义制度，香港、澳门作为特别行政区而保持原来的资本主义制度。这一独特的政治背景对港珠澳大桥工程重要问题的决策具有深刻的影响，并带来了一系列独特的重要决策问题。

10.2.2　港珠澳大桥群决策问题概述

港珠澳大桥重要决策实践经验包括桥位与着陆点决策、口岸模式决策、投融资决策与中华白海豚保护决策。上述决策事项不仅具有工程技术等层次的专业性强、难度大的特征，而且出现了因“一国两制”而形成的法律、政府行政管理等层面的问题，这就需要决策者对港珠澳大桥工程群决策通过思维创新、认知创新，实现决策分析与决策管理的创新。

首先，重大工程技术选择是一个群决策行为，这个群体不仅包括工程专家、技术专家、工程管理专家及社会、环境、财务等专家，而且包括工程设计、施工和咨询单位。这一群体不仅具有对技术原理、技术可行性及可实施性的论证能力，而且具有科学开展技术经济性及风险分析的能力（Sheng，2018）。

其次，对于“一国两制”问题，国家为三地合作提供了和谐的合作环境。鉴于香港和澳门地区特殊的政治体制，在港珠澳大桥前期决策中，中央政府深入贯彻“一国两制”原则，进一步确保了决策的科学性与民主性（梁茹和盛昭瀚，2015）。

因此，在不断进行决策管理创新的过程中，港珠澳大桥决策积累了许多宝贵经验，保障了该工程决策的科学性与民主性，并为现代大型工程类似决策提供借鉴，中国港珠澳大桥前期决策体制与流程为我们提供了一个成功的案例。

10.2.3 港珠澳大桥群决策面临的挑战

港珠澳大桥是一个复杂的重大工程系统，在具有动态性和开放性的决策环境下，决策问题复杂，决策涉及面广泛，大桥决策组织所面临的挑战也越来越严峻（Sheng，2018）。

在大桥建设的整个过程中，所面临的挑战主要可概括为以下三点。

1. 行政公权力配置问题

行政公权力能否进行合理配置和制衡，是港珠澳大桥群决策面临的一大挑战。首先，港珠澳大桥具有二重性，即公共属性和商品属性，公共属性是其主导属性。其次，港珠澳大桥筹备和建设过程中，政府行政公权力和市场经济因素的作用越来越大。这些都说明在港珠澳大桥全生命周期过程中，行政公权力的合理配置与制衡的重要性。因此，一方面须在决策和实施等多个环节，保障多个利益相关方的行政公权力的行使；另一方面，对行政公权力承担的责任予以明晰，建立结构合理、配置科学、程序严格、制约有效的权力运行机制，从源头上对行政公权力形成有效制约，切实保障公权力行使的科学性、民主性和有效性。

2. 法律环境问题

“一国两制”背景下的法律环境问题，是港珠澳大桥群决策面临的又一挑战。

港、珠、澳三地存在法系差异。由于港珠澳大桥在三地都有相应的项目任务，对于涉及各方投资形成的财产权益（所有权、管理权、处置权），若没有相应的法律制度保障，则项目较难实现“统一建设、统一管理”。

3. 争端解决

港珠澳大桥决策过程涉及众多的利益相关方，决策环境及决策问题等较为复杂，因此对于涉及三方利益的重大问题也缺乏可借鉴经验，且三地司法体系不同，导致协调过程复杂，三地政府协调时间长。

港珠澳大桥决策组织随着决策问题的变化而适时演变的过程，较好地实现了决策组织的权力、职能、能力与支持等关键决策资源要素与需要解决的决策问题复杂性之间的匹配和对接（Sheng，2018）。因此，港珠澳大桥决策的成功经验值得我们深思与借鉴。

10.3　港珠澳大桥群决策治理机制

港珠澳大桥决策问题涉及三地政府，其工程、技术、社会、体制的复杂性超过一般工程。在“一国两制”的政治与法律环境背景下，港珠澳大桥工程是跨境公共工程，三地政府是工程立项、投资主体，同时三地法律也不同，在工程施工技术规范与标准等方面，三地也各不相同，三地的文化也有所不同。粤、港、澳之间法律、法规和政策体系的差异及跨区域特征带来的决策问题类型多样性成为具有挑战性的问题。同时，单个决策主体决策信息不足，决策能力有限，因此决策不能仅由单方决策，需要三方共同协商、决策得出最终决策结论，以提高决策主体的决策水平。港珠澳大桥群决策由港珠澳三方共同得出，可将其分为三个部分：决策系统分解与重构、权力配置与治理结构、联合行动机制及无诉讼争端机制。

10.3.1　决策系统分解与重构

港珠澳大桥决策问题具有复杂性高的特点，而系统分解与重构是降低系统复杂性的重要手段。在解决港珠澳大桥决策问题时，需要根据不同原则对决策问题进行解构和重构。系统分解与重构通常用于计算机各子系统或工程全生命周期中，在本书中，系统分解与重构是指将复杂的决策系统先行解构，分析其子问题，最后将各子问题重组，以期降解系统复杂性。港珠澳大桥群决策系统较一般工程来说决策问题复杂，需要从物理层面和逻辑层面两方面对其进行分解。

从物理层面来讲，根据地理位置将港珠澳大桥群决策系统的接线工程和口岸工程分解为三个独立的子工程，分解后香港、珠海、澳门三方根据法律属地原则，即三地根据分解后各子工程所在地法律法规进行相关决策，相关决策表现在法律、技术标准、程序、投资模式、决策组织结构和权力分配方面。但与此同时，桥岛隧主体工程不能按照行政区域划分，只能由三地共建共管。

从逻辑层面来讲，分析港珠澳大桥建设期间发生的重大决策问题，并对决策问题进行分类。同一类问题通常在决策程序、决策主题和决策协调机制上具有共同点。逻辑层面上将其分为 5 个部分：基本法律问题、工程方案与技术标准、公共管理问题、经济问题和项目公司问题。

最后，通过分解后的物质层面和逻辑层面决策问题的解决，由部分组成整体，由低层次叠加得到高层次，重构跨境工程——港珠澳大桥所面临的复杂决策问题。

10.3.2　权力配置与治理结构

港珠澳大桥的建设过程面临着不同的决策问题，如桥位决策、投资模式决策、口岸模式决策及环保决策等。同时，港珠澳大桥政府与公众间存在委托代理关系，是一种法律和行政层面的虚拟委托代理关系，在公权力与行政力共同存在的背景下，政府应合理配置权力，既不能出现权力冗余，又要防范公权力异化。针对“缺失”与“冗余”，重大工程决策治理机制须明确各决策主体在决策中的权利与义务，为决策提供根本性的规范和指导。由于重大工程决策问题中有许多涉及宏观、战略层面和跨多个领域的问题，部分政府部门在决策过程中常常因手握一定的公权力，而用个人意志替代公权力，或把部门公权力替代必须遵守和服从的国家法律法规，也有因行为异化而导致的违反法律现象。因此，合理配置权力，保证其“不溢不缺”，在重大工程的整个决策过程中意义重大。

不同的决策问题涉及的决策内容不同，决策主体的权力随之发生变化，因而需要多层次的决策治理结构和不同权力配置。在“一国两制”背景下，“三级架构，两级协调”是港珠澳大桥建设所提出的特有的多层次决策治理架构。

第一级架构（图 10.1）以中央政府为主导，由中央政府，国务院有关部门，粤、港、澳三地政府于 2006 年 12 月组成专责小组，专责小组根据《中华人民共和国宪法》《中华人民共和国香港特别行政区基本法》《中华人民共和国澳门特别行政区基本法》具体协调项目建设中出现的各类问题、三方出现的决策争端及法律和政策问题，从而保障公权力的有效实施。

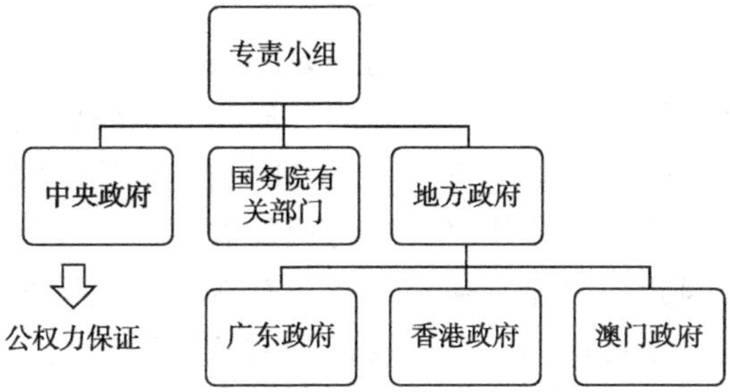

图 10.1　第一级架构——公权力保障

第二级架构（图 10.2）以三地政府为主导，2010 年 2 月 26 日，粤、港、澳三地政府签署了《港珠澳大桥建设、营运、维护和管理三地政府协议》(简称《三地协议》)。2010 年 5 月 24 日，由三地政府各派出 3 名委员组成三地委员会。《三地协议》紧紧抓住港珠澳大桥跨境造成的复杂性，基于“法律适用、政策补充”的准则，对港珠澳大桥工程管理的属性与地域进行分割，以“适用属地法律”、“友好协商”与“互助义务”等为基本原则来界定港珠澳大桥决策机制的有效性，明确规定了三地政府在工程决策中互相协调的基本原则及其权利与义务，为港珠澳大桥今后的建设管理和决策提供了根本性的规范和指导，成为港珠澳大桥建设管理和决策的共同纲领。三地委员会根据《三地协议》负责工程的重大决策事项、各子工程之间接口问题，协调大桥建设相关事务及任命港珠澳大桥管理局关键领导并对其进行监管，从而协调公权力。

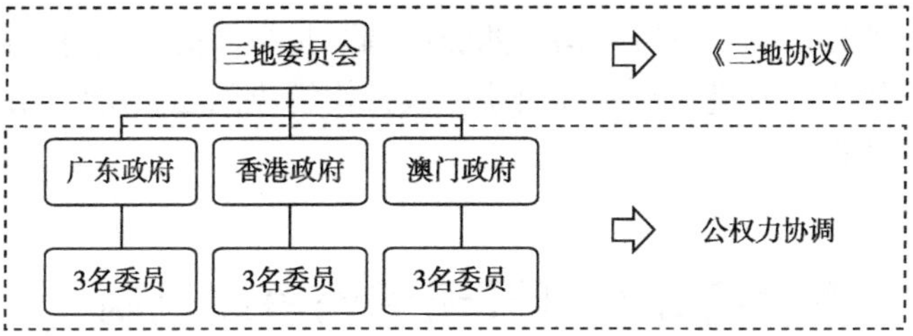

图 10.2　第二级架构——公权力协调

第三级架构（图 10.3）以项目法人为主导，2010 年 5 月 24 日，成立港珠澳大桥管理局，管理局作为项目法人在港珠澳大桥的建设过程中发挥了至关重要的作用。此外，在 2010 年 6 月，粤、港、澳三方正式签署了《港珠澳大桥管理局章程》。港珠澳大桥工程属于政府还贷公路项目，政府作为投资主体的重大工程一般具备重要的战略属性和社会属性，因此，在建设过程中既要充分体现政府公权力的作用，又要符合工程建设期间和以后的运营期间建设主体许多行为的市场经济规范性。因而，按照政府还贷项目的属性，需要选择并成立满足“政事分开”的法人组织和治理结构——港珠澳大桥管理局。港珠澳大桥管理局作为工程的法人组织，既受到三地政府的约束和限制，同时又是对项目整体负责的唯一法人，这就使得厘清港珠澳大桥管理局和三地政府的权责关系变得异常关键，如既要做到决策权分配的清晰、决策时间规定的确定，又要做到不使决策与管理效率低下。另外，港珠澳大桥管理局需要对工程设计、施工和运营实施日常组织管理，因此必须要有一套完整、有效的组织架构、制度与规则，以规范工程资金投入、项目管理、资产管理、财务管理、人力资源管理等管理职能，并建立各个主体之间的沟通和协同机制等。因而，《港珠澳大桥管理局章程》是其实施工程建设管理的“宪章”。

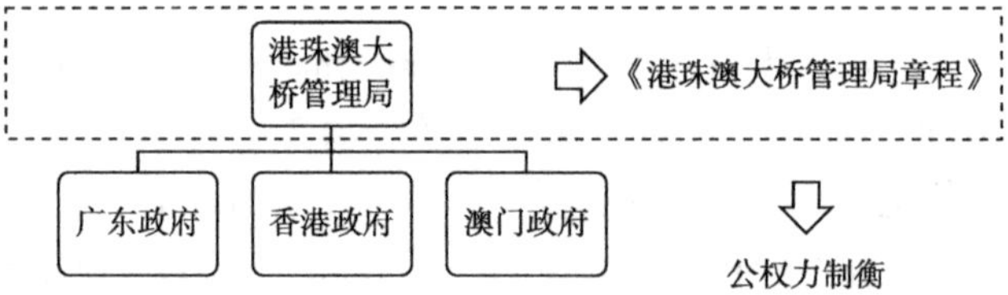

图 10.3　第三级架构——公权力制衡

至此，港珠澳大桥形成了“专责小组（公权力保障）—三地委员会（公权力协调）—港珠澳大桥管理局（公权力制衡）”的治理结构。

所谓“两级协调”，即在中央政府和三地委员会两个层级建立协调决策机制，中央政府的协调可以保证决策的准确性和有效性，三地委员会地位处于专责小组与港珠澳大桥管理局之间，可以较为完善地反映三方的意见。综上，港珠澳大桥群决策治理中所提出的“三级架构、两级协调”是必需的，只有明确拟决策问题的权力属性的级别，并进一步明确由哪一级架构解决问题，所做出的决策才会具有有效性和权威性。

10.3.3　联合行动机制及无诉讼争端机制

港珠澳大桥由粤、港、澳政府共同建设，尽管三地政府有着共同的项目目标，但由于法律、文化和价值观的差异，它们在短期内难以就相关决策问题达成一致。这种情况往往迫使决策者利用更灵活的磋商和谈判手段建立联合行动机制。Heide 和 John（1990）指出，联合行动是对组织之间友好关系的回应，强调不同的利益相关者能够共同合作、共同关注。联合行动由一组决策过程机制组成，以确定成员之间的交换条件，其内容包括联合计划和共同解决问题。

联合行动机制的前提是三地政府的友好和信任关系，港珠澳大桥决策管理的联合行动主要基于“友好关系”和“协商一致”的原则，最终得出三方都能接受的解决方案，以最大化各方利益，从而实现互利共赢。尽管粤、港、澳三地在工程设计的计算方法和技术参数上存在差异，但通过友好谈判提出了“就高不就低”的原则，对工程技术标准达成了一致。对于桥位、着陆点和项目投资比例等问题，从各方利益出发形成了不同的意见，但是他们各自做出了一定的妥协，并最终达成了共识。对于口岸模式，必须遵守“一国出入境法律制度”和“口岸间区域管辖权”原则，并在此基础上各方达成一致，任何一方不得违反此原则。

但是三地政府可能在目标、利益或文化方面存在一定的差异，矛盾和冲突不可避免，因此在港珠澳大桥的决策过程中，大部分决策事务的协议需要通过三地政府的谈判达成。然而，就某些决策问题通过谈判来达成协议可能比较困难。在这种情况下，可能需要通过无诉讼争端机制来解决，如可以采取法律措施提起诉讼或向相关机构申请仲裁或者调解。《三地协议》明确规定：如果三地委员会之间不能统一意见，由各方首席代表分别上报各方政府，三地政府应就分歧或争议进行友好协商；若三地政府之间也无法达成一致意见，任一方政府可将其提交至港珠澳大桥专责小组决定。此规定反映三地委员会对三地政府协商能力的信任，更反映三地委员会对中央政府和专责小组的信任。同时，无诉讼争端机制也是符合中国国情和实际情况的，在“一国两制”背景下，三地法律各不相同，假设港珠澳大桥建设中发生争端需要诉讼，可能会出现无处可诉的情况。所以无诉讼争端机制充分说明，在港珠澳大桥项目的决策过程中三地政府之间的政治行为的规范，是三地政府服从“一国两制”政策和中央政府领导并充分应用灵活性策略解决争端的创新实例。图 10.4 形象地展示了重大工程群决策体系。

总之，重大工程群决策管理的重点是将决策问题从系统层面进行降解，从物理层面和逻辑层面解构和重构不同类型的问题，进而建立不同层次利益相关者之间的结构关系和权力分配。同时作为一个重要的决策机构，三地委员会在决策过程中协商一致，且采取联合行动机制和无诉讼争端机制。为了解决决策争议，在“一国两制”框架体系内，专责小组负责协调配合各部门工作，以避免诉讼事件发生。通过分析港珠澳大桥案例，我们可以得知，在特别复杂和重大的群决策中，最关键的是公权力的合理配置与制衡、法律环境的一致性、争议与协调机制及争端解决的途径，最终形成完整、有效的群决策体系。

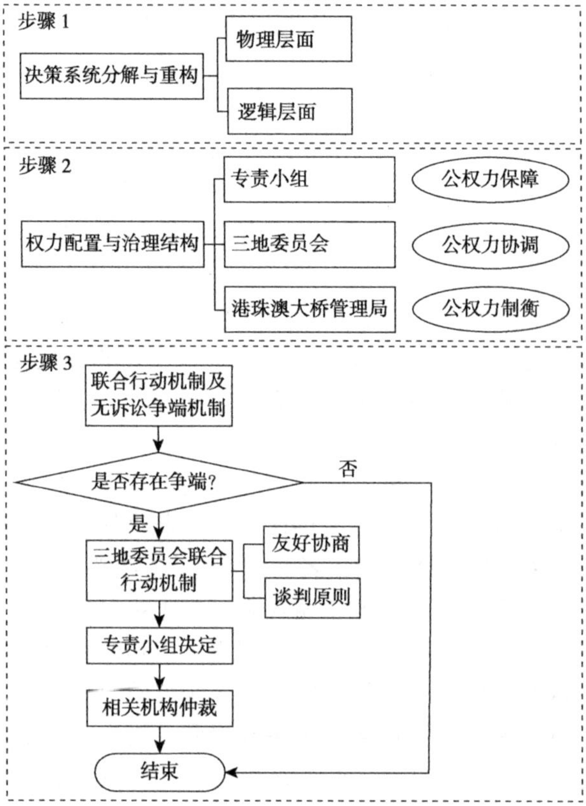

图 10.4　重大工程群决策体系

10.4　港珠澳大桥群决策案例分析

港珠澳大桥群决策治理体系总体上可从决策系统分解与重构、权力配置与治理结构、联合行动机制及无诉讼争端机制三个方面解读，但是针对不同的子问题，决策治理体系侧重点略有不同。由于港珠澳大桥面临复杂的自然条件、技术条件、法律环境、政治环境，在解决一般决策问题的基础上，港珠澳大桥还需要解决桥位及着陆点群决策、口岸模式群决策、投融资群决策等问题。这些群决策问题极大地增加了决策的复杂性，因此必须从以上提出的群决策治理体系三个方面分别予以考虑，才能得到高质量的决策方案，从而提高决策的有效性。

10.4.1　桥位及着陆点群决策

对于桥梁工程来说，桥位及着陆点选择是决策前期需要考虑的重点问题，港珠澳大桥桥位及着陆点决策涉及香港、珠海、澳门三地政府，利益主体众多，同时受自然条件、施工条件、三地经济发展及决策主体能力有限的影响，决策问题具有显著的复杂性，因此需要将决策问题系统分解，即先决策着陆点，后决策桥位。另外，香港、珠海、澳门三地政府对桥位及着陆点决策具有决定权，最终的结果由三方协商一致确定，任意一方无法对桥位及着陆点单独决策，这体现了公权力监管与制衡及联合行动机制。同时，桥位决策问题涉及多种考量因素，须综合多因素比选不同桥位方案。

由于决策问题的复杂性和整体性，需要将决策问题从系统层面进行分解。首先须确定着陆点，即三地在哪里建桥，着陆点不同，桥位走向不同；其次须确定桥位，即大桥走向如何。同时，选择着陆点时，也需要结合可能的桥位走向。着陆点决策和桥位走向决策既相互迭代、紧密联系、相互影响，又相对独立，即复杂性问题的分解体现为“先着陆点后桥位，着陆点与桥位相辅相成”。受自然环境、人文因素、经济发展、技术水平制约，工程本着尊重三地发展和民生利益的原则，三地政府初选各地的着陆点方案并协调三方意见对其可行性进行论证，结果如下。

（1）珠海初选着陆点（九州岛、横琴岛和拱北）及可行性分析。①九州岛。九州岛着陆点会使珠海侧接线穿越珠海市商业区，对珠海市景观影响较大，珠海方反对。②横琴岛。现有公路网可以直接将横琴与澳门连接起来，因此广东方面不反对横琴着陆点。③拱北。拱北地区内的拱北口岸是珠海的交通枢纽，可以充分利用现有交通网络，因此广东方面不反对拱北着陆点。

（2）香港初选着陆点及可行性分析。着陆点的方案主要有新界屯门西方案、大屿山西南方案和大屿山西北方案。①新界屯门西方案。新界屯门西交通饱和，涉及公路网改造，投资巨大。②大屿山西南方案。大屿山西南方案不仅会对中华白海豚产生不利影响，而且会影响规划中的海岸公园、南大屿郊野公园及附近生态敏感的地方。③大屿山西北方案。大屿山西北现存道路网承载力强，物流发展空间大，香港支持此方案，并推荐大屿山礅石湾。

（3）澳门初选着陆点及可行性分析。着陆点包括路环九澳、氹仔北安和明珠。①路环九澳。路环岛远离市区，现有道路难以适应与大桥接驳的客、货流量，对澳门自然海滩和植被破坏大，澳门反对路环九澳方案。②氹仔北安。以氹仔北安为着陆点的大桥线路穿越澳氹三座桥梁，会制约澳门以后的发展，澳门反对氹仔北安方案。③明珠。明珠点方便进入澳门市中心区域，会使澳门产生最直接的消费、旅游效益，澳门倾向于选择明珠点。根据以上分析，珠海有 2 个可行着陆点，香港和澳门各 1 个，所以有两组着陆点方案。

根据着陆点最终方案下可能的桥位走向空间位置提出三大类六个桥位走廊方案，即磡石湾北线类方案、磡石湾南线类方案和极南线方案。从工程规模、隧道长度、技术成熟性、施工难度及风险、建设安装工程费、运营养护费用、对环境影响及对航行条件影响等多个方面对六个桥位方案进行了系统比较，最终在 2005 年协调小组第五次会议上，确定桥位方案为桥隧结合的磡石湾北线北移方案，该方案符合三地政府利益，对广州、香港、澳门影响均为最优。

桥位及着陆点决策问题不仅需要考虑工程位置的决策问题，而且需要考虑中华白海豚保护区问题、23DY 锚地问题与磡石湾北线方案的协调问题。

从着陆点选择到桥位选择再到优化调整，桥位及着陆点决策充分体现了港珠澳大桥群决策的特征，每个阶段紧密联系、相互制约。同时由于决策主体认知有限，三方先确定初步方案，再综合三方意见得出最终的决策，这种模式有利于对公权力的监管与制衡，同时也体现了联合行动机制的重要性。

10.4.2　口岸模式群决策

港珠澳大桥连接粤、港、澳三地，需要建立口岸以满足海关查验和大桥的正常通行。口岸是“一国两制”下珠海与香港、香港与澳门、珠海与澳门之间跨境通行的检验场所。在口岸方案制定过程中需要考虑由于口岸布设方式不同带来的管辖权问题，主要包括两地口岸间相关区域的管辖权由谁行使、如何行使等，香港、澳门间往来的人员、车辆及货物经过广东境内桥体但不经过广东口岸产生的法律问题，以及港珠澳大桥管辖权移交是否有必要，若移交管辖权，则管辖权移交或接受需经过的立法程序，移交管辖权的范围，移交管理权与建设标准、维护标准的匹配问题。这些问题都需要三地共同决策，因此，在港珠澳大桥建设前期，需要对口岸相关问题进行决策。

在“一国两制”情境下，口岸模式群决策有以下五个问题：口岸布设方式、口岸设计通过能力、口岸选址、口岸管理模式、口岸相关问题的协调管理。这些都需要从法律、技术和管理效果等层面进行科学决策，其中口岸管理模式中最重要的是法律层级的决策，即司法管辖权优先。管辖权问题涉及三地政府，中央政府的直接介入可以使得管辖权问题尽快解决。同时，桥位口岸模式中出现的争端，不论出于何种利益的考虑，最终一定是要服从“一国出入境法律制度”和“口岸间区域管辖权”等大原则、大法律，并在此基础上达成一致。

在口岸设置与检验中，口岸管理模式是指由于港珠澳大桥横跨三个行政区，是采用一地两检、一地三检，还是采用三地三检。一地三检指将三方共同检查的口岸建设在一个地点，但是三方的管理相互独立。这意味着将三地出入境检验设置在同一区域内，将大大节省建造的时间、成本，便于出入境；两个一地两检是指分别在香港/澳门口岸、香港/珠海口岸两个地方应用“在一个联合检查点（一地），两地合作查验（两验）”的新型查验模式，这对香港的管理、资源整合利用非常不便，但是该模式可以简化检验程序，提高整体的工作效率。三地三检模式与上述两种模式不同，指在粤、港、澳三地分别建立三个相互独立的口岸，以查验往来车辆。一地三检模式与三地三检模式相比，具有可实施性较好、通关便利、投资额较少、运营管理条件好等优点，2004 年中交公路规划设计院有限公司初步确定一地三检模式为推荐方案。但是一地三检模式在司法管辖方面易混淆，若将口岸布设在广东境内，则检查出入境的车辆时，需要将港、澳两方的管辖权相应移交，在移交过程中容易出现问题，并且难以解决。2006 年，经过两年的讨论研究，考虑到司法管辖权优先，协调小组发现原有的方案不适用于中国国情，因此口岸布设方式由一地三检转为三地三检模式。尽管三地三检口岸布设模式实施难度大、交通条件差、通关便利性差，但是其司法管辖权和建设模式简单，并不一定存在管辖权移交的法律问题，即使最终需要进行管辖权移交，从法律上也是行得通的。因此，从法律方面考虑，三地政府最终决定选择三地三检模式。表 10.2 显示出三种口岸布设方式的优缺点比较。

表 10.2 口岸布设方式比较

项目	一地三检	两个一地两检	三地三检
优点	可实施性较好、通关便利、投资额较少、运营管理条件好	简化程序，提高整体部门工作效率	司法管辖权和建设模式简单
缺点	司法管辖权易混淆	港方管理人员分设两地，管理、资源整合利用不便，易引起司法权冲突	实施难度大、交通条件差、通关便利性差
决策关键因素	司法权优先		
最终选择	×	×	√

从口岸模式群决策的案例中，可以看出口岸空间位置与司法管辖权存在一致性，口岸空间位置反映了各地的法律管辖权力，一地三检模式到三地三检模式的转变说明在“一国两制”体系下管辖权优先的重要性。

10.4.3 投融资群决策

港珠澳大桥作为重大工程的典型代表，其投融资决策较一般工程决策问题更为复杂，融资额巨大，回报期长，全长 55 千米（其中主体工程“海中桥隧”全长 35.578 千米）的大桥总投资约 1269 亿元，包括连接线在内的大桥主体工程总投资约 490.2 亿元，收费期达 50 年。另外，投融资决策须综合考虑粤、港、澳三地情况，由于三地法律法规不同，决策问题需要在三地法律框架下进行。公共融资理念方面也存在差异，港、澳倾向 BOT 模式，内地倾向政府投资。因此，在港珠澳大桥投融资决策中形成了多元化、多层级的决策群体，通过群决策治理对不同方案进行比对、逼近和收敛，最终确定最满意方案，在此过程中群决策治理发挥了重要作用。

港珠澳大桥投融资决策主要问题有港珠澳大桥主体工程投融资模式，粤、港、澳三地投资责任分摊比例，开拓除资本金以外的其他资金筹集渠道等。对于上述问题，政府提出不同的群决策治理机制来合理、有效地解决。首先，建立政府主导下的分层决策与协调组织。大桥前期决策组织由港珠澳大桥专责小组、前期工作协调小组和前期协调小组办公室组成。专责小组负责决策重要议案和问题，主要从国家层面解决大桥前期工作中涉及中央事权及三地存有争议的重大问题；由粤、港、澳三地政府组成的前期工作协调小组负责大桥前期工作中各项问题的协调和决策；前期协调小组办公室按协调小组要求和决策组织开展前期工作。其次，建立分层群体协商的决策机制。港珠澳大桥形成了“港珠澳大桥专责小组—前期工作协调小组—前期协调小组办公室”的分层决策组织体系，同时依托专责小组会议和联席会议决策机制，有力地保障了前期决策的有效性。专责小组负责由前期工作协调小组提交的议案和重大问题及中央政府明确的其他职责，并解决项目前期工作中涉及的中央事权及三地存有争议的重大问题，如投融资模式等。最后，建立有效的激励制度，从而为三地合作提供了和谐的合作环境。在前期论证与决策阶段，国家先后出台多项政策，为粤、港、澳三地充分发挥其自身优势提供了有利的平台，并为三地决策提供支持。鉴于香港、澳门特殊的政治体制，在港珠澳大桥前期决策中，中央政府深入贯彻“一国两制”原则，确定了任何事项须经三方一致同意方能通过的决策原则，赋予三地政府较大的决策自主权，进一步确保了决策的科学性与民主性（梁茹和盛昭瀚，2015）。从而，得到相应问题的解决方案如下。

1. 主体工程融资模式解决方案

港珠澳大桥投资额大，资金方案风险大，且需要考虑港珠澳大桥全生命周期所有权和经营权的长期设计，所以对于港珠澳大桥面临的决策困难，首先要明确其主导属性，公共属性是其主导属性；其次选择合适的投资主体，投资主体包括市场与政府，从而解决投融资模式问题。

主体工程融资模式解决方案分为三个阶段（图 10.5）。

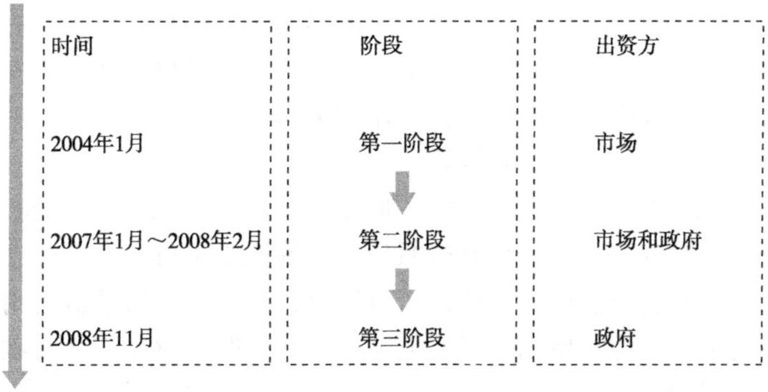

图 10.5　主体工程融资模式演化过程

第一阶段由市场出资。2004 年 1 月，投融资决策启动，2004 年 12 月，提出社会企业投资、政府政策支持的融资模式。

第二阶段由市场和政府出资。2007 年 1 月，政府负责连接线和口岸，企业和社会资本负责港珠澳大桥主体工程的融资。2008 年 2 月，BOT 投融资模式初步确立。

第三阶段由政府出资。2008 年 11 月，确立政府全额出资模式。

2. 粤、港、澳三地投资责任分摊比例解决方案

港珠澳大桥建设项目由三地共同投资建设，因此在确定投融资模式的同时，还需要确定粤、港、澳三地的投资责任分摊比例。如何进行比例划分，如何制定具体的投融资实施方案将是一个十分复杂的问题。针对海中桥隧主体工程需要三地政府共同补贴的情况，进行三地政府投资责任分配的研究，存在四种分摊方式（表 10.3）。

表 10.3　投资责任分摊比例

分摊方式	广东	香港	澳门	方案评价
费用均摊原则	1/3	1/3	1/3	澳门承担费用比例过高
属地划分原则	73%	25%	2%	广东承担费用比例过高
获益对等原则	40%	50%	10%	香港承担费用比例偏高
经济效益费用比相等原则	35.1%	50.2%	14.7%	三地资源配置经济效率相等

（1）费用均摊原则。该原则是将项目建设投资及运营管理费用平均分摊给三地，分摊比例为 1/3 : 1/3 : 1/3。大桥建设为澳门带来的收益较少，因此该方案澳门承担费用相对较高。

（2）属地划分原则。该原则是将项目建设投资及运营管理费用按照三地属地比例进行分摊，分摊比例为 73% : 25% : 2%。该方案广东承担费用比例过高。

（3）获益对等原则。该原则假定每一跨界车辆运输活动所增加的社会福利被平均分配在项目连接的两地，根据基本配额方案交通量预测结果，得到三地运输成本降低的比例，进而得到的三地投资比例为 40%：50%：10%。该方案香港承担费用偏高，广东承担费用相对较低。

（4）经济效益费用比相等原则。该原则是将通过港珠澳大桥的客运部分按照乘客的属地原则拆分，对货运部分按照获益对等原则进行三地拆分，对于改善交通网络的效益按照受益交通量的比例进行拆分，在三方经济效益费用比（项目计算期内效益流量的现值与费用流量现值之比）相等时，得到三方对项目建设投资及运营管理费用的分摊比例，经过后期计算，得到三方费用分摊比例为 35.1%：50.2%：14.7%。该方案中粤、港、澳三地资源配置经济效率相等。

每一种投资分摊原则都无法做到绝对的公平，应根据相对最优原则来最大限度地缓和三方因坚持各方利益而产生的矛盾。因此，在港珠澳大桥前期工作协调小组第八次会议上，三地政府一致同意按照经济效益费用比相等原则计算三地在大桥主体工程段的补贴比例。

10.5 本章小结

本章在对群决策理论和港珠澳大桥简要概述的基础上，重点介绍我国重大工程——港珠澳大桥群决策治理机制，提出具有中国特色的“三步骤”群决策治理体系，分别为决策系统分解与重构、权力配置与治理机构、联合行动机制及无诉讼争端机制。最后，通过具体的桥位及着陆点决策、口岸模式决策和投融资决策三个案例分别详细介绍港珠澳大桥群决策治理体系在具体问题中的运用。本章所介绍的港珠澳大桥群决策治理机制强调工程复杂性降解、公权力制衡与三方协商一致的重要性，为重大工程群决策治理提供方法建议。

参 考 文 献

包心鉴. 2014. 以制度现代化推进国家治理现代化[J]. 中共福建省委党校学报，（1）：4-10.

毕廷延. 2012. 海洋资源与环境保护问题研究——基于山东的现状与国际的经验[C]. 第八届环境与发展论坛论文集：366-369.

蔡君. 2003.论政府制度行为的道德原则和道德保障[J]. 吉首大学学报（社会科学版），（3）：54-56.

曹俊琴. 2013. 重大工程战略资源冲突下的进度协调机制研究[D]. 南京大学硕士学位论文.

曹启龙，盛昭瀚，周晶，等. 2014. 基于公平偏好的我国政府投资项目代建制激励——监督模型[J]. 中国软科学，（10）：144-153.

陈雯. 2016. 工程制度伦理的构建研究[J]. 昆明理工大学学报（社会科学版），（6）：15-21.

陈祥生. 2003. 中国农村的工业化、城市化和现代化[J]. 中共中央党校学报，（1）：89-91.

陈彦超，丽娜，韩影. 2015. 中国特色社会主义民主政治探析[J]. 沈阳工业大学学报（社会科学版），（6）：572-576.

迪莉娅. 2013. 基于云计算的电子政务大数据管理研究[J]. 图书馆理论与实践，（12）：49-52.

丁志刚. 2015. 论国家治理能力及其现代化[J]. 上海行政学院学报，16（3）：60-67.

段绪柱. 2012. 公私合作制中的政府角色冲突及其消解[J]. 行政论坛，19（4）：42-45.

费靖华. 2016. 论 PPP 项目中政府角色的法律定位——以比较法为视角[D]. 华东政法大学硕士学位论文.

费斯勒 J，凯特尔 D F. 2013. 公共行政学新论：行政过程的政治[M]. 2 版. 陈振明，朱芳芳，译. 北京：中国人民大学出版社.

冯子道. 1987. 对三峡工程的几点考虑[J]. 群言，（4）：25-28.

傅振邦，王绪波. 2008. 三峡工程制度创新[J]. 中国三峡建设，（7）：23-29.

顾基发. 2001. 意见综合——怎样达成共识[J]. 系统工程学报，16 （5）：340-348.

管鹏，孙家保. 2016. 大数据时代的政府治理机制创新研究[J]. 中国管理信息化，19（8）：137，138.

贺树琴. 2015. 谈目前工程制度改革的必要性[J]. 山西建筑，（3）：238，239.

后小仙. 2008. 基于公共受托责任的政府投资项目契约性质分析[J]. 中国行政管理，（12）：105-108.

黄健荣. 2014-08-01. 政府决策能力是政府能力的核心[N]. 中国社会科学报（B02）.

黄其松，杨志军. 2015. 新型常态治理：推进国家治理现代化的转型之道[J]. 探索，（1）：83-88.

黄深泽. 2002. 群决策理论和方法中若干问题的研究[D]. 西南交通大学硕士学位论文.

黄忠顺. 2016. 执行力的正当性基础及其制度展开[J]. 国家检察官学院学报，(4)：30-45，173.
霍布斯. 1985. 利维坦[M]. 黎思复，黎廷弼，译. 北京：商务印书馆.
姜晓萍. 2014. 国家治理现代化进程中的社会治理体制创新[J]. 中国行政管理，(2)：24-28.
金江军，徐靖，王伟玲. 2013. 政府大数据发展对策研究[J]. 中国信息界，(9)：62-64.
金帅，盛昭瀚，丁翔. 2013. 港珠澳大桥项目协调决策体系演变与启示[J]. 建筑经济，(12)：27-31.
阚洪生，乐云，陆云波. 2013. 建设工程领域组织冲突研究评述[J]. 工程管理学报，(4)：107-111.
孔繁玲. 2006. 构建电子治理运行机制探析[J]. 学习与探索，(6)：70-72.
蓝志勇，魏明. 2014. 现代国家治理体系：顶层设计、实践经验与复杂性[J]. 公共管理学报，(1)：1-9.
乐云，蒋卫平. 2010. 建设工程项目中信任产生机制研究[J]. 工程管理学报，24（3）：313-317.
李迁，李江涛，盛昭瀚. 2009. 大型工程建设管理的方法论体系研究[J]. 科学决策，(1)：6-10.
李拓. 2014. 制度执行力是治理现代化的关键[J]. 国家行政学院学报，(6)：91-95.
梁茹，盛昭瀚. 2015. 基于综合集成的重大工程复杂问题决策模式[J]. 中国软科学，(11)：123-135.
梁芷铭. 2015. 大数据治理：国家治理能力现代化的应有之义[J]. 吉首大学学报（社会科学版），36（2）：34-41.
林被甸，董正华. 2003. 中国现代化研究的现状[J]. 中国特色社会主义研究，(1)：18-23.
林立. 2010. 大型桥梁建设项目的鉴识工程制度与方法研究[D]. 福州大学博士学位论文.
刘彩娜. 2009. 具有不确定偏好序信息的群决策方法研究[D]. 东北大学硕士学位论文.
刘恩允. 2014. 治理理论视阈下的我国大学院系治理研究[D]. 苏州大学博士学位论文.
刘叶婷，唐斯斯. 2014. 大数据对政府治理的影响及挑战[J]. 电子政务，(6)：20-29.
卢广彦. 2011. 重大工程决策模式中若干问题研究[D]. 合肥工业大学博士学位论文.
卢广彦，付超，季星. 2010. 国家重大工程决策机制的构建[J]. 科技进步与对策，27（6)：81-85.
卢梭. 2011. 社会契约论：论人类不平等的起源[M]. 刘丹，宋森，译. 长沙：湖南文艺出版社.
罗建文，朱海林. 2003. 论政府制度行为的道德原则及其核心范畴[J]. 中国矿业大学学报（社会科学版），(2)：9-14.
吕晶. 2013. 地方政府行政决策专家咨询制度构建问题研究[D]. 中央民族大学硕士学位论文.
麻宝斌，段易含. 2013. 再论制度执行力[J]. 理论探讨，(2)：140-144.
马俊毅. 2016. 论族际政治文明与国家治理现代化[J]. 西南民族大学学报（人文社科版），(4)：19-24.
毛家义，张长缨，肖期明. 2017. 建立企业内部控制负面清单制度的思考[J]. 西部财会，(8)：26-28.
毛寿龙. 2017. 公共治理与公共政策的秩序维度[J]. 河南社会科学，25（2）：2-7.
孟小峰，慈祥. 2013. 大数据管理：概念、技术与挑战[J]. 计算机研究与发展，50（1）：146-169.
宁康，陈挺. 2015. 生物医学大数据的现状与展望[J]. 科学通报，60（5）：534-546.
牛变秀，王峰明. 2014．“资本”究竟是什么?——基于马克思《资本论》及其手稿的阐释[J]. 学习与探索，(7)：16-23.
欧阳康. 2003. 现代化的“围城”及其超越——兼谈建设性后现代主义的价值取向及其启示[J]. 求是学刊，(1)：39-43.

彭特兰 A. 2015. 智慧社会：大数据与社会物理学[M]. 汪小帆，汪容，译. 杭州：浙江人民出版社.

齐姆·施泰纳. 2015. 世界是否有足够的资源可用?[J]. 环境经济，(9)：17.

钱学森，于景元，戴汝为. 1990. 一个科学新领域——开放的复杂巨系统及其方法论[C]. 科学决策与系统工程——中国系统工程学会第六次年会：526-532.

邱成梁. 2017. 法治政府清单制度的法理及其建构[J]. 内蒙古社会科学（汉文版），38（5）：103-108.

邱大灿，程书萍，葛秋东. 2011a. 大型工程前期决策综合集成管理模式研究——港珠澳大桥建设管理理论思考[J]. 建筑经济，(8)：44-47.

邱大灿，程书萍，张劲文，等. 2011b. 大型工程投融资模式决策研究——港珠澳大桥投融资决策思考[J]. 建筑经济，(3)：28-31.

邱聿旻，程书萍. 2018. 基于政府多重功能分析的重大工程“激励-监管”治理模型[J]. 系统管理学报，(1)：129-136.

邱聿旻，程书萍，巫城亮，等. 2018. 基于关系合同的重大工程隧道行为治理模型[J]. 工程管理学报，(2)：97-102.

曲升. 2017. 南太平洋区域海洋机制的缘起、发展及意义[J]. 太平洋学报（2）：1-19.

萨拉蒙 L M. 2002. 全球公民社会：非营利部门视界[M]. 贾西津，魏玉，等译. 北京：社会科学文献出版社.

申德荣，于戈，王习特，等. 2013. 支持大数据管理的 NoSQL 系统研究综述[J]. 软件学报，(8)：1786-1803.

盛昭瀚，游庆仲. 2007. 综合集成管理：方法论与范式——苏通大桥工程管理理论的探索[J]. 复杂系统与复杂性科学，4（2）：1-9.

盛昭瀚，游庆仲，陈国华，等. 2009a. 大型工程综合集成管理：苏通大桥工程管理理论的探索与思考[M]. 北京：科学出版社.

盛昭瀚，游庆仲，程书萍，等. 2009b. 苏通大桥工程系统分析与管理体系[M]. 北京：科学出版社.

盛昭瀚，游庆仲，李迁. 2008. 大型复杂工程管理的方法论和方法：综合集成管理——以苏通大桥为例[J]. 科技进步与对策，(10)：193-197.

石爱玲. 2012. 工程项目利益相关者冲突处理机制研究[D]. 山东财经大学硕士学位论文.

石佑启，陈咏梅，2014. 论法治社会下行政权力的配置与运行[J]. 江海学刊，(2)：132-139.

斯密 A. 2006. 国富论（上卷）[M]. 杨敬年，译. 西安：陕西人民出版社.

苏波，王浣尘. 1995. 群决策研究的评述[J]. 管理科学学报，(3)：115-124.

孙志建. 2011. 政府治理的工具基础：西方政策工具理论的知识学诠释[J]. 公共行政评论，4(3)：67-103.

谭苑苑. 2016. 试析马克思《资本论》劳动本体论思想[J]. 当代经济研究，(8)：19-28.

汤啸天. 2014. 政府重大决策事先征集公民建议的制度构建[J]. 法学，(3)：26-34.

涂慧君. 2017. 大型复杂项目的建筑策划“群决策”模型研究初探[J]. 华中建筑，(8)：8-11.

涂子沛. 2014. 大数据及其成因[J]. 科学与社会，4（1）：14-26.

汪易森，杨元月. 2005. 中国南水北调工程[J]. 人民长江，(7)：2-5.

王国剑. 2007. 治理的滥觞、蕴义与功效探析[J]. 探索，(3)：72-75.
王海超. 2016. 马克思生态思想研究[D]. 天津商业大学硕士学位论文.
王家峰. 2015. 国家治理的有效性与回应性：一个组织现实主义的视角[J]. 管理世界，(2)：72-81.
王金秀. 2002. 国家预算委托代理关系的理论分析[J]. 财政研究，(1)：54-56.
王连伟. 2015. 国家治理现代化进程中的社会治理创新：非均衡性及其应对[J]. 教学与研究，(2)：36-43.
王茜，程书萍. 2009. 大型工程的系统复杂性研究[J]. 科学决策，(1)：11-17.
王树祥，张明玉，王杰群. 2014. 生产要素的知识属性与知识价值链研究[J]. 中国软科学，(4)：160-168.
王玉铁，王舜泽. 2015. "资本论"的实践[J]. 经济研究导刊，(23)：11-16.
韦进深. 2013. 决策偏好与国家的国际制度行为研究[D]. 上海外国语大学博士学位论文.
韦斯特 D M. 2012. 下一次浪潮：信息通信技术驱动的社会与政治创新[M]，廖毅敏，译. 上海：上海远东出版社.
魏斐翡. 2013. ECLHadoop：基于 Hadoop 的有效电子商务物流大数据处理策略[J]. 计算机工程与科学，35（10）：65-71.
魏治勋. 2014. "善治"视野中的国家治理能力及其现代化[J]. 法学论坛，29（2）：32-45.
吴汉东. 2014. 国家治理现代化的三个维度：共治、善治与法治[J]. 法制与社会发展，(5)：14-16.
吴嘉慧，程书萍，盛昭瀚，等. 2012. "两院制"工程设计审计委托代理博弈分析[J]. 运筹与管理，(2)：58-63.
吴结兵，沈台凤. 2015. 社会组织促进居民主动参与社会治理研究[J]. 管理世界，(8)：58-66.
谢晶. 2016. 关于公众参与重大行政决策法律制度[J]. 经贸实践，(2)：204.
熊燕琼. 2005. 项目融资环境法律制度研究[D]. 重庆大学硕士学位论文.
休斯 O E. 2001. 公共管理导论[M]. 2 版. 彭和平，周明德，金竹青，译. 北京：中国人民大学出版社.
徐敏宁，陈安国，刘东杰. 2014. 地方治理制度创新：从网格化管理到治理现代化[J]. 行政管理改革，(11)：67-73.
许婷，盛昭瀚，李江涛. 2008. 基于综合集成的复杂工程管理体系研究[J]. 复杂系统与复杂性科学，(3)：48-54.
宣晓伟. 2014. 国家治理体系和治理能力现代化的制度安排：从社会分工理论观瞻[J]. 改革，(4)：151-159.
薛澜. 2014. 顶层设计与泥泞前行：中国国家治理现代化之路[J]. 公共管理学报，(4)：1-6.
薛澜，李宇环. 2014. 走向国家治理现代化的政府职能转变：系统思维与改革取向[J]. 政治学研究，(5)：61-70.
薛澜，张帆，武沐瑶. 2015. 国家治理体系与治理能力研究：回顾与前瞻[J]. 公共管理学报，(3)：1-12.
闫禹. 2015. 大型跨海交通基建工程实现工厂化装配化生产的管理模式研究[D]. 华南理工大学硕士学位论文.
叶志桂. 2004. 组织冲突解决机制研究[J]. 经济管理，(12)：51-55.
游庆仲，何平，吴寿昌，等. 2009. 苏通大桥工程管理实践与基本经验[M]. 北京：科学出版社.

于景元. 1993. 从定性到定量综合集成方法及应用[J]. 中国软科学，(5)：57-60.

于景元. 2001. 系统工程的发展和应用[C]. 全国信息与自动化技术推广应用大会论文集.

俞可平. 2000. 治理与善治[M]. 北京：社会科学文献出版社.

张成福. 2008. 变革时代的中国政府改革与创新[J]. 中国人民大学学报，(5)：1-10.

张国庆，曹堂哲. 2007. 权力结构与权力制衡：新时期中国政府优化公共权力结构的政策理路[J]. 湖南社会科学，(6)：73-78.

张海柱，宋佳玲. 2015. 走向智慧治理：大数据时代政府治理模式的变革[J]. 中共济南市委党校学报，(4)：41-46.

张基尧，李树泉，文世芳. 2014. 南水北调工程的技术挑战[J]. 百年潮，(4)：39-49.

张基尧，谢文雄，李树泉. 2012. 南水北调工程决策经过（一）[J]. 百年潮，(7)：4-10.

张佳欣，孔祥政. 2017. 建立负面清单制度构建法治化营商环境[J]. 法制博览，(25)：227.

张劲文，盛昭瀚. 2014. 重大工程决策“政府式”委托代理关系研究——基于我国港珠澳大桥工程实践[J]. 科学决策，(12)：23-34.

张军果，任浩. 2006. 组织冲突第三方干预机制研究[J]. 山西财经大学学报，28（1)：97-100.

张晓娣. 2015. 生态效率变动的产业及要素推动：基于投入产出和系统优化模型[J]. 自然资源学报，(5)：748-760.

张璋. 2001. 政府治理工具的选择与创新——新公共管理理论的主张及启示[J]. 新视野，(5)：39-41.

章姗捷. 2010. 高速公路的准公共产品属性及其建设投资体制研究[D]. 浙江大学硕士学位论文.

赵德馨. 1994. 中华人民共和国经济史（英文）[J]. 中国社会科学（英文版)，(2)：192-194.

赵海洋，刘书雷，石东海，等. 2017. 国防关键技术选择过程中咨询专家的遴选[J]. 科研管理，(S1)：558-562.

赵靖芳. 2008. 政府治理工具的选择与应用研究[D]. 华东师范大学硕士学位论文.

赵静，郭鹏，朱煜明. 2013. 面向复杂产品系统项目评价专家遴选方法研究[J]. 运筹与管理，(3)：122-131.

郑兴宇，张倩茜. 2016. 重大行政决策专家咨询制度的困境与突围[J]. 贵阳市委党校学报，(2)：38-41.

钟瑛，张恒山. 2013. 大数据的缘起、冲击及其应对[J]. 现代传播（中国传媒大学学报)，(7)：104-109.

周轩伟. 2004. 群体决策和多目标决策的若干理论和方法[D]. 上海大学博士学位论文.

周毅. 2003. 现代化理论的六大学派及其特点[J]. 当代世界与社会主义，(2)：121-126.

朱海松. 2005. 第五媒体：无线营销下的分众传媒与定向传播[M]. 广州：广东经济出版社.

Asrilhant B，Dyson R G，Meadows M. 2007. On the strategic project management process in the UK upstream oil and gas sector[J]. Omega，35：89-103

Banister D. 2009. Getting in the right lane：low carbon European transport beyond 2050[R]. Oxford：Oxford University.

Bueno P C，Vassallo J M，Cheung K. 2015. Sustainability assessment of transport infrastructure projects：a review of existing tools and methods[J]. Transport Reviews，35（5)：622-649.

Canelaxandri O, Law A, Gray A, et al. 2015. A new tool called DISSECT for analysing large genomic

data sets using a big data approach[J]. Nature Communications, 6（1）: 10162.
Chen H, Zeng S, Lin H, et al. 2017. Munificence, dynamism, and complexity: how industry context drives corporate sustainability[J]. Business Strategy and the Environment, 26（2）: 125-141.
Chung I K. 1997. Group decision making characteristics in Korean business firms[J]. Management Theorists, 31（3）: 433-453.
Chung I K, Adams C R, Sia C L. 1997. A study on the characteristics of group decision making behavior: cultural difference perspective of Korea vs. U. S.[J]. Journal of Global Information Management, 5（3）: 18-30.
Davidson M W, Haim D A, Radin J M. 2015. Using networks to combine "big data" and traditional surveillance to improve influenza predictions[J]. Scientific Reports, 5: 8154.
Desanctis G, Gallupe R B. 2011. A foundation for the study of group decision support systems[J]. Management Science, 33（5）: 589-609.
Eijgenraam C, Kind J, Bak C, et al. 2014. Economically efficient standards to protect the Netherlands against flooding[J]. Interfaces, 44（1）: 7-21.
Flyvbjerg B. 2006a. Cost overruns and demand shortfalls in urban rail and other infrastructure[J]. Transportation Planning and Technology, 30（1）: 9-30.
Flyvbjerg B. 2006b. From Nobel prize to project management: getting risks right[J]. Project Management Journal, 37（3）: 5-15.
Flyvbjerg B. 2008. Curbing optimism bias and strategic misrepresentation in planning: reference class forecasting in practice[J]. European Planning Studies, 16（1）: 3-21.
Flyvbjerg B. 2014. What you should know about megaprojects and why: an overview[J]. Project Management Journal, 45（2）: 6-19.
Flyvbjerg B, Mette K, Skamris H, et al. 2003. How common and how large are cost overruns in transport infrastructure projects?[J]. Transport Reviews, 23（1）: 71-88.
George O. 2012. Conflict in Construction Jeffery Whitfield [M]. London: Wiley-Blackwell.
Gudivada V N, Rao D, Raghavan V V. 2014. NoSQL systems for big data management[C]. World Congress on Services.
Heide J B, John G. 1990. Alliances in industrial purchasing: the determinants of joint action in buyer-supplier relationships[J]. Journal of Marketing Research, 27（1）: 24-36.
Hood C C. 1986. The Tools of Government[M]. Chatham: Chatham House.
Hood C C, Margetts H Z. 2007. The Tools of Government in the Digital Age[M]. London: Palgrave Macmillan Hood.
Howlett M. 2004. Beyond good and evil in policy implementation: instrument mixes, implementation styles, and second generation theories of policy instrument choice[J]. Policy and Society, 23（2）: 1-17.
Jin X H. 2010. Determinants of efficient risk allocation in privately financed public infrastructure projects in Australia[J]. Journal of Construction Engineering and Management, 136（2）: 138-150.
Kahneman D. 2008. Decision making process in EU as universal instrument for different interests conciliation[J]. International Organizations Research Journal, 3（3）: 12-23.

Landset S，Khoshgoftaar T M，Richter A N，et al. 2015. A survey of open source tools for machine learning with big data in the Hadoop ecosystem[J]. Journal of Big Data，2（1）：24.

Lazer D，Kennedy R，King G，et al. 2014. The parable of google flu：traps in big data analysis[J]. Science，343（6176）：1203-1205.

Liaab T H Y. 2012. Public participation in infrastructure and construction projects in China：from an EIA-based to a whole-cycle process[J]. Habitat International，36（1）：47-56.

Lightle J P，Kagel J H，Arkes H R. 2009. Information exchange in group decision making：the hidden profile problem reconsidered[J]. Management Science，55（4）：568-581.

Liu H. 2016. Tourist big data，mining and their application direction in tourism[C]. International Conference on Education，Sports，Arts and Management Engineering.

Ma H，Zeng S，Lin H，et al. 2017. The societal governance of megaproject social responsibility[J]. International Journal of Project Management，35（7）：1365-1377.

Ma H，Zeng S，Shen G Q，et al. 2016. International diversification and corporate social responsibility：an empirical study of Chinese contractors[J]. Management Decision，54（3）：750-774.

Marx V. 2013. The big challenges of big data[J]. Nature，498（7453）：255-260.

Mervis J. 2012. Agencies rally to tackle big data[J]. Science，336：22.

Mohebi A，Aghabozorgi S，Wah T Y，et al. 2016. Iterative big data clustering algorithms：a review[J]. Software：Practice and Experience，46（1）：107-129.

Priemus H. 2007. Decision-making on large infrastructure projects：the role of the dutch parliament[J]. Transportation Planning & Technology，30（1）：71-93.

Pržulj N，Malod-Dognin N. 2016. Network analytics in the age of big data[J]. Science，353：123-124.

Río S D，López V，Benítez J M，et al. 2015. A mapreduce approach to address big data classification problems based on the fusion of linguistic fuzzy rules[J]. International Journal of Computational Intelligence Systems，8：422-437.

Ross S A. 1973. The Economic theory of agency：the principal's problem[J]. American Economic Review，63：（2）：134-139.

Ruuska I，Ahola T，Artto K，et al. 2011. A new governance approach for multi-firm projects：lessons from Olkiluoto 3 and Flamanville 3 nuclear power plant projects[J]. International Journal of Project Management，29（6）：647-660.

Saaty T L，Vargas L G. 2006. Decision Making with the Analytic Network Process：Economic，Political，Social and Technological Applications with Benefits，Opportunities，Costs and Risks[M]. Berlin：Springer.

Saaty T L，Vargas L G. 2013. Decision making with the analytic network process[J]. Businsess & Economics，5（14）：363.

Salehan M，Dan J K. 2016. Predicting the performance of online consumer reviews：a sentiment mining approach to big data analytics[J]. Decision Support Systems，81：30-40.

Salem O M，Miller R，Deshpande A S，et al. 2013. Multi-criteria decision-making system for selecting an effective plan for bridge rehabilitation[J]. Structure and Infrastructure Engineering，9（8）：806-816.

Sheng Z. 2017. Fundamental Theories of Mega Infrastructure Construction Management：Theoretical Considerations from Chinese practices[M]. Cham：Springer.

Sheng Z H. 2018. Fundamental Theories of Mega Infrastructure Construction Management[M]. Berlin：Springer.

Simon N，Tibshirani R. 2012. Finding correlations in big data[J]. Nature Biotechnology，30：334，335.

Singh A，Johnson H M. 1998. Conflict management diagnosis at project management organization[J]. Journal of Management in Engineering，14（5）：48-63.

Smolan R，Erwitt J. 2013. The human face of big data[J]. Radio Adelaide，5（10）：35.

Stantic B，Pokorný J. 2014. Opportunities in big data management and processing[J]. Frontiers in Artificial Intelligence and Applications，270（1）：15-26.

Thomopoulos N，Grantmuller S，Tight M R. 2009. Incorporating equity considerations in transport infrastructure evaluation：Current practice and a proposed methodology[J]. Evaluation and Program Planning，32（4）：351-359.

Turner J R，Zolin R，Remington K. 2009. Modelling success on complex projects：multiple perspectives over multiple time frames[C]. International Research Network of Project Management Conference.

Ugwu O O，Kumaraswamy M M，Kung F，et al. 2005. Object-oriented framework for durability assessment and life cycle costing of highway bridges[J]. Automation in Construction，14（5）：611-632.

World Bank. 2005. World Development Report，2006：Equity and Development[M]. Oxford：O.U.P.